KB066844

# 빅데이터가 만드는 제4차 산업혁명

# 빅데이터가 만드는 제4차 산업혁명

## 개인과 기업은 어떻게 대응할 것인가?

김진호 지음

북카라반
CARAVAN

책머리에

# 제4차 산업혁명 시대, 개인과 기업은 어떻게 대응할 것인가?

구글 딥마인드는 알파고가 2017년 초에 다시 돌아온다고 발표했다. 2016년 3월에 이세돌 9단에게 압승한 이후에도 계속 업그레이드를 해서 더욱 강력해진 알파고가 어느 나라에서 누구와 어떻게 경기할지를 놓고 벌써 세계의 관심이 집중되고 있다. 나는 알파고와 이세돌의 대결을 앞두고 알파고의 완승을 예견해 '바둑도 모르는 사람이 노이즈 마케팅을 한다'는 등의 돌팔매(?)를 많이 맞기도 했다. 알파고의 승리가 주는 시사점은 무엇일까? 바로 인공지능이 막강한 최신 무기인 딥러닝과 강화학습을 정교하게 결합해 눈부시게 발전하며 성과를 내고 있다는 것이다.

인간처럼 사고하는 기계를 만들고자 한 인공지능 분야는 60여 년 전에 매우 야심차게 시작되었다. 1956년 다트머스 회의Dartmouth Conference에 참석한 존 매카시John McCarthy, 마빈 민스키Marvin Minsky, 허버트 사이먼Herbert Simon 등 당대의 인공지능 석학들은 "앞으로 20년 내에 로봇이 인간이 하는 것은 무엇이든지 한다!"고 공공연하게 예언하기도 했다. 하지만 그런 기대는 크게 빗나갔고, 인공지능 분야는 몇 번의 암흑기를 거치면서 이제는 협소한 영역에서 실용적인 결과를 내는 '약한 인공지능'에 초점을 맞추기 시작했다.

약한 인공지능은 미리 정의된 특정한 형태의 문제 해결에서 눈부신 성과를 내기 시작했는데, 기계학습이 대표적이다. 기계학습은 컴퓨터 프로그램이 데이터 속에서 일관된 패턴을 찾아내(학습해) 이를 바탕으로 문제를 해결하는 알고리즘을 말한다. 이세돌 9단을 제압한 알파고도 딥러닝과 강화학습 기법을 활용해 바둑에서 최선의 수를 찾아내는 기계학습 프로그램이다.

다양한 종류의 데이터가 폭증하고 있는 빅데이터 시대에 약한 인공지능이 광범위한 분야에서 눈부시게 활약하는 것은 당연하다. 인공지능은 학습을 위해 많은 양의 데이터가 필요한데, 엄청난 양의 다양한 데이터가 폭증하는 빅데이터 시대에 안성맞춤의 찰떡궁합으로 높은 성과를 내고 있는 것이다. 이제 인공지능은 일상생활을 포함하는 거의 모든 영역에서 유용하게 활용되고 있다. 동사무소에서 인감증명을 뗄 때 본인 확인을 위한 지문 감식, 스팸 메일 구분과 제거, 오타를 쳐도 제대로 찾아주는 검색엔진, 자동 번역·통역, 고객 분류, 온라인에서 책 · 음악 · 영화 · 상품 등에 대한 개인화 추천, 문자 · 물체 인식, 음성 인식, 물류 관리, 최적 레이아웃, 전자회로 설계와 제작, 이상 탐지, 기후 모델링, 복합성 질환 분석 등이 있다.

앞으로도 인공지능은 더 넓은 영역에서 더욱 세세한 문제에 이르기까지 그 적용이 확장되면서 높은 성과를 낼 것임은 자명하다. 심지어 최근 미국 대선을 앞두고 거의 모든 여론조사가 힐러리 클린턴의 승리를 예상했지만, 인공지능 모그IA의 예측은 달랐다. 모그IA는 트위터, 구글, 페이스북, 유튜브 등에서 수집한 2,000만 건의 데이터를 기반으로 검색어 추이와 후보자들에 대한 '관여도engagement'를 분석해 도널드 트럼프의 승리를 예측했다.

빅데이터 분석은 다양한 데이터(로그, SNS, 센서 등) 혹은 그 결합connected을 이제는 기본적인 도구가 된 클라우드 컴퓨팅을 활용(인프라, 플랫폼, 소프트웨어)해서 적절한 인공지능 알고리즘으로 자동적으로 분석해 인사이트를 추출한다. 이렇게 추출된 인사이트는 더 나은 의사결정을 통해 비용 감소, 매출 증대, 새로운 제품 · 서비스 개발이라는 가치를 창출한다. 이러한 빅데이터 분석의 체계는 요즘 유행어가 된 '제4차 산업혁명'과 동전의 양면과 같은 동일한 개념이다. 세계경제포럼World Economic Forum의 회장인 클라우스 슈바프Klaus Schwab가 쓴 『제4차 산업혁명』이라는 책에는 제4차 산업혁명의 다양한 방법론이 설명되었다. 이 방법론을 빅데이터 분석의 체계에서 정리하면 다음과 같다. 여기에서 본 수 있듯이 제4차 산업혁명은 다양한 산업에서 문제 해결을 위해 빅데이터 분석을 포괄적 · 적극적으로 활용하고 있다.

| 구분 | 제4차 산업혁명의 방법론 |
|---|---|
| 데이터 원천 | 체내 삽입형 기기(모바일 디바이스 사례)<br>디지털 정체성(소셜미디어, SNS 등)<br>사물인터넷 |
| 데이터 결합 | 커넥티드 홈<br>스마트 도시<br>스마트 공장 |
| 데이터 저장 | 누구나 사용할 수 있는 저장소(클라우드 컴퓨팅) |
| 데이터 분석 | 빅데이터를 활용한 의사결정<br>인공지능과 의사결정 |
| 인터페이스 | 새로운 인터페이스로서의 시각<br>웨어러블 인터넷<br>유비쿼터스 컴퓨팅<br>주머니 속 슈퍼컴퓨터 |
| 가치 창출 | 자율주행 자동차<br>인공지능과 화이트칼라<br>로봇공학과 서비스<br>비트코인과 블록체인<br>공유경제<br>3D 프린팅<br>신경기술 |

그렇다면 우리는 빅데이터 시대와 제4차 산업혁명의 시대에 어떻게 대응해야 할까? 기업과 개인의 대응으로 나누어보자. 기업이 빅데이터 시대에 경쟁우위를 높이기 위해서는 첫째로 디지타이징 비즈니스digitizing business로 자신의 사업을 혁신해야 한다. 디지타이징 비즈니스란 빅데이터 시대의 5대 핵심 기술인 소셜미디어, 모바일 디바이스, 사물인터넷, 빅데이터, 클라우드 서비스를 자신의 비즈니스에 과감하게 도입해 기업의 비즈니스를 혁신하는 것을 말한다.

이제 빅데이터는 거의 모든 산업과 경영의 기능을 변화시키고 있다. 이런 변화에 적응하기 위해서는 모든 기업은 어느 부문에 5대 핵심 기술 중에서 어떤 기술을 어떻게 도입해서 혁신을 이룰 것인지 끊임없이 고민하고 시도해야 한다. 진화론의 창시자인 찰스 다윈이 "살아남는 종은 가장 강한 것도 아니고 가장 똑똑한 것도 아니라 변화에 가장 잘 적응하는 종"이라고 말했듯이 기업은 변화된 기술과 환경을 새로운 혁신의 기회로 삼아야 한다.

둘째로 기업의 경영진은 데이터 분석적으로 경영을 한다는 마인드, 즉 분석 지향 리더십으로 무장해야 한다. 디지타이징 비즈니스의 승패를 결정짓는 가장 중요한 요소는 바로 분석 지향의 리더십이다. 리더가 데이터 분석적 경영의 잠재력을 절감하고 적극적으로 추진할 때만이 분석적인 조직 문화도 쉽게 구축되어 성공의 가능성이 높아지기 때문이다. 데이터 분석적으로 경영을 한다는 것은 대부분의 비즈니스 문제를 데이터 분석에 근거해서 해결하려는 것을 의미한다. 구체적으로는 문제와 관련된 데이터를 체계적으로 수집해 통계 모델 혹은 계량 모델로 분석해서 어떤 일이 왜 벌어지고 있는지에 대한 통찰력을 끄집어낸 뒤, 이를 경영전략 수립과 의사결정에 적극적으로 활용하는 것을 말한다.

이는 과거의 경험이나 감이 아니라 바로 데이터, 즉 사실에 근거해서 의사결정을 하고 경영을 하는 것이다. 이런 접근 방식이 성공하려면 수많은 조직 구성원의 태도, 프로세스, 행동과 기술이 변해야 하는데 이런 변화는 결코 우연히 일어나지 않는다. 이런 변화는 분석 지향의 리더십만이 효과적으로 주도하고 이끌어낼 수 있으며 나아가서는 조직 문화를 사실에 입각한, 즉 데이터 분석에 근거한 의사결정을 하도록 바꿀 수 있다. 다시 말해 조직 문화가 분석 지향적으로 변화하려면 리더의 압력, 즉 리더가 의사결정의 근거가 되는 데이터를 만들라고 구성원들을 독려하고 그 분석 결과를 잘 활용하도록 하는 압력이 절대적으로 필요하다.

개인은 어떻게 대응해야 할까? 데이터 분석적 경영이 필수적인 시대에 기업에 가장 필요한 인재가 되려면 개인적인 수준에서 분석 능력, 즉 문제를 해결하기 위해 관련 자료를 수집 · 분석해 문제 해결에 중요한 정보를 추출할 수 있는 능력을 갖추어야 한다. 구글의 수석 경제학자인 할 베리언Hal Varian은 "데이터를 분석 활용하는 능력, 즉 데이터를 이해하는 능력, 데이터를 처리하는 능력, 가치를 뽑아내는 능력, 시각화하는 능력, 전달하는 능력이야말로 누구에게나 앞으로 오랫동안 매우 중요한 능력이 될 것이다"라고 이미 예견한 바 있다. 이제 어느 분야에서 어떤 경력을 쌓고 있건 간에 그 사람의 성공은 분석 능력에 따라 크게 좌우될 것이다.

성공을 위해서는 어느 정도 운運도 있어야 한다는 말이 있다. 운이란 무엇일까? 바로 '준비'가 되었을 때 기회가 오는 것을 말한다. 따라서 빅데이터 시대에 운을 잡으려면 평소에 '준비'가 되어 있어야 하고 그 준비는 바로 분석 능력을 갖추는 것이다. 대부분의 사람들이 숫자에 약한 상황에서 자신만이 분석 능력을 갖추고 있으면, 상사나 다른 사람에게 강한 인상을 줄 수 있는 기회는 매우 많다. 부서 내의 토론이나 자신이 제출하는 보고서에서 숫자를 꼼꼼하게 분석한 근거를 제시하면 강한 인상을 줄 수 있을 뿐만 아니라 실제적으로도 가장 객관적으로 문제 해결에 공헌할 수 있다.

이 책은 내가 빅데이터 시대와 제4차 산업혁명의 시대에 기업과 개인이 어떻게 대응할 것인지에 대해 썼던 글을 모두 모아 다시 정리한 것이다. 이 책이 경영자들에게는 데이터 분석적 경영의 중요성과 효과를 절감할 수 있는 계기가 되고, 독자들에게는 앞으로 분석 능력을 키우겠다는 깨달음과 자극을 주고 나아가서는 분석 전문가가 되도록 영감을 불어넣기를 바란다.

# 차례

# CHAPTER 1

# 나는 왜 알파고의 완승을 예견했는가?

앞으로 인공지능에서
무슨 혁신이 벌어진다면
그것은 모두
'구글이 이룰 것'이다.

★ 에릭 슈밋Eric Schmidt

## 이세돌 9단이 패배할 수밖에 없는 이유

인공지능 바둑 프로그램인 알파고AlphaGo가 세계 최초로 프로 선수인 중국의 판후이樊麾 2단을 5대 0으로 제압하고, 세계 최강인 이세돌 9단에게 도전장을 내밀었을 때 나는 경악했다. 기껏해야 아마 5~6단 수준에 불과하던 알파고가 갑자기 프로 9단 수준으로 급성장했다는 것을 믿을 수 없었다. 게다가 알파고 측에서는 이세돌과의 대결에서도 정말 자신감이 넘쳐 있었다. "알파고가 판후이 2단과 두었을 때보다도 더 늘기는 했을지라도 이번에 이세돌을 이기기는 힘들 것" 이라는 세간의 평가에 대해 알파고를 개발한 구글 딥마인드Google DeepMind의 데미스 허사비스Demis Hassabis 대표는 이렇게 대답했다. "(그렇게 말하는) 그들은 프로그래머가 아니다!They are not programmers!"

이 말은 곧 자신들은 프로그래머라는 말이다. 다시 말하면 프로그래머가 모든 것을 확인하고 검증한 다음에 프로그램을 돌리듯이 자신들은 이번 대결에서 승리한다는 것을 이미 확인하고서 도전한다는 말이다. 알파고는 이세돌 9단과 대결하려고 오는 것이 아니라 승리를 확인하기 위해 서울로 오는 것임이 명백했다. 그들의 이런 믿기 어려운 확신이 도대체 어디서 나온 것인지 추적하기 위해 나는 그들이 『네이처Nature』에 발표한 알파고에 관한 논문[1], 제목에 '바둑 정복'이라는 말을 넣은 논문을 꼼꼼히 정독했다. 또한 그 논문에 참여한 공저자 20명의 지난 10여 년의 연구도 추적했다.

그러고 나서 나는 결론을 내렸다. 이번 대결에서 알파고가 완승할 것이고, 이세돌 9단이 1승이라도 한다면, 그것은 그가 천재이기 때문이라고. 하지만 이렇게 공개적으로 예상한 전문가는 오직 나뿐이었다. 나는 이세돌 9단이 알파고를 이길 수 없으니 한 번이라도 이기려면, 5국 전체에 대한 전략을 짜서 단단히 준비하라고 경고했지만, 누구도 내 말을 진지하게 귀담아듣지 않았다. 그렇다면 나는 왜 알파고가 압승할 것이라고 결론을 내렸을까?

이미 바둑을 제외한 모든 고전 게임에서 인공지능이 인간을 정복했다. 체스에서는 1997년에 IBM의 '딥블루Deep Blue'가 체스 세계 챔피언인 러시아의 가리 카스파로프Garri Kasparov를 꺾었고, 역시 이 회사의 슈퍼컴퓨터 '왓슨Watson'은 2011년에 미국의 텔레비전 퀴즈쇼 〈제퍼디Jeopardy〉에서 인간 챔피언들을 제압했다. 그렇지만 전문가들은 바둑에서는 앞으로도 최소한 10년은 더 있어야 그런 도전이(성공이 아니라) 가능할 것이라고 예상했다.

## 왜 바둑은 인공지능의 위대한 도전인가?

바둑이 인공지능에게 어려운 이유는 2가지 특성 때문이다. 첫째, 바둑에서는 경우의 수가 너무 많다는 점이다. 한 게임에서 평균적으로 바둑판에 둘 수 있는 점은 250개이고, 게임이 평균 150수까지 진행된다고 할 때 총 경우의 수는 $250^{150} \fallingdotseq 10^{360}$이 된다. 이 숫자는 우주에 존재하는 모든 원자의 개수($10^{80}$)보다 많고, 체스($10^{123}$)와는 비교도 할 수 없을 정도로 엄청나게 복잡하다. 따라서 아무리 슈퍼컴퓨터를 수만 대 동원하더라도 모든 경우의 수를 따져서 승리를 보장하는 최적의 수를 찾는 것은 불가능하다.

둘째, 어떤 대국 상황에서 누가 이길지 평가하기가 매우 어렵다는 것이다. 체스나 장기에서는 각각의 말들이 변하지 않는 내재적인 가치를 갖는다. 예를 들어 장기에서 차車가 갖는 가치는 시종일관 변하지 않는다. 따라서 어떤 상황에서 양 대국자가 갖고 있는 말들과 그 위치를 안다면 누가 우세한지를 평가할 수 있다. 하지만 바둑에서는 돌의 가치가 모두 동일할 뿐만 아니라 상황에 따라 수시로 변한다. 예를 들어 중요한 '요석(바둑에서 '상대의 세력을 끊는 중요한 돌'로 반드시 살려야 하는 돌)'이 '사석(어떻게 두어도 '잡힐 수밖에 없게 된 돌'이거나 일부러 [다른 이득을 위해서] 죽이려고 하는 돌) 작전'에 의해서 쓸모없는 말이 되어 버려지기도 하고, 쓸모없는 말이 축머리(축을 유리하게 만드는 돌, 즉 도망가는 경로에 자리 잡고 있어 활로가 열리도록 돕는 돌)가 되어 중요한 가치를 갖게 되기도 한다. 따라서 어떤 게임의 장면에서 어느 곳에다 두면 더 유리해지는지를 평가하는 것이 매우 어렵다.

컴퓨터가 활성화되기 시작한 1960년대 이후에 많은 연구자가 컴퓨터 바둑 프로그램을 개발했지만, 이 2가지 이유 때문에 컴퓨터 바둑 프로그램은 5급 정도의 낮은 아마추어 수준에 머물렀다. 그러다가 2008년경에 몬테카를로 트리 탐색Monte Carlo tree search이라는 시뮬레이션 기법을 적용하면서 그 수준이 아마 5단까지 비약적으로 상승했다. 이 기법은 한 수를 평가하기 위해 그것에서 비롯되는 모든 가능성을 탐색하는 것이 아니라 무작위로 선택한 샘플만을 검토하는데rollout, 샘플 크기를 늘리고 시뮬레이션 횟수를 증가시키면 모든 가능성을 검토한 것과 같은 평가함수가 계산된다.

아마 5단 수준의 인공지능 바둑 프로그램은 한 착수着手당 약 10만 번의 시뮬레이션을 실행해 가장 승률이 높은 점을 선택해 착수한다. 이 기법은 빠르게 다음 착수 지점을 찾을 수는 있지만, 그 정확성은 아직 프로 수준에 크게 미치지 못하는 단점이 있다. 예를 들어 일본에서 개발된 인공지능 바둑 프로그램 젠Zen이 2013년에 아마추어 9단에게 3점 접바둑(실력 차이가 있는 사람끼리 바둑을 둘 때 하수가 바둑돌 몇 개를 미리 놓고 두는 바둑)으로 승리를 거두었지만, 프로 수준과는 상당한 격차가 있었다. 그렇다면 최초로 프로 바둑 선수인 판후이 2단을 제압한 알파고는 어떤 구조로 되어 있을까?

## 알파고의 구조

알파고가 프로 선수를 이길 수 있는 성능을 발휘하게 된 데는 딥러닝(심화학습)의 대표적인 기법인 심층 인공신경망Convolutional Neural Network(인간의 뇌의 복잡한 뉴런 연결망을 흉내내는 기법)을 이용했기 때문이다. 심층 인공신경망은 비교적 새로운 기계학습 이론이지만, 각종 패턴 인식 대회에서 탁월한 효과를 내고 있다. 사실 이 기법은 2012년 이후에 본격적으로 활용되었지만, 전광석화처럼 빠르게 발전하며 성과를 내고 있다. 우선 알파고는 〈그림 1〉·〈그림 2〉와 같이 중요한 3개의 심층 인공신경망과 몬테카를로 트리 탐색 시뮬레이션으로 이루어져 있다.

정책망은 두 단계의 심층 인공신경망으로 이루어져 있는데(〈그림 1〉), 지도학습을 하는 첫 단계에서는 우선 유럽의 아마 고수들이 인터넷 바둑KGS Go Server에서 두었던 16만 대국의 기보棋譜에서 2,940만

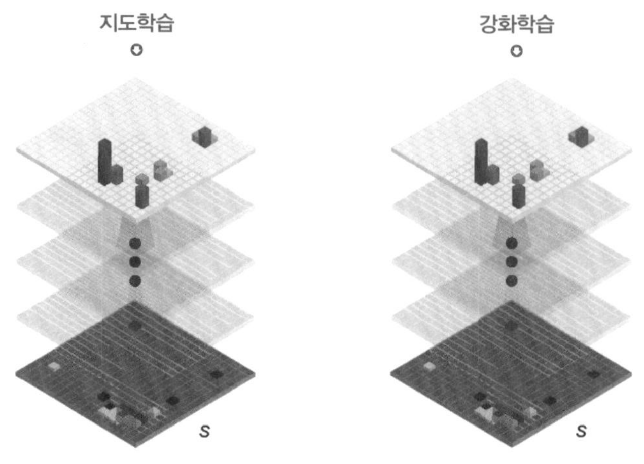


그림 1
정책망: 다음 수의 후보 예측

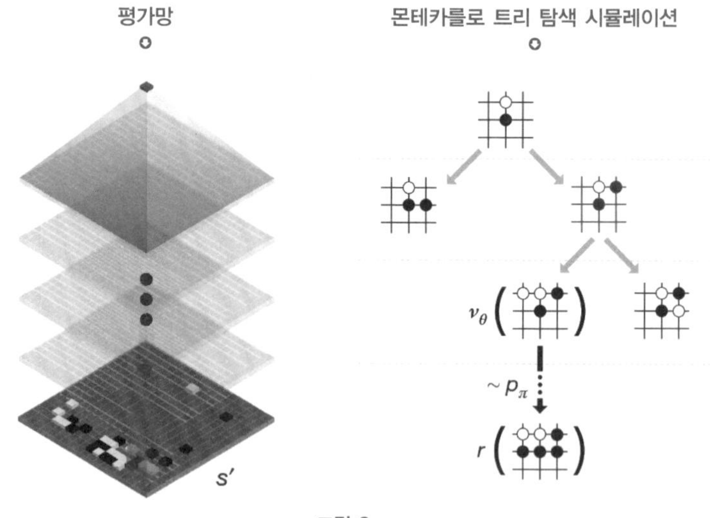


그림 2
다음 수 후보의 승리 확률 계산

개의 바둑판 상황을 추출한 뒤 그런 장면에서 다음 수는 어느 위치에 착수할 것인지를 배운다. 실제로 아마 고수들이 다음에 어느 위치에 착수했는지를 알고 있으니까(그래서 지도학습이라고 한다) 그것에서 일관적인 패턴을 분석해서 흉내내고 익히는 것이다. 이미 이 단계에서 개발된 모델은 특정 바둑판 상황에서 그때까지 흑백 착수 순서만을 입력해도 그다음 수를 예측하는 데 55.7퍼센트의 정확도를 보였다. 이는 기존 다른 바둑 프로그램들의 예측치인 44.4퍼센트보다도 훨씬 높은 것이다.

첫 번째 단계에서부터 엄청난 양의 기보를 바탕으로 배워서 아마 고수들의 착수를 잘 흉내낸다고 해서 대국에서 이기는 것이 보장된 것은 아니다. 그래서 알파고는 두 번째 단계에서 다음 착수 선정의 정확도를(대국 승리와 직접적으로 연관지어) 더욱 높이기 위해서 '강화학습'을 한다. 자기 자신과의 대국, 즉 현재의 모델과 그 이전 버전의 모델에서 임의로 추출한 모델과 수백만 번의 대국을 벌이게 하고 시행착오를 통해 스스로 학습함으로써 모델을 점차 개선하는 것이다. 예를 들어 자신이 이긴 경기에 대해서는 해당 착수들이 승리에 기여했음을 고려해 해당 착수의 선택 확률을 높이는 것이다. 특히 이 부분에서 알파고는 지능의 중요한 요소인 '경험'을 통해서 스스로 강화학습하는 능력을 구현하고 있다. 강화학습을 한 모델은 첫 단계의 모델과의 경기에서 80퍼센트 이상의 승률을 기록했다.

세 번째 단계에서는 여러 착수 후보 중에서 다음 착수를 최종적으로 선택하기 위해 각각의 착수 후보 위치가 어떤 승률을 갖는지를 계산한다. 구체적으로는 각각의 착수 후보에 대해 착수 이후에 나타나는 결과가 자신에게 얼마나 유리한지(승률이 얼마인지)를 2가지 기법으로 평가한다. 하나는 심층 인공신경망을 이용한 평가망value network이고(언론에서는 '가치망'이라고 번역하지만, 평가망이라는 이름이 더 적절하다), 또 하나는 기존의 몬테카를로 트리 탐색 시뮬레이션을 이용하는 것이다(〈그림 2〉).

평가망은 자신과의 3,000만 대국에서 한 장면씩을 뽑아 이 3,000만 장면과 최종 결과(승패)를 바탕으로 끝까지 두어 보지도 않은 상태에서도 누가 이길지를 심층 인공신경망으로 학습해 각 착수 후보 위치의 승률을 예측한다. 평가망은 계산은 느리지만 상대적으로 정확하고, 몬테카를로 트리 탐색 시뮬레이션은 빠르지만 상대적으로 정확도가 낮은 단점이 있다. 알파고는 이 두 기법의 장단점을 보완하기 위해 두 기법의 결과를 50퍼센트씩 반영해 최종 착수 위치를 결정한다. 알파고의 구조를 좀더 쉽게 설명하기 위해 실제로 알파고와 판후이 2단이 두었던 기보를 중심으로 각각의 단계가 어떻게 구현되는지 살펴보자.[2]

## 알파고와 판후이의 대결

이 대국은 속기 대국의 한 장면으로 흑을 잡은 알파고가 다음 수를 둘

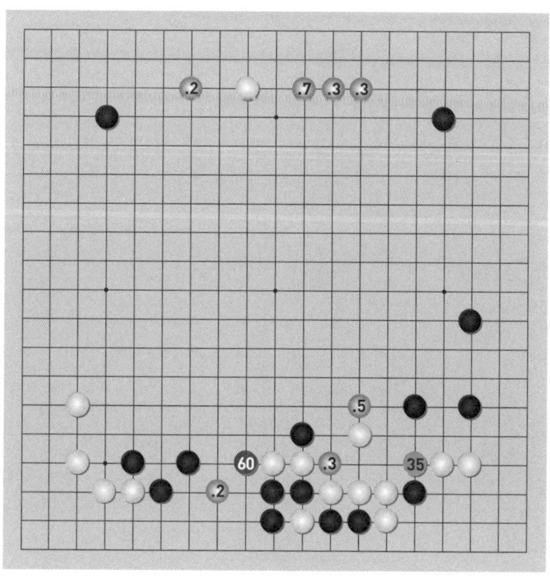


그림 3
정책망의 다음 수 추천(확률)

차례다. 〈그림 3〉은 정책망에서 알파고에게 다음 수를 추천한 결과다. 중앙 아래쪽의 한 점이 60퍼센트의 높은 확률로 추천되었고, 그 오른쪽에는 35퍼센트의 확률로 다른 점이 추천되었다. 〈그림 3〉에서는 추천 확률이 0.2 이상인 9개의 점이 표시되어 있고, 추천 확률이 0.1 이하인 15개의 위치는 생략되어 있다. 〈그림 4〉는 이들 각각의 후보 지점에(승률이 0.1 이하인 15개의 위치까지 포함) 착수했을 때 승률이 얼마인지를 각각 평가망과 몬테카를로 트리 탐색 시뮬레이션 기법으로 계산한 결과를 보여준다.

평가망 결과

몬테카를로 트리 탐색 시뮬레이션 결과

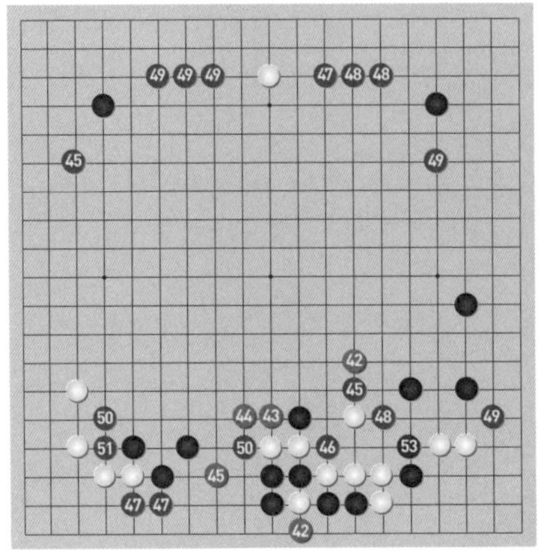

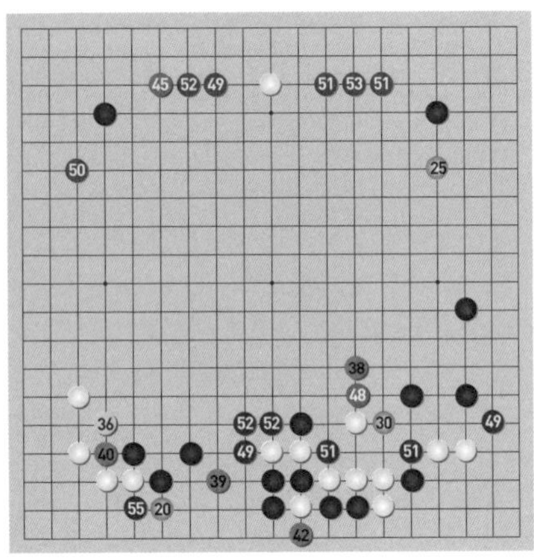

그림 4

다음 수의 승률 계산

〈그림 4〉의 왼쪽 바둑판을 보면 평가망으로 계산한 각 후보 점들의 승률을 보여준다(〈그림 4〉에 표시된 값들은 착수값action values이지만, 여기에서는 편의상 확률로 설명한다). 23개의 후보 중에서 우하右下귀 화점花點이 승률 53퍼센트로 가장 높은 것으로 나타났다. 반면에 각 후보 지점에 대한 몬테카를로 트리 탐색 시뮬레이션 결과는 오른쪽 바둑판에 나타나 있는데(초당 약 120만 번의 시뮬레이션), 좌하左下귀의 2선에 있는 후보가 승률 55퍼센트로 가장 높다(평가망 결과에서 승률이 30퍼센트 이하인 점은 흰색으로 표시되어 있다). 다음 수 후보의 승률 평가가 일치하는 경우에는 문제가 없지만, 〈그림 4〉에서처럼 불일치하는 경우

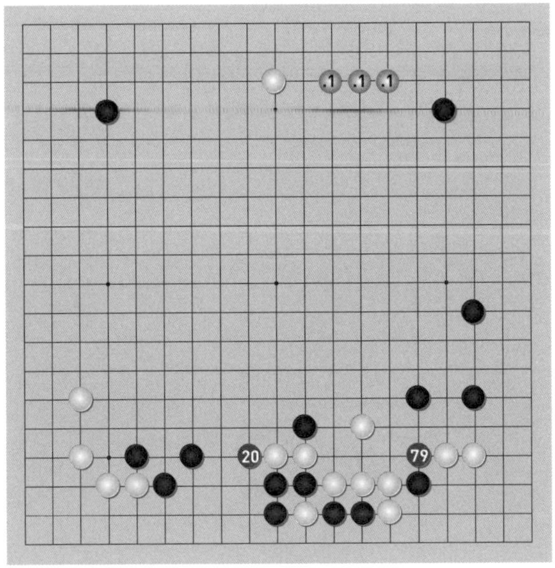


그림 5
다음 수의 최종 결정

도 생긴다.

알파고는 두 기법의 결과를 50퍼센트씩 반영해 〈그림 5〉와 같이 우하귀 화점을 최적의 착수로 선정한다. 〈그림 5〉에서는 〈그림 4〉의 두 결과를 50퍼센트씩 합산한 상태에서 몬테카를로 탐색 트리 시뮬레이션에서 가장 많이 방문한 지점을 다음 착수로 선택한다. 그렇게 하는 것은 이 방법이 특별한 경우outlier에도 최적의 수를 추천하기 때문이다. 알파고는 자신의 최선의 수를 찾는 것에만 그치지 않고 상대방의 최선의 응수와 이어지는 상호 간의 최선의 응수를 미리 계산해 〈그

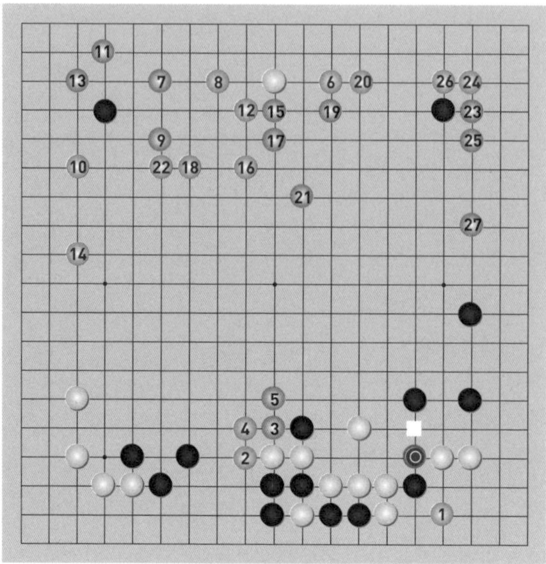


그림 6
최선의 수순 전개 예측

림 6〉과 같이 앞으로 전개될 최선의 수순을 계산한다. 앞으로 최적의 진행 과정을 미리 알고 있는 것이다.

〈그림 6〉은 알파고가 우하귀의 O 표시에 흑을 놓은 이후에 전개되는 최선의 수들을 나타낸 것이다. 각각의 수들은 모두 앞에서 설명한 절차에 따라 계산한 결과다. 이 최적의 수순대로 흑백의 수가 이어진다고 해도, 흑이 이길 확률은 53퍼센트로 그대로 유지된다. 백이 응수를 달리하면 어떻게 될까? 실제로 판후이 2단은 우하귀에 ①로 표시된 위치에 두지 않고, 흰색의 □로 표시된 위치에 끼우는 수를 두었다. 이

수는 최선의 응대가 아니므로 알파고가 응징을 하게 되면 승률이 더 높아지게 된다. 실제로 판후이 2단은 이 수(□) 이후에 더욱 불리해졌는데, 대국 후 그는 다음 수를 ①의 위치에 두었어야 했다고 후회했다.

## 알파고를 업그레이드하다

알파고는 대단한 소프트웨어다. 알파고가 3주 동안 훈련한 약 3,000만 건의 바둑판 상황은 유럽 아마 고수들의 기보에서 추출한 것이다. 그 중의 약 35퍼센트는 접바둑이었다. 그 아마 고수들은 모두 중국에서 정식으로 프로에 입단한 판후이 2단에게는 절대로 이길 수 없는 사람들이다. 하지만 그 데이터에서 학습한 알파고는 판후이 2단에게 압승했다. 그것이 2015년 10월 초였다. 구글 딥마인드도 이세돌 9단에게 이기기 위해서는 알파고의 실력을 업그레이드해야만 한다는 것을 잘 알고 있었다. 데미스 허사비스 대표는 "이세돌 선수와의 대결을 위해서 알파고를 업그레이드하기 위한 모든 준비를 다했다. 우리가 검증할 수 있는 모든 방법은 다 썼다"고 자신 있게 말했다.

그렇다면 그들은 구체적으로 어떤 준비를 했을까? 아마도 3가지 방향으로 준비했을 것이다. 첫 번째는 세계 최고 수준의 기보를 추가적으로 입력하지 않고, 단지 자기 자신과의 수천만 번의 대국을 통해서 계속 학습함으로써 알파고의 정확도를 개선했을 것이다. 알파고는 쉬지도 않고, 자지도 않고, 지치지도 않고 학습할 수 있는 장점이 있다. 하지만 이 방법만으로는 이세돌과 대결하기 위한 준비가 충분하지는 않다고 나는 생각한다.

그래서 두 번째는 알파고를 그야말로 세계 최고수로 만들기 위해 아시아 최정상 프로의 기보도 입력해서 학습했을 것이다. 모든 기계 학습 알고리즘이 그러하듯이 알파고의 능력은 학습에 사용한 데이터(기보)의 양뿐만 아니라 질에도 좌우된다. 아시아 최정상 프로들의 기보를 바탕으로 학습한다면, 그 수준이 훨씬 높아지는 것은 자명하다. 알파고는 덤 7집 반의 중국 룰에 맞춰져 있다. 그러니까 아시아 최정상 프로들이 인터넷에서 중국 룰로 대국한 기보를 바둑 포털사이트(예를 들면 타이젬Tygem)에서 입수해 입력했을 것이다. 알파고는 사람이면 1,000년 이상 걸리는 100만 번의 대국을 몇 주 만에 지도학습할 수 있으니, 2015년 10월 이후에 지금까지 아시아 최고 수준의 기보를 바탕으로 지도학습과 강화학습을 했을 것이다.

세 번째는 스파링이다. 이세돌과 대결에 앞서서 최종적으로 이세돌과 동등한 수준의 중국 기사들과 실전연습 대결을 가졌음이 틀림없다(그중 한 명이 저우루이양周睿羊 9단으로 알려져 있다). 딥마인드가 이세돌과의 대결에서 '자신 있다'고 당당해했던 확신은 바로 이 스파링에서도 압승했음을 입증한다. 알파고는 이 모든 준비를 끝내고 확신에 차서 이세돌에게 도전장을 내민 것이다. 이세돌과 겨루어 보려고 도전한 것이 아니라 그들이 이긴다는 것을 세계에 확인시키려고 한 것이다.

## 알파고를 만든 천재 과학자들

세렌디피티serendipity라는 말이 있다. 이 말은 우연에서 중대한 발견이나 발명이 이루어지는 것을 의미한다. 알파고가 판후이 2단을 이긴 것은 정말로 대단한 일이다. 하지만 그런 대단한 승리가 우연히 이루어진 것이 아니라 더 높은 상대인 이세돌 9단과의 대결에서도 반복 가능한 것인지를 확인할 필요가 있다. 그러기 위해서는 『네이처』에 논문을 발표한 저자들이 과연 지난 10여 년간 이 위대한 도전을 성공시키기 위해 어떤 노력과 연구를 했는지 추적해야 한다. 우선 20명의 공저자 중에서 구글 딥마인드의 데미스 허사비스 대표에 대해서는 이미 많은 게 알려졌다. 그 외에도 알파고를 만드는 데 핵심적인 역할을 한 개발자들은 3명으로 압축된다. 먼저 아자황Aja Huang 박사는 이번 대결에서 알파고의 손 역할을 한 사람이다.

아자황은 박사 학위논문도 몬테카를로 트리 탐색에 대해서 썼을 뿐만 아니라, 에리카Erica라는 최고 수준의 인공지능 바둑 프로그램을 개발한 사람이다. 그는 위대한 도전에 성공하기 위한 이론과 실무를 모두 갖춘 최고 적임자 중의 한 사람이다. 아자황의 최근 연구를 보면 2015년 4월에 알파고의 정책망에 관한 논문을 발표했는데, 이미 2015년 초에 알파고의 중요한 부분이 완성되었음을 알 수 있다.[3] 이 논문의 공저자는 모두 4명인데(이들은 모두 『네이처』에 논문을 발표한 공저자다), 이 중에서 3명은 모두 딥마인드 소속이지만, 한 연구자는 구글의 뇌 연구팀brain research team 소속인 일리야 수츠케버Ilya Sutskever 박사다. 나는 그가 알파고 탄생에서 가장 핵심적인 역할을 했다고 생각한다.

그는 29세의 나이에 MIT가 선정한 '35세 이하의 혁신가 35명'에 이미 뽑혔을 정도였는데, 석사 때부터 바둑에 대한 '위대한 도전'에 중요한 첫발을 내딛는다. 그가 2008년에 쓴 논문은 인공신경망을 이용해 아마 고수들의 착수를 흉내내는 것이었는데, 이는 인공신경망을 바둑에 적용한 최초의 논문이자 알파고의 정책망에 해당하는 것이다.[4] 하지만 연구 결과는 그의 기대에 미치지 못했다. 그것은 그가 간단한 형태의 인공신경망을 사용했기 때문이다.

일리야 수츠케버는 복잡한 형태의 인공신경망을 배우기 위해 구글 딥러닝의 대표격인 심층 인공신경망의 대가 제프리 힌턴Geoffrey Hinton 교수에게 가서 박사학위 과정을 밟게 된다. 사실 인공신경망은 1950년대부터 연구되어왔지만, 여러 기술적인 문제 때문에 몇 번의 암흑기를 거쳤다. 하지만 제프리 힌턴은 어렵고 힘든 가운데서도 묵묵히 인공신경망 연구를 계속했고, 2006년에는 드디어 기술적인 문제를 해결하는 방향을 제시한다(이 논문에서는 심층 인공신경망의 단점local minima이 비非지도 학습unsupervised learning을 활용한 데이터의 전처리 과정[pretraining]을 통해 해결될 수 있음을 제시했다).[5] 그리고 2012년에는 이미지넷ImageNet에서 시행하는 시각인식 대회ILSVRC에서 제프리 힌턴 교수와 2명의 박사학위 과정 학생(물론 수츠케버도 그 멤버였다)으로 구성된 슈퍼비전팀은 심층 인공신경망을 활용해 사진 판독의 오차율을 26퍼센트에서 16퍼센트로 약 38퍼센트([26-16]/26=10/26)나 줄이는 획기적인 결과를 제시했다.[6]

이후에 심층 인공신경망은 각종 패턴 인식 대회에서 발군의 성능으로 우승을 독차지하기 시작했다. 이들 3명은 심층인공신경망연구소 DNNResearch라는 회사를 차리지만, 이 회사는 곧바로 구글에 인수되었다. 이제 수츠케버는 구글의 뇌 연구팀에서 본격적으로 위대한 도전을 하기 위한 준비에 들어갔다. 하지만 여전히 강화학습을 통해 스스로 실수에서 배우는 기술은 부족한 상황이었다. 이 분야에서 세계 최고는 딥마인드라는 회사였다.

이 회사는 인공신경망과 강화학습을 이용해 인간처럼 실수를 통해 학습하는 비디오 게임 프로그램을 개발한 곳이다. 구글이 역시 딥마인드를 인수하려던 페이스북을 제치고 인수에 성공하게 된 것이 2014년 초였고, 그때부터 수츠케버와 딥마인드는 위대한 도전에 박차를 가하게 된다. 이 도전의 리더는 데이비드 실버David Silver 박사로 그는 지난 몇 년 동안 강화학습에 관한 논문만도 25여 편을 집필할 정도로 인공신경망과 강화학습의 대가다.

본격적으로 알파고를 개발한 지 1년 반 만인 2015년 10월에 판후이 2단과의 대결에서 압승한 알파고는 다시 6개월 만에 이세돌 9단도 이김으로써 위대한 도전을 성공적으로 마감하게 되었다. 알파고 개발에는 지난 10여 년에 걸쳐 이 위대한 도전을 성공시키려는 많은 천재

과학자의 노력이 최상의 조건에서 합쳐졌기 때문이라고 할 수 있다. 그래서 데미스 허사비스 대표는 "개발자들과 스태프들이 합심한 결과였다"고 기뻐했지만, 사실 이 성공의 배후에는 구글의 에릭 슈밋Eric Schmidt 회장이 있다. 그는 인공지능(약한 인공지능은 잘 규정된 작은 문제를 해결하는 것으로 그 중요 수단이 기계학습이다)을 구글의 차세대 성장 전략으로 정하고 인공지능의 신생 기업들을 쓸어 모으다시피 했다. 현재 기계학습 분야에서 다양한 세계 최고 전문가의 50퍼센트가 구글 소속일 정도다.

그는 "앞으로 인공지능에서 무슨 혁신이 벌어진다면 그것은 모두 '구글이 이룰 것'"이라고 공언하기까지 했다. 바둑에 대한 위대한 도전도 에릭 슈밋 회장의 이런 성취욕에서 시작된 것이다. 그가 대결 전날 기자회견에 깜짝 등장한 것도 알파고 개발자들이 이 위대한 도전의 성공을 확신하고, 그 역사적인 현장을 직접 눈으로 확인하기 위해서였을 것이다(알파고가 3승을 했을 때 이를 예견한 듯이 구글 창업자인 세르게이 브린Sergey Brin도 등장했다). 그가 인사말에서 "결과가 어떻든 이 대결은 인류의 승리다Whatever the result, the match is 'a win for humanity'" 라고 했을 때 그의 인사말의 속내는 (대결이 시작되기도 전에) 패자인 이세돌 9단과 우리를 위로하는 소리로 들릴 정도였다.

## 알파고와 이세돌의 대결은 불공정했는가?

애초부터 알파고와 이세돌 9단의 대결이 불공정한 것이었다는 주장이 있었다. 그 주된 근거는 1,202대의 컴퓨터CPU와 싸우는 것은 갑옷도 입지 않은 이세돌 9단에게 1,202마리의 맹수가 달려든 격이라는 것이다. 이런 주장은 문제의 핵심을 전혀 모르는 사람들의 어처구니없는 주장이다. 컴퓨터 1,200대 정도만 필요한 도전이었다면(이런 정도의 컴퓨터는 작은 기업이나 학교에서도 연결이 가능하다) 위대한 도전이 아니라 시시한 도전이었을 것이고 누구나 이 도전에서 벌써 성공했을 것이다.

사람들은 경우의 수가 아무리 많더라도 직관을 이용해 바둑에서 좋은 수를 찾아가지만, 직관을 사용할 수 없는 컴퓨터는 계산을 통해 좋은 수를 찾아가야 한다. 그런데 계산을 하려니까 경우의 수가 너무 많고 평가함수 개발이 매우 어렵기 때문에 컴퓨터를 1,000대가 아니라 100만 대를 갖고 온다고 해도 해결할 수 없는 문제다. 그래서 원래 문제 자체가 "동원할 수 있는 하드웨어를 다 동원해봐라! 그게 계산이 되나? 그래서 컴퓨터 바둑 프로그램이 직관을 가진 사람을 이기기는 불가능하다!" 였다. 이것은 하드웨어 문제가 아니라 소프트웨어 문제다. 페이스북도 자신들이 프로 선수를 이기는 도전에 근접했다고 공언했지만, 여전히 아마 6단 수준이다. 페이스북이 컴퓨터 1,000대가 없어서 아직 성공하지 못하고 있겠는가?

이세돌 9단이 세 번째 대국에서도 패해 스코어가 3대 0이 되자, 이 대국이 애초부터 이세돌에게 불리한 대결이었다는 주장도 나왔다. 그런 주장은 우선 '시기'부터가 잘못되었다. 그런 주장을 하려면 대결을 계약하기 전에 제기했어야지 대결 전엔 '이게 웬 떡이야' 하고 덥석 받아놓고서 막상 지게 되니까 그런 주장을 하는 것은 너무 궁색하다. 둘째, 그런 주장 자체도 틀린 것이다. 구글 딥마인드는 알파고가 이세돌 9단의 기보를 별도로 연구하지는 않겠다고 했다. 그것은 사실 하지 않겠다는 것이 아니라 할 수 없기 때문이다. 알파고가 사용하는 심층 인공신경망을 통한 강화학습은 엄청나게 많은 기보를 분석해서 승리를 보장하는 일관성 있는 패턴을 학습한다.

이세돌 9단이 많은 대국을 두기는 했지만, 한국에서 둔 바둑들은 덤 6집 반 경기라 소용이 없다. 덤이 7집 반인 중국 룰로 진행된 국제대회나 중국 리그에서 이세돌이 둔 경기를 다 모은다고 해도 기껏해야 1,000대국도 되지 않을 것이고, 이 정도는 빅데이터 시각으로 볼 때는 소용이 없을 정도로 적은 것이다. 따라서 알파고 측에서는 이세돌에 대한 정보가 하나도 없는 것이다. 반대로 이세돌 측에서는 『네이처』에 게재된 알파고에 대한 논문도 있고, 판후이 2단과 두었던 5번의 기보도 있으니 상대적으로 충분한 정보가 있었던 것이다. 문제는 알파고를 그다지 공부하려 하지도 않았고, 근거도 없는 이세돌의 일방적인 우세 분위기에 매몰되었던 것이다.

독자들이 구글의 회장이라면 이세돌과 혹은 다른 선수와 또 대결을 하겠는가? 구글 측에서는 이 위대한 도전을 한번에 성공했음을 이미 전 세계에 과시했다. 다른 선수와 다시 대결할 인센티브가 전혀 없다. 구글 딥마인드는 우수한 인력을 더는 바둑에 배치하지 않고 다음의 목표인 스타크래프트 게임을 향해서 매진할 것이다. 하지만 구글이 거절하지 못할 제안을 한다면 가능할 수도 있다. 예를 들어 알파고와 한중일의 국가팀(나라별 5명의 대표선수)이 풀리그를 벌인다든지, 아니면 한중일 연합팀(각 나라 3명의 대표가 연합)이 알파고와 5전3선승제로 슈퍼매치를 벌인다든지 한다면, 구글도 고려해볼 수는 있을 것이다.

심리학에는 선택적 지각selective perception이란 개념이 있다. 이는 정보를 객관적으로 받아들이지 않고 자신이 듣고 싶은 것만 듣고, 보고 싶은 것만 선택적으로 받아들이는 것을 말한다. 이번 대결에서는 이런 선택적 지각이 집단적인 수준에서 나타났다. 알파고가 압승할 거니까 이세돌이 1승이라도 하려면 철저하게 준비해야 한다는 내 경고는 대부분의 전문 기사들이나 인공지능 연구자들에게는 바둑을 모르는 사람의 어설픈 예측으로 무시되었다. 이세돌도 1패라도 한다면 이 대국에서 진 것으로 하겠다고 장담했다. 사람들은 이번 대결에서 약 13억 원을 쉽게 챙기고 다음 도전에서 더 많은 돈을 챙기게 될 이세돌을 행운아라고 부러워했다. 실제 대국의 중계방송에서도 마찬가지 현상이 벌어졌다. 다음은 제2국 중계방송의 일부분이다.

"이세돌이 유리한데요. 알파고의 수가 이해가 되지 않네요. 근데…… 집은 막상 세어보니 알파고가 일리가 있네요?"

"그래도…… 이세돌이 유리한데요. 알파고가 이해가 가지 않네요.…… 이것은 명백한 실수, 오류입니다. 근데…… 집을 막상 세어보니 알파고가 뒤지지 않고 있네요?"

"정말 이상합니다.…… 이세돌이 졌어요. 그것도 갑자기 많이 차이가 나게……."

실제 제1국에서 제3국 대국까지의 중계방송에서는 계속 이세돌이 유리하고 알파고는 실수를 연발하는 데도 마지막에는 "어! 그런데 알파고가 이겼네요!"라는 어처구니없는 중계를 반복했다. 지피지기知彼知己의 교훈이 무시되는 싸움에서는 중계방송에서조차 낭패를 겪을 수밖에 없었다.

## 인공지능의 미래

알파고가 인간의 고유한 영역이라는 바둑마저 정복하자, 인간을 넘어서는 인공지능에 대한 우려의 목소리가 높아지고 있다. 하지만 결론적으로 말하자면 그런 걱정은 기우다. 현재의 인공지능은 아주 잘 정의된 작은 영역에서 문제를 푸는 약한 인공지능으로 이미 우리 주위에 깊이 침투해 있다. 이제 약한 인공지능은 우리의 삶을 윤택하게 하는 보조적인 도구로 없어서는 안 될 중요한 역할을 한다. 우리가 매일 하는 검색엔진에서부터 스팸메일 구분, 온·오프라인에서 책과 영화와 음악 등 각종 제품과 서비스의 추천 등이 바로 인공지능이 하는 일이다. 산업 전반에서도 복잡한 전자회로의 설계에서부터 시설의 배치, 운송 최적화, 예방 정비 등 운영의 효율과 생산성 증대 부문에서 뛰어난 성과를 올리고 있다.

미래학자 케빈 켈리Kevin Kelly는 "앞으로 로봇과 얼마나 잘 협력하느냐에 따라 연봉이 달라질 것"이라고 말했다. 이제 우리는 약한 인공지능이라는 도구를 유용하고 현명하게 사용하려는 시각과 태도를 가져야 한다. 하지만 영화에서 많이 등장하는 인간 수준의 강한 인공지능이 탄생하려면, 아직 넘어야 할 산이 많고 가야 할 길도 멀다. 나는 영화에서 자주 등장하는 인간 수준의 인공지능이 현실적으로 실현될 가능성을 거의 '제로'로 보고 있다. 모든 사람이 누구나 갖고 있는 지능이란 무엇일까? 지능의 실체는 너무 다양해서 제대로 정의하기 어렵다. 따라서 인공적으로 지능을 만들 수는 없다. 우리가 알지도, 파악하지도 못하는 것을 만들어낼 수는 없기 때문이다.

의학이나 과학 등이 매우 발달한 현재도 아직 우리가 인간 자체에 대해 알고 있는 것은 극히 제한적이다. 그렇기 때문에 인간이 지닌 섬세한 감정, 열정, 반사 신경 등 수많은 요소를 흉내내는 것은 불가능하다. 영화는 픽션이니까 영화로 즐기면 되지 현실에서 일어날까봐 걱정할 필요는 없는 것이다. 알파고를 보라! 세계 최고수의 바둑을 두지만 자신은 바둑이 뭔지도 모른다. 아니, 자기 자신이란 것도 아예 없다. 바둑돌을 집어서 바둑판 위에 놓을 줄도 몰라서 아자황이 대신 손 역할을 해서 돌을 집어서 놔주지 않았던가?

앞서도 잠시 언급했지만 인공지능의 비즈니스 활용법은 거의 무한에 가깝다. 수많은 비즈니스 기회를 제공하고 우리의 생활과 업무를 바꿀 것이다. 인공지능이 '바둑 하나'에 매몰되는 게 아니라 이 '바둑 정복'이라는 목적을 달성하기 위해 개발된 수많은 메커니즘이 곧바로 다른 영역에 활용될 수 있도록 확산될 것이기 때문이다. 이를 '범용 general purpose 프로그램'이라 한다. 인공지능에서 범용 프로그램이란 해당 문제뿐만 아니라 다른 문제를 해결하는 목적으로도 사용할 수 있는 프로그램을 말한다. 알파고는 범용을 지향하는 소프트웨어로 바둑뿐만 아니라 다른 문제를 푸는 데도 쓸 수 있다.

사실 체스 챔피언을 꺾은 딥블루는 오직 체스만을 빠르게 두기 위해 만들어진 컴퓨터였다. 딥블루로는 체스보다도 훨씬 쉬운 오목을 둘 수 없는 것이다. 마찬가지로 퀴즈쇼 〈제퍼디〉에서 우승한 왓슨 역시 음성을 인식한 뒤 엄청나게 빠른 정보처리 능력을 바탕으로 질문과 답변의 형태에만 특화한 시스템이었다. 하지만 알파고는 사람처럼 경험을 통해서 학습해 문제를 효과적으로 해결하는 범용 프로그램이었고, 따라서 바둑을 두는 것 외에도 다른 문제를 해결하는 데 활용 가능하다. 사실 현실 세계의 많은 문제는 바둑을 두는 것과 같은 특성을 갖고 있다. 너무 복잡하고 경우의 수가 너무 많아서 풀기가 불가능하게 여겨지는 문제들, 예를 들면, 기후 모델링, 복합성 질환 분석 등 다양한 문제를 푸는 데 알파고를 활용할 수 있다.

구글, 페이스북, 마이크로소프트, IBM 등의 글로벌 기업들이 인공지능에 적극적으로 투자하고 있는 이유는 명확하다. 빅데이터 시대의 화두는 기계학습을 통해 데이터 속에서 인사이트를 캐내는 것이라는 비전을 갖고 있기 때문이다. 우리나라 대기업들이 이 분야에 적극적으로 뛰어들지 않은 이유는 바로 이런 전략적 비전을 갖고 있지 않아서다. 더욱이 인공지능은 어떤 하나의 발견이나 기술로 해결할 수 있는 분야가 아니라 컴퓨터공학을 넘어 생명과학과 뇌과학 등 여러 분야의 연구가 동시에 이루어져야 한다.

따라서 인력 양성과 투자가 장기적인 관점에서 지속적으로 수행되어야 하지만, 단기적인 투자수익률ROI에 매몰되어 있는 우리나라 대기업의 현실적인 상황에서는 '제4차 산업혁명'의 핵심 화두인 인공지능 분야가 조연에 그치게 될 공산이 크다. 따라서 우리나라 대기업들은 빅데이터와 기계학습이 새로운 전장next frontier이라고 명확하게 인식하고 분발해야 한다. 또한 인공지능의 발달에 필요한 생태계를 조성하려는 정부의 정책적인 노력과 지원도 시급하다.

# CHAPTER 2

# 숫자가 정보다

언젠가는 숫자를
올바로 이해하는 능력이
쓰기나 읽기처럼
유능한 시민이 되는 데
꼭 필요할 것이다.

★ 허버트 웰스Herbert G. Wells

## 확률적 선택의 문제

영국 소설가이자 문명비평가인 허버트 웰스Herbert G. Wells는 "언젠가는 숫자를 올바로 이해하는 능력이 쓰기나 읽기처럼 유능한 시민이 되는 데 꼭 필요할 것"이라고 예언했다. 그 '언젠가'가 바로 오늘이라고 해도 틀리지 않을 것이다. 오늘을 살고 있는 우리는 숫자를 만들어내느라 하루 종일 분주히 일한다. 생산된 수많은 숫자 속에 묻혀 그것들을 올바르게 이해하려고 애를 쓴다. 바야흐로 우리 삶의 많은 부분이 숫자를 위한, 숫자에 의한 행위들로 가득 차 있다고 할 수 있다. 흔히 현대를 정보화 시대라고 하지만 대부분 정보는 결국 숫자로 요약되므로 현대는 숫자정보사회 혹은 숫자화사회라고 표현하는 것이 더 적절할 것이다. 따라서 허버트 웰스가 말한 대로 숫자를 올바르게 이해할 수 있는 능력은 읽고 쓰는 능력 못지않게 현대사회에 효과적으로 적응하며 살아가는 데 이미 기본적이며 필수적인 자질이 되었다.

현대인에게 제공되는 수많은 숫자 정보 중에서 확률은 작지 않은 비중을 차지한다. 일기예보, 특정 질병에 걸릴 확률, 각종 사고(번개, 자동차 사고, 다리 붕괴 등)를 당할 확률 등은 우리가 매일 대하는 정보들이다. 실제로 사람들이 꽤 오래전부터 확률을 인식하면서 생활했다는 사실을 우리가 사용하는 단어를 보면 쉽게 알 수 있다. '아마도', '혹시나', '행운' 등의 단어에는 어떤 식으로나마 확률에 대한 개념이 들어 있으며, '십중팔구', '구사일생', '만에 하나', '설마가 사람 잡는다' 등은 좀더 구체적인 확률에 대한 이해를 표현하고 있다.

범위를 사회 전체로 넓혀 보더라도 특정 산업, 예를 들면 보험이나 복권, 카지노 사업 등은 철저한 확률 계산에 바탕을 두고 번성하고 있다. 엄청난 크기의 빅데이터를 분석한다고 해도 그 결과는 간단한 확률, 예를 들어 특정 상품을 구매할 확률 혹은 회원에서 이탈할 확률 등과 같이 간단한 확률로 요약된다. 개인적 측면에서도 확률에 대한 올바른 이해는 매우 중요하다. 프랑스 수학자 피에르 라플라스Pierre Laplace가 말했듯이 "인생에서 가장 중요한 문제들은 대부분 확률적 선택의 문제" 일 뿐이기 때문이다.

따라서 현명한 선택을 하려면 확률에 대한 올바른 이해가 필수다.

그런데 확률에 대한 사람들의 이해는 매우 낮은 편이다. 아마도 중학교 때부터 교과서에 나오는 문제들, 예를 들어 항아리 속에서 검은 공과 빨간 공을 꺼내는 문제를 풀다가 확률에 싫증을 느낀 경험 때문일 것이다. 확률을 자연스럽게 받아들이지 못하고 완벽하게 이해하지 못하면, 확률과 관련해 잘못된 판단을 흔하게 내릴 수 있다. 그런데 사람들은 얼마나 생활 속 확률들을 잘못 이해하고 있을까?

확률이란, 불확실한 것을 재는 것이다. 확률은 0에서 1까지의 값을 갖는데(그래서 퍼센트로도 많이 표시된다), 그 값이 커질수록 일어날 가능성이 높아진다. 확률이 0이라면 절대적으로 불가능하다는 것을 의미하며, 예컨대 사람이 헤엄을 쳐서 지구를 한 바퀴 돌 확률은 0이다. 반대로 확률이 1이라면 반드시 일어난다는 의미다. 어떤 사람이 죽을 확률은 1이다. 그러나 "확률이 무엇인가?"라는 질문에 대한 대답은 결코 간단하지 않다. 확률을 명확히 정의하기 위한 많은 노력은 있었지만, 명확한 정의는 아직 내려지지 않았다. 일반적으로 확률 개념은 확률을 이용하는 상황이나 관점에 따라 선험적 확률, 경험적 확률, 주관적 확률로 나뉜다.

## 선험적 확률: 카지노에서 돈을 따는 방법

먼저 동전을 던질 때 앞면이 나올 확률은 얼마일까? 아마 계산을 하지 않아도 2분의 1이라는 것을 알 수 있다. 아들을 낳을 확률도 마찬가지로 2분의 1이다. 정육면체인 주사위를 던질 때 3이라는 숫자가 나올 확률은 계산해보지 않아도 6분의 1이다. 이처럼 경험하기 전에 미리 알 수 있는 확률을 선험적先驗的 확률 개념(고전적 확률 개념)이라고 한다. 선험적 확률을 적용할 때는 경험하지 않고도 이론적으로 미리 알 수 있는 확률과 실제로 일어나는 확률을 비교하는 과정이 핵심이다. 실제 일어나고 있는 확률이 이론적으로 알 수 있는 확률과 다르다면 뭔가 문제가 있다고 볼 수 있으며, 차이가 나는 원인을 분석해서 문제를 해결할 수 있다.

실제 사례를 들어보자.[1] 세계에서 가장 권위 있는 의학 학술지인 『미국의학협회지Journal of American Medical Association』에 논문을 게재하려면, 연구 능력이 뛰어난 의사나 최소한 관련 분야의 박사학위 소지자로 매우 우수한 논문을 써서 엄격한 심사 과정을 통과해야 한다. 하지만 겨우 초등학교 3학년인 소녀가 논문을 게재했다면 믿을 수 있겠는가? 그 소녀인 에밀리 로사Emily Rosa의 이야기를 해보자.[2]

어느 날 에밀리는 엄마와 같이 그 당시 한창 인기를 끌었던 기氣치료therapeutic touch에 대한 비디오를 보고 있었다. 비디오에서는 기치료를 환자의 에너지장場을 잘 다스리면 병이 치료되는 것이라고 주장했다. 환자가 가만히 누워 있는 상태에서 기치료사가 환자의 몸 10센티미터 정도 위에서 양손을 모아 머리에서 다리 쪽으로 움직이면서 기를 감지하고 병을 일으키는 나쁜 기운을 제거하면 치료가 된다는 것이다. 기치료는 세계적으로 100여 개 간호대학에서 가르치고 있으며, 북미에서만 최소한 80개 병원에서 간호사들이 정식으로 치료에 사용하고 있었고, 여러 간호기관에서도 기치료 사용을 권장하고 있었다.

에밀리는 기치료 효과를 실험을 통해 테스트하고 싶었고, 간호사인 엄마는 여러 조언을 하며 격려해주었다. 기치료가 정말 효과가 있는지 검증하려면 정교하고 복잡한 임상실험이 필요하므로 비용과 시간이 많이 든다. 하지만 에밀리는 좀더 근본적이고 간단한 의문에 초점을 맞추었다. 즉, 기치료사들이 주장하는 대로 기치료가 효과가 있다면 그들은 최소한 에너지장, 즉 기氣를 느낄 수 있어야 한다. 그들이 기조차 느끼지 못한다면 치료 효과가 있다는 주장에는 근거가 없다. 에밀리는 기치료사들이 과연 기를 느끼는지 실험하기로 했다. 에밀리는 광고 등을 보고 콜로라도 북동부에서 시술하는 기치료사들과 접촉하고, 초등학교 3학년 과학경시대회에 출품할 실험이라고 설명하며 기치료사들 중 21명이 실험에 참여하도록 설득하는 데 성공했다.

기치료사와 에밀리가 책상에 마주 앉았다. 그 사이를 높고 불투명한 가리개screen로 막았다. 가리개 밑은 터져 있어서 손을 넣을 수 있도록 했다. 그 위는 수건으로 덮었다. 기치료사는 가리개 밑으로 두 손을 넣어 책상 위에 손바닥을 위로 하고 손을 내려놓았다(양손 간격은 25~30센티미터). 에밀리는 자신의 오른손을 기치료사의 한 손 위에 8~10센티미터 정도 떨어뜨려두었다. 기치료사의 어느 손 위에 에밀리가 오른손을 올려놓을지는 실험할 때마다 동전 던지기로 결정했다.

기치료사는 충분한 시간을 갖고 에밀리 손의 에너지장, 즉 기를 느껴서 자신의 어느 손 위에 에밀리의 손이 있는지 판단했다. 21명에게 총 280회 실험을 해서 기치료사들의 판단 결과를 기록했다. 이 실험에서 기치료사들이 에밀리 손의 위치를 정확히 맞힌 비율은 44퍼센트에 불과했다.

이 비율은 기치료 자격이 없는 보통 사람들이 우연히 맞힐 수 있는 50퍼센트의 확률보다도 낮다. 에밀리는 기치료의 효과에 대한 주장에는 근거가 없으며, 기치료에 정당성을 부여할 수 없다고 결론을 내렸다. 에밀리는 이 실험 결과를 과학경시대회에 발표해 우수상blue ribon을 받았다. 이 연구는 2명의 공저자(엄마 포함)가 함께 논문으로 작성했으며, 2년 뒤 에밀리가 11세 때 「기치료에 대한 심층 연구A Close Look at Therapeutic Touch」라는 제목으로 『미국의학협회지』에 게재되었다. 논문 심사자들이 실험의 간단함과 결과의 유용성을 인정한 결과였다. 에밀리는 최연소로 유명 과학학술지에 연구를 게재한 사람으로 기네스북에 올랐다.

선험적 확률과 관련해 거액을 번 사람도 있다. 지금부터 143년 전인 1873년, 영국에서 몬테카를로에 온 한 사람이 유명한 카지노Beaux-Arts Casino에 갔다. 거기서 3일 동안 룰렛을 한 그는 무려 1,000만 달러를 땄다. 그 돈을 챙겨서 집으로 돌아온 그는 그 뒤로 카지노에 발을 끊고 풍족한 여생을 보냈다. 이 전설적인 이야기의 주인공은 조지프 재거Joseph Jagger다. 그는 영국 요크셔Yorkshire의 방적공장 기계기술자였다. 그는 방적기계가 시간이 지나면서 마모나 손상에 의해 평형balance을 잃는다는 것을 경험으로 알고 있었다. 그는 카지노의 룰렛 기계에도 이런 현상이 일어날 수 있다고 의심했다.

카지노의 룰렛에는 1에서 36까지의 숫자와 0이 있다(유럽 카지노가 이렇다. 미국 카지노 룰렛에는 0이 하나 더(00) 있다). 고객이 특정 숫자에 돈을 걸어서 맞히면 건 돈의 36배를 준다. 0이 나오면 고객이 건 돈을 카지노가 모두 가져간다. 선험적 확률에 의하면 각 숫자가 나올 확률은 37분의 1이다. 하지만 그는 룰렛 기계가 마모나 손상 때문에 평형을 잃었다면, 확률이 37분의 1에서 자연적으로 벗어날 것으로 생각했다. 룰렛의 평형이 깨지면 특정 숫자가 무작위로 나타날 때보다 많이 나오게 되고 이를 이용하면 돈을 딸 수 있을 것으로 판단했다.

그는 이를 확인하기 위해 몬테카를로로 갔다. 그가 찾아간 몬테카를로의 한 유명한 카지노에는 룰렛이 6대 있었다. 그는 조수 6명을 고용해 각 룰렛에서 나온 숫자들을 몰래 기록하게 했다. 조수들은 카지노가 열려 있는 12시간 동안 각 룰렛에서 나온 숫자들을 모두 기록했다(룰렛에서 각 숫자가 나올 확률은 수많은 시도를 했을 때 수렴하는 37분의 1이다. 이를 '대수大數의 법칙'이라고 한다. '수많은 시도'에 해당하는 자료를 모으기 위해 하루 종일 조사한 것이다). 조수들이 수집한 자료를 분석하는 것은 간단했다. 룰렛에서 각 숫자가 나온 비율이 이론적인 확률인 37분의 1에 근접하는지 확인하면 되었다. 룰렛 6대 중 5대는 이상이 없었지만, 룰렛 1대에서 중대한 오차가 나타났다. 숫자 9개(7, 8, 9, 17, 18,

19, 22, 28, 29)가 다른 숫자보다 많이 나왔다. 그 룰렛은 어떤 이유에선지 모르지만 평형이 깨진 것이다.

다음 날 그는 문제의 그 룰렛으로 가서 그 9개 숫자에만 돈을 걸었다. 첫날에 그는 엄청난 돈을 땄다. 그의 계속된 행운을 의심한 카지노 측에서 그날 밤 룰렛의 위치를 바꾸었다. 다음 날 그는 딴 돈을 잃기 시작했다. 돈을 거의 다 잃었을 때 그는 룰렛이 바뀐 사실을 알게 되었다. 원래의 룰렛을 찾아낸 그는 다시 엄청난 돈을 벌었다. 카지노에서는 룰렛 제작업체의 전문가를 불러 룰렛 판을 이동식으로 개조해 룰렛 판만 옮길 수 있도록 했다. 다음 날 다시 돈을 잃기 시작하자 그는 더는 룰렛을 하지 않고 손을 털었다.

그때 그의 수중에 남은 돈은 무려 200만 프랑이었다! 그는 3일 동안 이 돈을 땄는데, 143년이 지난 지금의 달러 화폐 가치로는 약 1,000만 달러에 달한다. 그 뒤로 카지노를 전혀 찾지 않은 그는 풍족한 여생을 보내고 1892년에 사망했다. 그가 돈을 딸 수 있었던 것은 그 룰렛에 생긴 조그만 흠집 때문에 9개 숫자에 이론적인 확률 이상으로 공이 떨어졌기 때문이다. 이후 몬테카를로의 카지노에서는 룰렛 기술자들이 매일 룰렛의 흠집과 평형을 점검해서 모든 수에 똑같은 확률로 공이 떨어지는지 확인하기 시작했다.

## 경험적 확률: 벤포드 법칙으로 탈세를 막다

경험적 확률 개념은 현실적으로 선험적 확률 개념을 적용하기 곤란할 때 사용한다. 예를 들어 윷을 던질 때 윗면이 나올 확률은 동전 던지기와는 달리 사전에 얼마인지 알 수 없다. 마찬가지로 어느 공장에 앞으로 1년 동안 화재가 발생할 확률, 어떤 지역의 소비자가 현대자동차를 구입할 확률, 20대 여성 운전자가 자동차 사고를 낼 확률 등은 논리적 사고를 통해서 확률을 계산할 수 없다. 이럴 때는 경험적 확률 개념을 적용한다. 경험적 확률이란, 오랜 기간에 걸쳐 동일한 상황이나 조건 하에서 어떤 사건이 일어나는 상대적 비율로 확률을 해석하는 것을 말한다(상대빈도 개념으로서의 확률이라고도 한다). 조사한 자료(실험)의 수가 많으면 많을수록 경험적 확률은 그 신뢰성이 높아진다.

일기에 관한 속담 중에 '햇무리나 달무리는 비 올 징조'라는 말이 있다. 사람들은 아주 오래전부터 하늘을 보고 구름이나 바람, 빛을 관찰해 날씨를 예측해왔다. 이 속담은 오랜 경험 속에서 얻어진 것으로 햇무리나 달무리가 지면 비가 올 확률이 높다는 관측치를 담고 있다. 기상학적으로도 햇무리와 달무리는 햇빛이나 달빛이 얼음 결정으로 된 엷은 구름에 의해 반사되는 현상으로, 저기압이 다가오는 것을 예고한다고 한다. 실제로 햇무리나 달무리가 졌을 때 70퍼센트는 비가 온다.

우리나라에서 강우예보를 확률(퍼센트)로 표시하기 시작한 것은

1987년 6월부터다. '내일 비가 올 확률이 50퍼센트다'라고 발표되는 식인데, 이것이 바로 경험적 확률의 대표적인 사례다. 비가 올 확률이 50퍼센트라면 그 의미는 무엇일까? 내일의 기상조건과 유사했던 과거의 많은 사례를 조사했더니 그런 날 중 절반(50퍼센트)은 비가 왔다는 의미다. 대부분 국가의 기상청에서는 대기의 움직임(풍향, 풍속, 기온, 구름의 위치와 종류, 기압 등)에 대해 축적된 자료를 바탕으로 슈퍼컴퓨터를 통해 비가 올 확률을 계산한다.

경험적 확률에 대한 흥미로운 사례를 하나 더 소개한다. 모든 숫자의 첫자리는 1에서 9까지의 숫자 중 하나로 시작된다. 그래서 우리는 흔히 1로 시작하는 숫자나 2로 시작하는 숫자, 아니면 9로 시작하는 숫자 등이 모두 모든 숫자 중에 9분의 1, 즉 11퍼센트 정도를 차지할 것으로 생각한다. 하지만 기대와는 달리 1로 시작하는 숫자가 훨씬 많고 9로 시작하는 숫자가 가장 적다. 이를 벤포드 법칙Benford's law 혹은 첫자리 법칙first-digit law이라고 한다. 이 법칙은 1881년 미국 천문학자 사이먼 뉴컴Simon Newcomb이 처음 발견했는데, 그는 로그 변환표에서 1로 시작하는 페이지가 다른 수로 시작하는 페이지에 비해 상대적으로 훨씬 더 닳은 사실에 주목했다. 이는 사람들이 1로 시작하는 수의 로그값을 더 많이 찾아보았다는 것을 의미한다.

1938년 제너럴일렉트릭GE의 물리학자인 프랭크 벤포드Frank Benford 박사는 사이먼 뉴컴보다 훨씬 더 많은 양의 데이터에서 동일한 패턴을 발견했다. 그는 강river의 면적, 야구 통계, 잡지 기사 속의 숫자, 어느 잡지에 실린 342명의 주소처럼 아주 상이한 자료에서 2만 229개의 수를 선택해 분석했는데 그 결과는 사람들의 직감을 크게 벗어난 것이었다. 즉, 모든 경우에서 첫자리가 1로 시작하는 수가 30퍼센트(일반적으로 예상하는 약 11퍼센트보다 거의 3배 크다), 2로 시작하는 수가 17퍼센트, 3이 12.5퍼센트, 4가 9.7퍼센트, 5가 9.7퍼센트, 6이 6.7퍼센트, 7이 5.8퍼센트, 8이 5.1퍼센트, 9가 4.5퍼센트를 차지했다. 이 같은 첫자리 숫자의 비율은 전기요금 청구서, 번지수, 주식가격, 인구수, 사망률, 강의 길이, 수학이나 물리의 상수 등 다양한 자료에서 일관되게 나타났다.

실제로 이 법칙은 아주 유용하게 쓰이고 있다. 1972년 경제학자 할 베리언Hal Varian은 공적 지원을 얻기 위한 제안서에 제시된 사회-경제 자료가 조작된 것인지를 탐지하는 데 벤포드 법칙이 이용될 수 있다고 했다. 사람들이 자료를 조작할 때는 숫자들이 고르게 나오도록 일부러 애쓰기 때문에 제출된 숫자의 첫자리 수 비율과 벤포드 법칙의 비율을 비교하면 간단하게 조작 여부를 알 수 있다는 주장이다. 실제로 많은 수학 · 통계학자는 이 법칙이 데이터의 조작 탐지와 횡령, 탈세자 탐지 등과 같은 데 사용될 수 있는 놀랍도록 강력한 도구라고 확신한다.

현재 미국의 여러 주 세무서에서는 벤포드 법칙에 바탕을 둔 탐지 시스템을 운용 중인데, 예를 들어 마크 니그리니Mark Nigrini 박사는 뉴욕 브루클린에서 몇몇 조작 사건에 벤포드 법칙을 이용한 시스템을 적용해 유명해졌다. 그가 고안한 시스템의 기본 아이디어는 간단하다. 개인소득세 신고와 같은 데이터의 수치들이 벤포드 법칙에 의한 빈도나 비율과 비슷하다면, 이 숫자는 정직한 수치다. 아주 많이 벗어난다면 세무감사를 할 필요가 있는 불량 수치다. 이 시스템을 이용해 그는 상당히 정확하게 불법 탈세나 중요한 회계상 변화를 탐지해낼 수 있었다. 더욱이 미국에서는 형사재판에서 숫자 조작 여부가 문제되는 경우가 많은데, 이럴 때 숫자 조작 여부를 벤포드 법칙으로 분석한 결과가 법원에서 증거로 채택되고 있을 정도다.

## 주관적 확률: 로버트 루커스의 '합리적 기대 이론'

몇 년 전 우리나라의 인공위성인 나로호가 3차에 성공하기 전까지 1차와 2차 발사 때 실패해서 온 국민을 안타깝게 했다. 우리나라의 인공위성 발사가 성공할 확률은 대체 얼마일까? 어떤 사건이 자주 일어나지 않는다면, 경험적 확률을 구할 수 없다. 즉, 나로호를 무사히 발사시켜본 자료가 없으므로 신뢰성 있는 경험적 확률을 기대할 수 없다. 이럴 때는 주관적 확률 개념, 즉 한 개인이 어떤 사건이 일어날 것으로 믿는 정도가 곧 그 사건의 확률이 된다. 물론 사람마다 개인의 주관적 경험, 태도, 가치관, 성격 등이 다르므로 동일한 사건이라도 개인별로 그 확률은 다를 수밖에 없다.

이 개념에 의해 정의된 확률은 대상이 넓고 그 크기가 다양하므로 확률을 해석할 때 주의를 기울여야 한다. 특히 중요한 결성을 내릴 때는 그 결정으로 일어날 수 있는 다양한 가능성에 주관적 확률을 적용하게 되므로 주관적 확률의 객관성과 정확성이 의사결정의 성공 여부를 좌우할 수 있다. 인생에서 가장 중요한 문제들은 대부분 확률적 선택의 문제인데, 이 선택이 대부분 주관적 확률 계산에 바탕을 둔다. 그러므로 확률을 제대로 이해하고 적용하는 것은 올바른 선택과 의사결정에 필수적이다.

주관적 확률로 대결을 벌인 유명한 사례를 들어보자. 프랑스에 잔 칼망Jeanne Calment이라는 사람이 있었다. 잔은 1875년에 태어났고 78세가 되던 해年에 한 변호사에게, 요즘말로 하면 역모기지Reverse Mortgages 제안을 했다. 그녀가 가진 것은 집 한 채뿐인데 생활비가 없어서 어려우니 매달 생활비를 보조해준다면 자신이 죽은 뒤 집을 가져갈 수 있게 하겠다는 제안이었다. 당시 47세였던 변호사는 잔이 78세 노인이니까 한 10년 정도 생활비를 대주면 잔의 집이 자기 것이 될 것으로 판단했다. 그래서 그녀의 제안을 받아들여 계약을 맺었다. 그런데 그 후 무려 30년 동안이나 생활비를 대주었는데도 잔은 여전히 건강했고 오히려 변호사가 77세에 먼저 세상을 떠나고 말았다. 변호사의 아들은 그동안 투자한 생활비가 아까워서 그 계약을 승계했다. 하지만 잔은 그 뒤에도 14년이나 더 살았고 1997년에 122세로 사망했다. 이는 최장수 기네스 기록이다.

주관적 확률의 한판 대결은 노벨상 수상자에게도 있었다. 1995년 노벨 경제학상 수상자에 '합리적 기대 이론'을 주창한 미국 시카고대학의 로버트 루커스Robert Lucas 교수가 선정되었다. 이 소식이 알려졌을 때, 루커스 교수보다도 전前 부인 리타 루커스Rita Lucas가 좋아했다. 노벨상 상금 100만 달러 중 절반인 50만 달러를 그녀가 차지하게 되었기 때문이다. 두 사람은 1988년에 합의이혼했다. 이유는 루커스 교수가 시카고대학의 젊은 여 교수와 바람이 난 데 있었다. 미국 사람들은 이혼할 때 재산을 꼼꼼히 살피고 철저하게 나눠 가지는데, 두 사람도 이혼할 당시 재산 나누기에 신경을 많이 썼다. 이때 리타는 "루커스 교수가 노벨상을 수상한다면 전 부인인 리타가 상금의 50퍼센트를 차지할 권리를 갖는다"는 조항을 이혼계약서에 삽입하는 대신 다른 재산을 많이 양보했다.

리타는 루커스 교수가 노벨상을 수상할 가능성, 즉 주관적 확률을 높이 판단해 이 조항을 넣은 대신 다른 것들을 양보한 것이다. 루커스 교수는 자신의 노벨상 수상 가능성이 낮다고 판단해서인지 아니면 빨리 이혼하고 싶어서인지는 몰라도 이 조항에 반대하지 않았다. 별 따기보다도 어렵다는 노벨상 수상 가능성에 대해 당대의 석학과 그 부인이 주관적 확률로 한판 대결을 벌인 것이다.

그 후 7년이 지난 1995년, 드디어 로버트 루커스 교수가 노벨 경제학상 수상자로 선정되었다. 리타의 '합리적 기대'에 바탕을 둔 주관적 확률이 루커스 교수의 그것보다 정확했다는 것이 입증된 셈이다. 남편은 '합리적 기대 이론'으로 노벨상을 받았고, 부인은 '합리적 기대 이론'을 주관적 확률 계산에 적용해 상금의 반을 차지하게 되었으니 역시 그 남편에 그 아내였다. 실제로 이 이야기는 해피엔딩이다. 루커스 교수가 신사답게 '약속대로 상금을 리타와 나누었기' 때문이다. 주관적 확률 계산에서 아내에게 지기는 했으나, '합리적 기대 이론'의 대가답게 이혼계약의 '합리적 기대'도 지킨 것이다.

# CHAPTER 3

# 숫자로 가득한 세상

우연의 일치
같은 것은
없다.

★ 지크문트 프로이트Sigmund Freud

## 확률의 함정

일상생활에서 수많은 숫자 정보 중에 확률은 작지 않은 비중을 차지하고 있지만, 확률에 대한 현대인들의 이해는 매우 낮은 편이다. 그래서 사람들은 일상생활 속에서 자주 잘못된 판단을 내리기도 한다. 예를 들어 일기예보, 로또, 질병, 사고, 보험 등 일상생활에서 일어나는 많은 현상이 모두 확률과 관계가 있다. 신문과 방송에는 로또 1등 명당, 머피의 법칙, 위성 발사가 성공할 확률, 흡연자가 폐암에 걸릴 확률 등 확률과 관련된 숫자, 용어, 정보 등이 끊임없이 등장한다. 이처럼 확률은 우리 생활 깊숙이 자리 잡고 있다. 그런데도 확률이 낯설게 느껴지는 것은 확률이 사람들의 직관과 크게 다른 경우가 많기 때문일 것이다.

두 사람의 생일이 같을 경우를 예를 들어보자. 1년을 365일이라고 할 때 366명의 사람들이 모여 있다면, 그 집단에서 적어도 2명은 틀림없이 100퍼센트의 확률로 생일이 같다. 그런데 이 확률이 100퍼센트가 아니고 50퍼센트라면 어떨까? 즉, 생일이 같은 사람이 적어도 2명일 확률이 50퍼센트가 되기 위해서는 이 집단에 몇 명이 있어야 할까? 사람들은 직관적으로 366명의 2분의 1인 183명이라고 생각하기 쉽다. 하지만 정답은 놀랍게도 단지 23명이다. 다시 말하면 아무렇게나 모인 23명 중에서 적어도 두 사람이 생일이 같을 확률이 50퍼센트인 것이다. 이를 쉽게 풀어보면 다음과 같다.[1]

| | |
|---|---|
| 2명이 있을 때 생일이 다를 확률 | $\frac{365(364)}{(365)^2}$ |
| 3명이 있을 때 생일이 모두 다를 확률 | $\frac{365(364)(363)}{(365)^3}$ |
| K명이 있을 때 생일이 모두 다를 확률 | $\frac{365(364)\cdots(365-K+1)}{(365)^K}$ |

따라서 K명이 있을 때 최소한 2명은 생일이 같을 확률은 $1-365(364)\cdots(365-K+1)/(365)^K$이다. K명에 따른 확률을 정리하면 다음과 같다. 이 표에서 볼 수 있듯이 생일이 같은 사람이 적어도 2명일 확률

| K | 최소한 2명은 생일이 같을 확률(%) |
|---|---|
| 15 | 25.3 |
| 20 | 41.1 |
| 23 | 50.7 |
| 40 | 89.1 |
| 50 | 97.0 |
| 70 | 99.9 |

이 50퍼센트가 되기 위해서는 이 집단에 23명만 있으면 된다. 집단에 40명이 있다면 거의(90퍼센트) 생일이 같은 사람이 있다. 우리나라 초등학교의 학생 수가 25명 전후인 지역에서는 평균적으로 두 학급마다 생일이 같은 학생이 있는 것이며, 학생 수가 40명 전후라면 거의(90퍼센트) 모든 반에 생일이 같은 학생이 있다는 의미다. 따라서 학급에 생일이 같은 학생이 있다는 것은 놀랄 만한 인연이 아니라 자연스럽게 일어나는 현상이다.

우리나라의 로또는 1부터 45까지의 숫자 중에 6개의 숫자를 뽑는다. 로또를 사려는데 자칭 로또 전문가라고 하는 친구가 "과거 로또에서 15라는 숫자가 한 번도 1등 번호에 나온 적이 없으니 이번에는 꼭 15를 찍어라"고 충고했다면, 그의 충고를 들어야 할까? 심지어 인터넷에는 로또 1등에 당첨될 번호를 알려준다는 유료 사이트도 많다. 이 사이트들은 과학적 로또 당첨번호 시스템이니, 통계적 패턴 분석이니

하는 말들로 광고하며 사이트에 가입해서 1등 예상번호를 받으라고 유혹한다. 하지만 과거 로또에서 어떤 숫자가 많이 나왔든, 혹은 적게 나왔든 45개의 숫자 중에 어느 한 숫자가 뽑힐 확률은 동일하다. 유료 사이트들에서 광고하는 내용이야말로 확률에서 나타나는 대표적인 오류다. 사람들은 최근에 안 나온 숫자가 이번에는 나올 확률이 높다고 판단하는데, 이를 '도박사의 오류'라고 한다.

## 도박사의 오류: 독립적인 사건과 종속적인 사건

얼마 전 텔레비전에서 부산 딸부잣집 부부와 딸 7명이 출연한 프로그램을 본 적이 있다. 프로그램 중간에 사회자가 "어쩌다 딸만 일곱을 낳았습니까?"라고 묻자, 어머니가 이렇게 답했다. "딸을 셋 낳으니 사람들이 '딸 셋을 잇달아 낳으면 다음 아이는 틀림없이 아들'이라고 하기에 낳았더니 또 딸이더라." 방청객들은 큰 웃음을 터뜨렸다. 이 말에는 간단히 웃어넘길 수 없는 확률적 오류가 있다. 어느 경우에나 아들을 낳을 확률은 2분의 1이다. 새로 태어날 아기는 그전에 딸이나 아들이 줄줄이 있었는지를 알지 못한다. 따라서 잇달아 딸 다섯을 낳았거나 아들 다섯을 낳았더라도 다음에 아들 또는 딸을 낳을 확률은 여전히 2분의 1이다. 하지만 사람들은 딸을 셋 잇달아 낳으면 다음에 아들을 낳을 확률이 2분의 1보다 높아진다고 생각한다. 이것도 '도박사의 오류'에 해당한다.

카지노에는 룰렛이라는 게임이 있다. 0에서 36까지 숫자가 적힌 원판을 돌리면서 그 위에 구슬을 떨어뜨린 뒤 구슬이 어떤 숫자에서 멈추는지를 맞히는 게임이다. 사람들은 다양한 방법으로 숫자에 돈을 건다. 숫자를 맞히면 정해진 배당을 받는다. 대부분의 도박사들은, 예컨대 6번 연속 홀수가 나왔으면 다음에는 틀림없이 짝수가 나올 것이라고 생각하면서 짝수에 상당한 돈을 건다. 이처럼 앞서서 홀수가 여러 번 나왔을 때 다음번에 짝수가 나올 확률이 2분의 1보다 높아질 것으로 생각하는 것이 바로 도박사의 오류다. 룰렛의 구슬은 앞에서 어떤 숫자가 나왔는지 전혀 기억하지 못하는데, 도박사들은 구슬이 그 숫자들을 기억할 것이라고 기대하는 오류를 범한다.

도박사들의 기대와는 관계없이 어떤 경우에도 다음에 홀수가 나올 확률은 2분의 1이다. 그러나 사람들은 이런 판단이 잘못된 것이라고 생각하지 않고 여전히 자신의 생각을 고집할 때가 많다. 소설가로 유명한 에드거 포Edgar Poe는 주사위 게임에서 2가 연속 5번 나왔다면, 6번째 시도에서 2가 나올 확률이 6분의 1보다 작을 것이라는 주장을 끝내 꺾지 않았다.

제1차 세계대전 중에 실제로 있었던 일이다. 전쟁터에서 포탄이 떨어질 때 병사들은 새로 만들어진 포탄구덩이, 즉 방금 포탄이 떨어진 장소에 몸을 숨기라는 교육을 받았다. 아마도 같은 날 같은 장소에 2번이나 포탄이 떨어질 가능성이 거의 없다고 생각한 교육 때문이었을 것이다. 그러나 이것 역시 도박사의 오류와 유사한 오류다. 동전을 던져 앞면이 나왔다는 사실이 다시 동전을 던졌을 때 앞면이 나올 확률을 낮게 하지 않는다. 마찬가지로 어느 지점에 포탄이 떨어졌다는 사실이 다시 그 지점에 포탄이 떨어질 확률을 낮춰주지 않는다. 그래도 포탄구덩이에 몸을 숨기는 것이 안전하다고 생각하는 사람들을 위해 간단한 예를 들어보자.

항아리에 1에서 20까지 새겨진 공이 20개 있다고 하자. 그 항아리에서 7이 적힌 공을 꺼낼 확률은 20분의 1이다. 항아리에서 공을 2번 꺼낸다고 할 때(한 번 꺼낸 공은 다시 항아리에 넣는다) 2번 모두 7이 적힌 공을 꺼낼 확률은 $\frac{1}{20} \times \frac{1}{20}$, 즉 $\frac{1}{400}$ 이다. 같은 공을 2번 연속해서 꺼낼 확률은 1번 꺼낼 확률보다 매우 작다. 하지만 처음 꺼낸 공이 7이라는 것을 알더라도 그다음에 7이 적힌 공을 꺼낼 확률은 여전히 20분의 1이다. 어느 한 지점에 포탄이 떨어진 것을 알더라도 그 자리에 포탄이 다시 떨어질 확률은 다른 곳에 포탄이 떨어질 확률과 여전히 같은 것도 이런 이치다.

야구 경기는 확률의 경기라고 한다. 그만큼 야구에서는 작전을 펼칠 때 확률적 분석이 많이 고려된다. 어느 경기의 7회 초, 한 선수가 4번째 타석에 등장했다고 하자. 이 선수는 3할대의 타자인데, 이전의 세 타석에서는 모두 범타로 물러났다. 이때 해설자는 이렇게 말한다. "이 선수는 잘 치는 선수죠. 지금까지 3번 모두 안타가 없었으니까 이제 한 방 나올 때가 되었어요. 투수는 이 선수를 조심해야죠." 3할대 타자란 많은 타석 중에서 평균이 3할대라는 의미다. 이 타자가 3타석마다 안타를 때린다는 말은 아니다. 오랫동안 안타를 때리지 못하기도 하고 연속으로 안타를 때리기도 한다는 의미다. 딸 다섯을 낳았다고 다음 아이가 아들이 아니듯이 그때까지 안타가 없었다고 이제 안타를 때릴 차례가 되었다는 의미는 아니다.

반대의 상황을 생각해보면 더 재미있다. 이번에는 이 타자가 이전의 세 타석에서 모두 안타를 때렸다고 가정해보자. 앞의 상황과 같은 논리라면 해설자는 이렇게 말해야 일관성 있는 해설을 하는 셈이 된다. "이 선수는 3할대 타자인데 지금까지 3번 모두 안타를 쳤으니 이제는 범타로 물러날 차례입니다. 투수는 이 선수를 조심할 필요가 없어요." 그러나 이런 식으로 말하는 해설자는 없을 것이다. 대부분 "이 선수 오늘 잘 맞고 있어요. 투수는 이 선수를 정말 조심해야 합니다"라고 말할 것이다.

야구에서 타율을 해석하는 것과 유사한 농담이 있다. 심각한 병으로 수술을 받게 된 환자가 수술을 담당한 의사에게 수술이 성공해서 살아날 확률이 얼마냐고 물었다. 의사는 이 수술이 성공할 확률은 1퍼센트밖에 안 된다고 답했다. 크게 실망한 환자에게 의사는 의외로 밝은 표정을 지으며 말했다. "걱정 마세요, 당신은 틀림없이 살아날 테니……. 수술이 성공할 확률은 1퍼센트밖에 안 되지만 지금까지 내가 수술한 99명의 환자가 죽었으니 100번째 환자인 당신은 틀림없이 살아날 거요." 여기서 의사의 말이 왜 옳지 않은지 반복해서 설명할 필요는 없을 것이다. 여기서도 반대의 상황을 생각해보자. 이 의사가 수술한 첫 번째 환자가 살아났다면 어떨까? 다음에 수술을 받을 환자들은 이 의사의 수술을 거부할지도 모른다. 하지만 실제로는 각 환자에게 제각기 1퍼센트의 성공 확률이 있다.

왜 이렇게 잘못된 판단을 할까? 사람들은 동전을 던질 때, 앞면-뒷면-앞면-뒷면-앞면-뒷면이 나올 확률이 앞면-앞면-앞면-앞면-앞면-앞면이 나올 확률보다 훨씬 높다고 생각한다. 앞면이 나올 확률이 2분의 1이므로 몇 번의 시도에서도 앞면과 뒷면이 나오는 횟수가 비슷하게 균형을 이루기를 기대하는 것이다. 그러나 동전을 1,000번 던질 때 앞면이 나올 확률은 2분의 1이지만, 10번을 던질 때는 반드시 앞면 5번이나 뒷면 5번이 아니라 앞면만 10번 나올 수도 있다. 룰렛에서도 홀수가 나올 확률은 수없이 많이 시도했을 때 비로소 2분의 1이 된다. 도박사의 오류는 사람들이 판단할 때 일어나는 대표성 오류representativeness bias의 한 예이기도 하다. 이를 평균의 법칙law of averages 혹은 대수의 법칙law of large numbers이라고 한다.

이 법칙은 시도(실험)를 반복하면 반복할수록 원래의 이론적 확률에 접근한다는 것을 의미한다. 즉, 룰렛에서 홀수가 나올 확률은 수많은 시도(실험)를 했을 때 2분의 1이 된다는 의미다. 여기서의 '수많은 시도'는 사람들이 흔히 생각하는 것보다 훨씬 많은 시도를 의미한다. 시간의 흐름 위에 대수의 법칙이 존재하는 셈이다.[2] 그 많은 시도 중에 부분적으로는 홀수만 연속적으로 나온다고 해도 결코 이상한 일이 아니다. 소설이기는 하지만 『흥부전』에 나오는 흥부처럼 아들만 18명을 낳을 수도 있다.

사람들은 독립적인 사건을 종속적인 사건처럼 혼동하기도 한다. 내가 빨간 넥타이를 할 확률과 당신이 아침식사에서 굴비를 먹을 확률은 아무 관계가 없는, 서로 독립적인 사건에서 비롯된다. 반대로 사건 A가 사건 B에 영향을 끼칠 때는 사건 B가 사건 A에 종속적이라고 표현한다. 예를 들어 내일 우산을 들고 나갈 확률은 내일 비가 올 확률에 종속적이다. 비가 올 확률의 크기에 따라 우산을 들고 갈 확률이 영향을 받는다. 아들을 낳을 확률은 그전에 딸을 낳았다는 사실과 전혀 관계없이 독립적이다. 앞에서 홀수가 연달아 나왔다는 사실은 다음에 홀수가 나올 확률과 아무 관계가 없다. 이렇게 독립적인 사건을 어떤 관계가 있는 종속적인 사건으로 볼 때 도박사의 오류와 같은 판단의 잘못이 발생한다.

## 유용성의 오류: '머피의 법칙'과 '머피의 오류'

사람들은 어떤 사건의 확률을 평가할 때 쉽게 기억나는 사건일수록 확률을 높게 평가하는 경향이 있다. 이를 유용성의 오류availability bias라고 한다. 예를 들어보자. 살인사건으로 죽을 확률과 자살할 확률 중 사람들은 어떤 확률이 더 높다고 생각할까? 대부분의 사람들은 살인

사건으로 죽을 확률이 훨씬 크다고 생각할 것이다. 살인사건은 대개 매스컴에 크고 자세히 다루어지므로 사람들이 쉽게 떠올리는 반면 자살사건은 거의 보도가 되지 않아 기억에 남는 사건이 별로 없기 때문이다. 그러나 실제로는 자살로 죽는 사람이 더 많다. 심지어는 세계 50억 명 인구 가운데 어떤 사람이 당신을 죽일 확률을 모두 더한다고 해도 그 확률은 당신이 자살할 확률보다 여전히 작다.[3] 많은 사람이 자동차 여행보다 비행기 여행이 훨씬 위험하다고 생각한다. 텔레비전 뉴스에서 본 비행기 사고의 장면에 대한 기억이 그렇게 판단하도록 만든 결과다. 하지만 실제로는 비행기 여행이 훨씬 안전하다.

사람들의 경험 중에서도 어떤 것들은 머리에 오래 남는다. 감동적인 장면이라든지 매우 슬펐던 기억 등은 상대적으로 쉽게 다시 떠올릴 수 있다. 그런 기억 중 하나가 일이 잘 풀리지 않고 꼬였던 경험일 것이다. 그런 기억은 쉽게 되살릴 수 있으므로 사람들은 그런 사건들의 확률이 매우 높은 것으로 착각한다. 심지어는 그런 착각이 어떤 법칙인 것처럼 생각해 '머피의 법칙'이라는 이름까지 붙였다. 그룹 DJ DOC가 〈머피의 법칙〉이라는 노래에서 "미팅에 나가 '저 애만 안 걸렸으면' 하는 애가 꼭 짝이 되고, 오랜만에 동네 목욕탕에 가면 정기휴일이더라"고 투덜댔다. 머피의 법칙이란 "잘못될 가능성이 있는 것은 반드시 잘못되고야 만다"는 내용으로 일이 예상과 달리 자꾸 꼬일 때 사용되는 표현이다. 그러나 '머피의 법칙'의 원조元祖는 우리나라 속담에 있다. "(흔하게 널린) 개똥도 약에 쓰려면 없다"는 속담이 그것이다.

한 텔레비전 프로그램에서 조사한 몇 가지 머피의 법칙 사례를 보자.[4] "급해서 택시를 기다리면 빈 택시가 건너편에 나타난다. 기다리다 못해 길을 건너가면 다시 반대편에 빈 택시가 자주 지나간다", "기다리던 전화는 기다리다 못해 신발끈까지 다 묶고 나가려는 순간에 따르릉 울린다", "운전하다 기름이 떨어져 주유소를 찾으면 주유소는 꼭 반대쪽에 나타난다". 하지만 머피의 법칙이란 사람들이 자주 일으키는 판단의 착각일 뿐이다. 미팅에서 걸리지 않았으면 하는 여자가 실제로 걸리지 않는 경우가 더 많고, 목욕탕에 가서는 문제없이 목욕을 잘하고 오는 경우가 더 많다. 다만 그런 경험은 너무나 평범해서 제대로 기억조차 나지 않을 뿐이다.

마찬가지로 급할 때 빈 택시를 못 잡아 애태웠던 순간이, 기다리다 막 나가는 순간에 온 전화가, 기름이 떨어졌는데 주유소가 건너편에 나타났던 경험 등은 뇌리 속에 오랫동안 새겨져 있는 것이다. 따라서 "잘못될 가능성이 있는 것은 반드시 잘못되고야 만다"는 머피의 법칙은 잘못된 것이다. 이것을 다음과 같이 길게 바꿀 수 있을 것이다. "잘못될 가능성이 있는 것은 우연에 의해 잘못될 수 있다. 그러나 사람들은 잘못되었던 경우만 주로 기억하며 심지어는 잘못될 가능성이 있는 것은 반드시 잘못되고야 만다고 착각까지 하는 것이다." 따라서 '머피의 법칙'보다는 '머피의 오류'가 적합하다고 할 수 있다.

'2년생 징크스'라는 말이 있는데 루키 시즌rookie season에, 즉 데뷔한 첫해에 센세이션을 일으키며 뛰어난 성적을 일으켰던 신인이 2년

째에는 대개 저조한 성적을 내는 것을 말한다. 이 현상을 어떻게 설명할 수 있을까? 2년생 징크스는 자연스러운 현상이다. 스포츠에서 뛰어난 성적을 올린 선수는 특별히 실력이 뛰어났거나 아니면 운이 잘 따랐을 것이다. 운이 많이 작용한 선수는 다음 시즌에서 그렇게 두각을 나타내기 힘들 것이다. 좋은 운이 계속 일어나기는 어렵다. 이 선수는 2년생 징크스라고 불린다. 실력이 작용한 선수들은 다음 해에도 좋은 성적을 낼 것이다. 하지만 그 성적이 지난 시즌만 못하면 역시 2년생 징크스라고 불릴 것이다.

대부분의 스포츠는 실력과 운이 따라야 두각을 나타낼 수 있다. 따라서 첫해에 스타로 떠오른 대부분의 선수들은 2년생 징크스를 자연스럽게 경험할 것이다. 그야말로 천부적 자질이 있는 선수라면 2년생 징크스에 해당되지 않을 수도 있다. 운이 전혀 작용하지 않는 스포츠에서도 2년생 징크스는 없을 것이다. 그러나 그런 선수는 극히 드물고 어느 스포츠에서나 정도의 차이는 있겠지만 운이 작용한다. 어떤 스포츠에서나 어떤 해에 상위 10위권에 들었던 선수들의 성적을 다음 해와 비교해보면 전년도 성적보다 좋지 않은 것이 대부분이다.

2년생 징크스는 반대로도 작용한다. 즉, 운이 나빠서 성적을 제대로 내지 못했던 선수는 다음 해에는 더 나은 성적을 낸다. 실제로 하위 10위권의 선수들 중에 다음 시즌에서 전년도보다 좋은 성적을 보이는 경우가 많다. 고졸 연습생으로 프로구단에 겨우 들어와서 크게 두각을 나타내는, 소위 고졸 연습생의 신화라는 것도 2년생 징크스의 반대

현상으로 생각해볼 수 있다. 사업에서도 어떤 해에 운 좋게 사업이 잘 되었다면, 다음 해에는 전년도만 못할 가능성이 크다. 이런 현상을 평균 회귀regression to the mean라고 한다. 2년생 징크스는 평균 회귀를 나타내는 것으로 볼 수 있다.

사람들은 평균 회귀와 도박사의 오류를 자주 혼동한다. 도박사의 오류란 동전을 던질 때 앞면-뒷면-앞면-뒷면-앞면-뒷면이 나올 확률이 앞면-앞면-앞면-앞면-앞면-앞면이 나올 확률보다 높다고 판단하는 잘못이다. 평균 회귀는 오류가 아니라 통계적으로 자연스러운 현상이다. 동전을 100번 던져서 앞면이 80번 나왔다면 다음에 다시 100번을 던졌을 때는 앞면이 80번 이하가 나올 확률이 그렇지 않을 확률보다 높다. 다시 던졌을 때 앞면이 나올 횟수는 80번이 아닌 평균(50번) 쪽으로 되돌아간다(회귀回歸)는 의미다.

## 우연의 일치는 있다

사람들이 이해하는 것보다 흔하게 일어나는 것이 우연의 일치다. 사람들은 우연의 일치가 일어나기 힘든 일이라는 선입관에 사로잡혀 그것이 우연히 발생할 수도 있는 사건이라는 점을 망각한다. 심지어는 우연의 일치를 어떤 놀랍고 불가사의한 조화의 증거로 간주하기도 한다. 유명한 심리학자인 지크문트 프로이트Sigmund Freud는 "우연의 일치 같은 것은 없다"고 단언했고, 심리학자인 카를 융Carl Jung도 우연의 불가사의한 측면에 더 관심을 가졌다. 남녀 간의 관계에서 우연의 일치는 필연으로 받아들여진다. 같은 색을 좋아한다거나 취미가 같기만 해도 우리의 만남은 우연이 아니라 천생연분의 계시라고 생각하고 싶어 한다.

그러나 아주 오래전 소크라테스가 이미 말했듯이 일어날 것 같지 않은 일들도 가끔 일어난다. 우연의 일치는 지극히 자연스러운 현상이며, 실제로 우리의 일상생활 속에서 매일 수많은 우연의 일치가 일어난다. 문제는 우연의 일치가 일어나면 사람들은 그것이 일어나기 힘든 일이라는 선입관에 사로잡힌 나머지 그것이 그야말로 우연히 일어날 수도 있는 사건이라는 생각을 미처 못하는 것이다. 그렇게도 많은 우연의 일치에 대해 세상은 직접적인 설명을 하지 않는다. 그렇다고 해서 우연 이외의 근거와 힘을 가정하는 것은 일종의 심리적인 착각이다.

우연의 일치가 얼마나 흔하게 발생하는지는 다음과 같은 확률 문제로 설명할 수 있다. 1,000개의 주소가 적힌 봉투와 1,000개의 주소가 적힌 편지를 완전히 섞고 아무렇게나 한 편지를 한 봉투에 넣는다고 해보자. 적어도 하나의 편지가 동일한 주소가 적힌 봉투에 담길 확률은 얼마일까? 놀랍게도 그 확률은 63퍼센트나 된다(이항분포를 이용해 1−[모두 다를 확률]을 계산하면 된다). 이런 실험을 서울 수도권의 사람들(1,000만 명으로 가정)을 대상으로 하면 평균 6,320명의 사람이 우연에 의해 제대로 된 편지를 받는 셈이다.

우연의 일치의 예는 파이(π)에서도 볼 수 있다. 파이, 즉 원주율은 원둘레를 원의 지름으로 나눈 비율을 말한다. 이 비율은 원의 크기와 상관없이 항상 일정한 상수constant로 흔히 3.141592의 근사치로 나타낸다. 그러나 파이는 그 값을 정확하게 계산할 수 없는 무리수로 소수점 이하의 값은 반복되거나 끝나지 않고 계속된다. 이처럼 반복되지 않고 계속되는 파이의 소수점 이하 자리는 수학자들뿐만 아니라 일반인들까지 매혹시킨다. 소수점 이하를 계속 계산해보지 않으면 반복되지 않는다는 것을 확신할 수 없다는 생각을 하는 것이다(1768년에 수학자인 요한 람베르트Johann Lambert는 파이의 소수점에는 어떤 반복적인 패턴도 있을 수 없다는 것을 증명했다).

그래서 어떤 숫자가 반복해서 나오면 혹시 반복이 여기서 시작되는 것은 아닌지 매우 흥분하게 된다. 예를 들어 소수점 71만 155자리에서는 5555555가 등장한다. 4444444, 8888888, 1212121, 1234567, 7654321 같은 숫자가 나오기도 한다. 그러나 많은 수가 무작위로 반복되다 보면 이와 같은 숫자들도 우연히 등장할 수 있다고 해야 할 것이다.

점을 보려는 사람들, 즉 역술에 대한 수요는 현대 문명사회 속에서도 좀처럼 줄어들지 않는다. 입시철이나 새해 등 성수기뿐 아니라 각종 선거로 인한 특수도 있고, 개인의 사회적 · 경제적 · 정치적 고민은 시절을 가리지 않고 일어나므로 점에 대한 수요에는 불경기가 없다.

점성술의 역사나 주역周易을 고려할 때 사람들은 꽤 오래전부터 운명적인 것에 깊은 관심을 갖고 있었다는 것을 알 수 있다. 운명론적 사고, 즉 운명은 미리 정해져 있는 것이라는 생각은 사람들로 하여금 그 운명을 미리 엿보고 싶어 하는 욕망을 갖게 한다. 복잡화·다원화한 현대사회 속에서도 여전히 사람들의 욕망에 무언가 기댈 곳을 제공해 준다는 측면에서 그 필요성이 줄어들지 않는다.

국내 어느 대기업의 회장이 공장 부지를 물색할 때 반드시 지관地官과 동행했다든지, 신입사원 면접에서 관상觀相을 따졌다는 것은 이미 잘 알려진 이야기다. 이런 현상이 우리나라에만 특유한 것은 아니다. 미국에서도 많은 기업이 사원을 뽑을 때 고용 조건으로 골상骨相 검사를 받도록 요구하고, 결혼을 하려는 예비부부들이 골상학자들에게 조언을 구했다고 한다.[5] 로널드 레이건 전前 대통령도 중요한 결정을 내릴 때 백악관에서 아내 낸시와 함께 점성가를 만난다고 해서 구설수에 오른 적이 있다. 미국 중앙정보국에서도 지난 20년간 거액을 들여 심령술사를 고용했다는 사실이 최근에 밝혀진 바 있다. 미국 템플대학 존 앨런 파울로스John Allen Paulos 교수는 이런 현상을 다음과 같이 빗대 표현했다.

"유명한 실험자인 반 둠홀츠Van Domholtz는 벼룩이 가득 들어 있는 병에서 조심스럽게 벼룩 한 마리를 꺼내 뒷다리를 살짝 잘라낸 뒤 큰 소리로 벼룩에게 뛰라고 명령했다. 그는 벼룩이 움직이지 않았다는 사실을 기록하고는 똑같은 실험을 다른 벼룩에게 했다. 모든 벼룩에게 실험을 마치고 그 결과를 통계적으로 분석한 뒤, 그는 '벼룩의 귀는 뒷다리에 있다'는 결론을 자신만만하게 내렸다. 물론 어리석은 결론이다. 그러나 이보다는 분명하지 않은 맥락에서 내려진 유사한 결론들이 선입견으로 가득 찬 사람들에게는 상당한 영향력을 발휘한다. 이런 결론을 받아들이는 것과 3,500년 전에 죽은 사람이 신神의 계시를 받아 예언을 한다고 주장하는 여인의 말을 믿는 것 중 어느 것이 더 어리석은가?"[6]

예언가나 점쟁이에 대한 평가는 매우 후하다. 평가 방식에 문제가 있기 때문이다. 대개는 맞힌 사실만 뉴스거리가 되고 떠벌려진다. 세계적으로 유명한 예언가는 아무래도 16세기에 살았던 노스트라다무스일 것이다. 제2차 세계대전과 존 F. 케네디 암살 등 대형 사건들을 예언했다고 해서 유명한 사람이다. 그러나 그가 그의 예언서Centuries에서 3,000개가 넘는 예언을 했다는 사실은 사람들이 염두에 두지 않는다. 예언의 정확성을 평가하려면 그의 모든 예언에서 무작위로 표본을 추출해 얼마나 맞혔는지를 평가해야 한다. 또한 노스트라다무스의 예언서는 운문韻文으로 작성되어 난해하다. 대부분 무슨 예언을 하는 것인지 이해가 쉽지 않다.

그런데도 사람들은 예를 들어 '히물러가 불을 일으킨다'를 '히틀러가 제2차 세계대전을 일으킨다'는 식으로 잘도 해석한다. 예언의 특징은 항상 모호하고 아리송하게 표현된다는 데 있다. 그래야 막상 어떤 사건이 발생하면 모호한 예언을 아전인수로 해석해 예언이 맞았다고 주장할 수 있다. 어떤 역술인의 점이 몇 퍼센트나 맞는지도 그가 본 모든 점에서 무작위 표본을 추출해 검사해야 한다. 그러나 틀렸다고 항의하는 사람이 없으니 틀린 표본을 구하기 어렵고 그러니 점쟁이마다 맞힌 확률이 높다며 떠벌릴 수 있는 것이다.

이제 우리는 빅데이터 시대, 즉 신용카드, 인터넷, 스마트폰, UCC, SNS 등 규모를 상상할 수 없을 정도로 데이터가 넘쳐나는 시대를 살고 있다. 이런 환경에서 가장 중요한 것은 먼저 숫자에 대한 두려움을 극복하고 숫자 속에 숨어 있는 '진실'과 '가치'를 간파해낼 수 있는 소양을 갖추는 것이다. 그중에서도 확률에 대한 올바른 이해와 판단은 현명한 의사결정을 위해 필수적이다.

CHAPTER 4

# 숫자의 편견

현대에 문맹이란
글을 읽지 못하는 것이 아니라
숫자에 두려움을 갖고 편안하게
다루지 못하는 것이다.

★ 존 앨런 파울로스John Allen Paulos

## 문맹보다 무서운 '수맹'

엄청난 규모의 데이터가 홍수처럼 퍼부어지는 빅데이터 시대에도 많은 사람이 여전히 숫자나 통계만 나오면 움츠러든다. 하지만 숫자나 통계를 무조건 피하고 멀리하기보다는 분석 역량을 키우고 좀더 효율적으로 문제를 해결하는 수단으로 활용해야 한다. 이를 위해서는 문제 인식, 관련 연구 조사, 모형화, 자료 수집, 자료 분석, 결과 제시로 이어지는 분석의 각 단계에서 숫자와 통계가 제시하는 논리와 근거를 꼼꼼히 파악하고 문제 해결 과정의 핵심key으로 적극 활용하는 자세가 필요하다.

1427년 6월의 어느 날, 세종이 신하들과 국사를 논의하다가 갑자기 신하들을 바라보며 물었다.[1] "한양의 위도가 얼마인고?" 세종 앞에 늘어선 많은 신하가 모두 꿀 먹은 벙어리가 되어 대답하지 못했다. 세종이 다시 물었다. "한양의 위도가 얼마인고?" 신하들은 머리를 숙인 채 서로를 힐끔거리기만 할 뿐 아무 말도 하지 못했다. 침묵이 길어지자, 세종이 옅은 한숨을 내쉬었다. 그때 한 신하가 앞으로 나섰다. 그는 "한양의 위도는 38도 강強이옵니다"라고 대답했다. 세종은 깜짝 놀랐다. 나중에 세종은 그에게 조선의 천문역법을 책임지도록 하는 발탁 인사를 단행했다. 그 신하가 바로 이순지李純之다. 그는 당시 승문원承文院에서 외교 문서 관련 업무를 맡았던, 천문과는 무관한 직급의 관료였다.

경북 영천시 화북면에 있는 1,124미터 높이의 보현산 정상에는 동양 최대의 종합 천문대인 보현산 천문대가 있다. 이 천문대는 12킬로미터나 멀리 떨어져 있는 100원짜리 동전도 식별할 수 있는 1.8미터 크기의 광학망원경을 보유하고 있다. 보현산 천문대 연구원들은 2000년대 초 많은 소행성을 발견했는데, 이 중 5개에 한국 전통 과학자의 이름을 붙였다. 최무선, 이천, 장영실, 허준, 이순지가 그들인데, 이 걸출한 5인의 과학자 중에 새로 발견한 소행성의 이름에 가장 잘 어울리는 사람은 아마 이순지일 것이다. 이순지는 천체를 관측하고 그 움직임을 계산해 이를 정확한 달력으로 만드는 일을 수행한, 조선시대의 대표적인 천문학자였다.

세종은 즉위 초부터 조선의 독자적인 천문역법을 세우고자 했다. 삼국시대에는 주로 중국의 역법을 빌려 썼고, 고려시대에는 그것을 개성 기준으로 약간 수정해서 사용했다. 조선시대에 한양으로 천도한 후에는 그것을 약간 더 수정해서 사용했지만, 근본적으로 조선을 기준으로 한 천체 운동은 계산하지 못하고 있었다. 세종은 조선에 맞는 역법을 만들어야 한다고 생각했다.

1433년 조선의 천문역법을 정비하라는 세종의 명에 따라 이순지를 중심으로 역법 프로젝트가 시작되었다. 1442년에 이르러 조선의 독자적인 역법인 『칠정산내편七政算內編』과 『칠정산외편七政算外編』이 편찬되었다. 칠정七政이란 해, 달, 수성, 금성, 화성, 목성, 토성을 말한다. 이로써 그동안 중국 역법에 의존하던 관행에서 벗어나 비로소 조선 고유의 천체 운행을 계산할 수 있게 되었다. 이순지가 세종에게 발탁되어 최고의 천문학자로 성장하게 된 계기는 『세조실록』(세조 11년, 1465년 6월 11일)에 다음과 같이 기록되어 있다.

"어느 날 세종이 한양의 북극 고도가 얼마냐고 물었을 때 관료 중 유일하게 이순지가 38도 강이라고 대답하자 세종이 이를 의심했다. 나중에 중국에서 온 사신이 역서를 바치고 '한양은 북극에 나온 땅이 38도 강입니다' 하므로 세종이 기뻐하시고 마침내 명하여 이순지에게 천문역법을 교정하게 했다."

이순지가 세종에게 발탁된 것은 우연이나 운運이 아니다. 임금이 우리만의 역법을 세우려는 뜻을 갖고 있음을 알고 가장 기본이 되는 한

양의 위도를 미리 고민한 결과다. 이미 계산을 끝내고 준비한 이순지에게 세종의 느닷없는 질문은 오히려 그를 돋보이게 하는 기회로 작용했다.

개인이나 기업이 성공하기 위해서는 레드오션이 아닌 블루오션을 찾아야 한다. 겉으로 말만 번지르르할 뿐 실제 내공은 부족한 사람들이 많은 오늘날, 숫자와 통계와 이를 토대로 한 분석 능력이야말로 자기계발의 블루오션이다. 많은 사람이 통계를 어려워한다. 숫자만 나오면 피하고 싶어 하고 재미없어 한다. 미국 템플대학 존 앨런 파울로스John Allen Paulos 교수는 "현대에 문맹이란 글을 읽지 못하는 것이 아니라 숫자에 두려움을 갖고 편안하게 다루지 못하는 것"이라고 주장하며, 이를 '수맹數盲, innumeracy'이라는 용어로 표현하기도 했다.[2]

많은 사람이 어려워하며 자신 없어 하는 분야야말로 경쟁이 적고 광활하게 열린 블루오션이다. 사실 숫자와 통계를 기반으로 하는 분석 능력이야말로 이 시대 사람들이 갖춰야 할 필수 역량이기도 하다. 데이터가 넘쳐날수록 문제를 해결하기 위해 관련 자료를 수집하고 분석해서 필요한 정보를 추출할 수 있는 능력이 중요해지기 때문이다. 효율적인 의사결정은 계량적인 정보를 얼마나 능숙하게 다루느냐에 달려 있다. 『새로운 지식The New Know』의 저자인 손턴 메이Thornton May는 "어느 분야에서 어떤 경력을 쌓고 있든 그의 성공(개인적이든 직업적이든)은 분석 역량에 크게 좌우될 것"이라고 말했다.

# 빅데이터 분석 전략

분석은 전혀 새로운 개념이 아니며 이미 오래전부터 여러 영역에서 효과적으로 활용되어왔다. 일반적으로 분석은 단계적으로 진행된다. 예를 들어 분석적인 마케팅 조사는 연구 목적, 연구 설계, 표본 설계, 자료 수집, 자료 분석, 결과 제시 등의 단계로 진행된다. 여기에서는 영역과 무관하게 일반적으로 적용할 수 있는 분석 방법으로 다음과 같은 6단계를 제시한다.

첫째는 문제 인식이다. 분석은 자신이 하고 있는 업무나 관심을 갖고 있는 현상에서 문제를 인식하고 그것을 해결하려는 것에서 시작된다. 개인이나 기업이 가진 여러 의사결정 사안은 당연히 분석의 주제가 된다. 문제 인식 단계에서는 문제가 무엇인지 파악하고 왜 이 문제를 해결해야 하는지, 문제 해결을 통해 무엇을 달성할 것인지 등을 명확히 하는 것이 중요하다.

둘째는 관련 연구 조사다. 문제와 직접적·간접적으로 관련된 지식을 각종 문헌(잡지, 책, 보고서, 논문 등)을 통해 조사하면 문제를 더욱 명확히 할 수 있다. 또한 문제와 관련된 주요 변수들을 파악할 수 있다. 여기서 변수는 사람, 상황, 행위 등의 속성을 나타낼 수 있는 지능지수, 나이, 방 안 온도, 시험 성적 등이다. 관련 자료들을 모두 섭렵하는 것은 분석에서 가장 중요한 부분이며, 다음 단계의 모형화를 위해 필수적이다. 모든 문제 해결은 무無가 아닌 유有, 즉 관련 자료 파악에서 시작된다. 자료들을 찾고 읽었다면 문제와 관련된 내용을 정리해 관련 변수를 뽑아내야 한다. 자신의 문제와 유사한 연구를 찾았다면 그 연구 결과를 그대로 적용할지, 아니면 최소한 같은 방법을 쓸지 검토해야 한다.

셋째는 모형화(변수 선정)다. 모형은 문제(연구 대상)를 의도적으로 단순화한 것을 말한다. 모형화는 문제와 본질적으로 관련된 변수만 추려서 재구성하는 단계다. 우리가 인식한 문제들은 대부분 복잡하므로(변수가 많으므로) 단순화할(변수의 수를 줄일) 필요가 있다. 따라서 문제를 그 특성을 잘 대표하는 결정적인 요소만 추려 주요 변수로 나타낸다면, 분석이 좀더 단순해진다. 모형화는 신문의 삽화나 캐리커처를 그리는 것과 같다. 캐리커처가 의도적으로 인물이 가진 중요한 특징(코, 눈, 머리 등)을 강조하고 나머지는 무시하는 것과 같이 모형화에서도 문제와 관련된 주요 변수만 선택하고 불필요한 것들은 버린다. 어떤 변수를 버리고 선택할 것인지는 그 변수가 문제 해결과 얼마나 직접적으로 관련이 있는지에 달려 있다. 예를 들어 지도를 그릴 때 거리와 방향은 매우 중요하다. 하지만 지하철 노선표를 그릴 때는 역과 역 사이의 거리와 방향이 그다지 중요하지 않다. 지하철 노선표에서는 문제 해결(지금 있는 곳에서 목적지로 가는 방법)과 관련해 노선별 연결이 더 중요하다.

넷째는 자료 수집(변수 측정)이다. 변수가 선정되면 그 변수들을 측정해야 한다. 자료data는 변수들의 측정치를 모은 것이다. 인식된 문제는 모형화를 통해 주요 변수로 재구성되고 측정 과정을 거치면서 자료가 된다.

다섯째는 자료 분석이다. 자료는 그 자체만으로는 아무것도 말해주지 않는다. 자료 분석은 나열된 숫자에서 변수 간에 규칙적인 패턴, 즉 변수 간의 관련성을 파악하는 것이다. 예를 들어 유권자의 투표 성향을 분석하기 위해 지역별, 성별, 나이별로 특정 후보에 대한 지지도를 설문 조사로 수집했다고 하자. 수집된 자료에서 유권자의 투표 패턴(지역, 성별, 나이 등에 따라 특정 정당 후보를 지지하는 데 어떤 패턴이 있는지)을 파악하는 것이 자료 분석이다.

여섯째는 결과 제시다. 자료 분석을 통해 변수 간의 관련성이 파악되면, 그 결과가 의미하는 바를 해석해서 의사결정자에게 구체적인 조언을 한다. 결과 제시는 연구 과정의 개요, 결과 요약, 문제를 해결하기 위한 권고를 포함한다. 다양한 차트나 그래프를 활용하는 것이 효과적이다. 이제 몇 가지 사례를 제시하겠다. 각 단계별 과정에 맞게 스스로 분석해보고 분석 역량을 키워보자.

## 정규직이 된 설렁탕집 아르바이트생

서울의 어느 한 대형 설렁탕집의 주인은 손님들이 먹다가 남기는 김치 때문에 늘 고민이었다. 한꺼번에 많은 양을 주면 남기기 일쑤고, 적게 주면 다시 달라는 요청이 여러 번 들어와 안 그래도 일손이 부족한 식사 시간에 효율적인 서비스가 어려웠다. 그때 그 설렁탕집에 아르바이트생으로 한 여학생이 들어왔다. 그 학생은 들어온 지 한 달 만에 사장의 고민을 해결했다. 감격한 사장은 그 학생을 정식 직원으로 채용했다.

**문제 인식** 어떻게 하면 손님들에게 한번에 적정량의 김치를 제공해 남기는 양을 최소화할 수 있을까?

**관련 연구 조사** 사람들이 한 끼 식사 때 먹는 김치 양과 관련된 자료는 많지 않다. 식품영양이나 요리 분야에서 부분적으로 자료를 찾을 수는 있지만, 이 문제에 직접 활용하기는 어렵다. 특히 설렁탕이라는 특정 유형의 음식과 함께 먹는 김치 양에 대해서는 참고할 자료가 거의 없다고 보아야 할 것이다. 이는 기존 자료에 의존하기보다는 새로 자료를 수집해야 할 필요성이 크다는 점을 의미한다.

**모형화(변수 선정)** 아르바이트생은 우선 한 테이블의 손님들이 먹는 김치 양과 관련된 변수들을 열거해보았다. 손님 수, 손님 구성(남 · 여, 노인 · 성인 · 아동 등), 김치 맛, 김치 염도, 계절, 시장 배추 가격 등을 변수로 꼽을 수 있었다. 이 중 김치 맛과 염도는 식당 이미지를 위해 함부로 바꿀 수 없고 계절이나 시장 배추 가격은 매장 안 김치 소비에 미치는 영향이 크지 않을 것으로 판단해 제외했다.

**자료 수집(변수 측정)** 설렁탕을 먹을 때 먹는 김치 양에 대해 다른 사람이 수집 · 정리한 자료를 찾기 어려우므로 자료를 직접 수집해야 한다. 이런 경우 설문 조사나 실험은 적절하지 못하다고 판단해 아르바이트생은 관찰을 통해 자료를 수집하기로 했다. 처음 제공되는 김치 양은 테이블당 손님 수에 따라 미리 정해진 양을 제공하고 남겨지거나 추가된 양을 표로 작성해 기록했다. 아르바이트생은 2주 동안 총 300테이블의 자료를 수집했다.

**자료 분석** 손님 수와 손님 구성이 총 김치 소비량에 미치는 영향을 회귀분석(변수가 결과에 미치는 영향을 분석하는 방법)을 통해 분석했다. 여기서 변수는 손님 수와 손님 구성, 그로 인한 결과는 김치 소비량이 된다.

**결과 제시** 아르바이트생은 사장에게 분석 결과를 표와 그래프로 만들어 상세하게 설명했고 사장은 크게 만족했다. 그 후 분석 결과를 토대로 테이블에 손님이 앉으면 손님 수와 손님 구성에 맞게 미리 정해진 적정량의 김치를 제공해서 남는 양을 최소로 줄이고 직원들의 일처리(김치를 추가로 제공, 남긴 김치 폐기 등) 부담도 낮출 수 있었다.

## 중고차 매매단지 시설 개선안

한국의 중고차 시장은 매년 그 규모가 확대되고 있다. 2015년 중고차 거래대수는 약 366만 대로 신차 판매대수인 169만 대보다 2배 이상 많다. 이처럼 중고차에 대한 수요와 공급은 계속 늘고 있지만, 허위 ·

미끼 매물의 존재 가능성, 차량 성능과 품질에 대한 불안감, 낙후된 매매단지 시설 등의 문제점이 소비자 신뢰를 갉아먹는 요인으로 지적된다. 동화홀딩스에서는 이런 문제를 해결하기 위해 인천시 서구 가좌동에 연면적 15만 세제곱미터, 차량 전시대수 7,000대의 국내 최대 규모와 시설을 갖춘 자동차 매매단지를 열었다. 지하 1층, 지상 9층 규모의 이 단지는 개장 후 1년 동안 방문 고객 수와 거래 수가 지속적으로 증가하며 좋은 성과를 보였다. 하지만 고객들의 신뢰도를 높이고 고객들에게 차별화된 경험을 제공하기 위해 이 단지는 4명의 팀원으로 구성된 태스크포스를 만들었다.

**문제 인식** 자동차 매매단지에 대한 불신을 줄이고 방문 고객들이 차별화된 경험을 할 수 있도록 만들어야 한다. 이를 위해 이 단지를 방문한 고객이 단지 내 어디에서 무엇을 하는지 관찰해 그 자료를 분석한다면 시설 개선에 대한 좋은 아이디어를 얻을 수 있을 것이다.

**관련 연구 조사** 대형 중고차 매매단지에서 고객들이 어떻게 행동하는지에 대한 기존 연구는 전무했다. 설사 다른 곳에서 조사한 자료가 있더라도 단지의 구조와 입주 시설이 다르기 때문에 그대로 활용하기에는 무리가 있었다. 팀원들은 이 단지의 방문 고객들을 직접 관찰하기로 했다.

**모형화(변수 선정)** 방문 고객 정보와 총 체류 시간, 이용 거점별 행동과 이용 거점별 체류 시간이 소비자 경험에 영향을 주는 변수일 것으로 판단했다.

**자료 수집(변수 측정)** 팀원들은 예비 관찰을 통해 관찰자들이 어디서 어떻게 고객을 관찰해야 하는지 파악했다. 승용차를 이용하는 고객과 대중교통을 이용하는 고객은 단지로 들어오는 입구가 다르므로 관찰자를 별도로 배치해야 한다. 고객 동선을 따라다니면서 거점별 행동과 체류 시간을 파악할 때도 고객의 행동에 방해되지 않도록 충분한 거리를 유지하는 것이 중요하다. 관찰 내용을 쉽고 빠르게 기록할 수 있도록 관찰 기록지를 만들었다. 실제 관찰은 주중과 주말로 나눠 2주 동안 진행하고, 4명의 팀원이 직접 나서서 총 203명의 고객을 관찰했다.

**자료 분석** 각 변수는 주로 그래프로 분석했고 변수 간의 관계를 파악하기 위해 교차 분석을 실시했다. 주요 분석 결과는 다음과 같다.

- **방문 종류** 자가용 방문(72퍼센트), 단독 방문(36퍼센트), 2인 가족 방문(41퍼센트)
- **체류 시간** 주말일수록, 가족 단위 방문일수록 크게 증가
- **이용도가 가장 높은 거점hot zone** 지하 1층과 지상 1층의 에스컬레이터 주변 공간
- 근린시설 이용도 낮음
- 로비와 통로에서 상담과 거래가 많이 이루어짐
- **로비와 통로의 역할** 업무와 대기 공간

**결과 제시** 팀원들은 분석 결과를 토대로 아래와 같은 구체적인 시설 개선안을 만들었다.

- **다목적 스마트 휴게 공간 설치** 휴식 공간에 볼거리와 즐길거리를 배치해 대기 시간의 지루함을 해소하고 휴식 이후의 구매 활동 촉진
- **휴게 공간 내 구매 상담용 공간 마련** hot zone을 중심으로 구매 상담 업무를 볼 수 있는 테이블과 의자를 확대 배치, 칸막이나 벽을 통한 구획 구분
- **가족 동반 고객을 위한 공간 배려** 키즈 카페, 수유실, 기저귀 교환대, 어린이용 의자 등
- **주말 가족이나 연인을 위한 프로그램 개설** 공연 등 문화 이벤트

## 이혼을 점치는 수학자

이혼율은 특히 선진국에서 높은 편이며, 미국은 거의 50퍼센트나 된다. 행복한 가정이 개인적으로나 사회적으로 어떻게 기여하는지는 새삼 강조할 필요가 없다. 이처럼 이혼은 중요한 문제지만, 이에 대한 연구는 미흡한 편이다. 신혼부부가 백년해로할 수 있을지, 아니면 이혼하게 될지를 예측할 수 있는 모델을 개발한다면 부부 관계에 대한 통찰력을 제공하고 문제가 있는 부부의 상담 치료에도 도움이 될 것이다.

**문제 인식** 부부의 이혼 여부를 어떻게 예측할 수 있을까?

**관련 연구 조사** 부부 관계에 대한 연구는 심리학이나 가정학에서 주로 한다. 더 넓게는 인간관계에 대한 자료들을 참고할 수 있다.

**모형화(변수 선정)** 심리학자인 존 고트먼John Gottman 박사와 수학자인 제임스 머리James Murray 교수는 부부 관계에 영향을 끼치는 여러 변수 가운데 부부가 논쟁할 때 주고받는 말에 주목했다. 주고받는 말에 의해 마음의 상처가 조금씩 쌓이면 결국 파국을 맞을 것이라고 판단했다. 그래서 부부의 대화나 논쟁에서 오가는 말 속에 포함된 긍정적인 표현과 부정적인 표현을 조사해 그중 애정, 기쁨, 유머, 의견 일치, 관심, 화, 거만, 슬픔, 울음, 호전성, 방어, 회피, 혐오, 모욕의 14가지 변수를 선정했다.

**자료 수집(변수 측정)** 갓 결혼한 신혼부부 700쌍을 대상으로 이들의 대화를 측정했다. 부부를 방 안에 마주 앉게 한 뒤 돈, 성性, 시댁 문제 등 평소 둘 사이를 틀어지게 하는 주제에 대해 15분간 대화하도록 했다. 녹음 내용을 분석해 무엇을 말했느냐에 따라 남편과 아내에게 각각 다음과 같이 +4점에서 -4점 사이의 점수를 부여했다.

- 애정affection, 기쁨joy, 유머humor, 의견 일치agreement +4
- 관심interest +2
- 화anger, 거만domineering, 슬픔sadness, 울음whining −1
- 호전성belligerence, 방어defensiveness, 회피stonewalling −2

- 혐오disgust -3
- 모욕contempt -4

**자료 분석** 분석에서 핵심은 대화 중에 나타나는 긍정적 상호작용과 부정적 상호작용의 비율이었다. 부부 각각에 대한 측정 점수는 차이 방정식difference equation model이라는 수학 모델에 입력한 뒤 그 결과를 그래프로 나타냈다. 그래프는 남자의 선과 여자의 선을 그렸고, 이는 그들이 어떻게 상호작용하는지 보여주었다. 긍정적 상호작용과 부정적 상호작용의 비율이 5대 1 이하로 떨어지면 결혼 실패 확률이 높아졌다. 이런 분석을 통해 그들은 700쌍의 신혼부부를 유효 부부(친밀하고 서로를 배려하는 부부), 회피 부부(충돌이나 마찰을 의도적으로 피하는 부부), 불안정 부부(열정적이지만 논쟁을 심하게 하는 부부), 적대적 부부(부부 사이에 대화가 거의 없는 부부), 적대적 · 고립 부부(한 사람은 논쟁을 하고 싶어 하지만 상대방이 무관심한 부부) 등 5가지 유형으로 나누었다.

각 그룹의 특성을 바탕으로 존 고트먼과 제임스 머리는 유효 부부와 회피 부부는 이혼을 하지 않고, 적대적 부부와 적대적 · 고립 부부는 이혼할 것으로 예측했다. 불안정 부부는 행복하지 않은 생활을 하지만 이혼은 하지 않을 것으로 보았다. 실험 이후 12년에 걸쳐 1~2년의 간격을 두고 이들 부부에게 연락해서 이혼 여부를 확인했다. 최종적으로 12년 후 확인한 결과, 예측의 정확도는 94퍼센트에 달했다.

**결과 제시** 분석 결과는 『결혼의 수학: 동적 비선형 모델』이라는 책으로 출간되었다.[3] 존 고트먼은 이 연구 결과를 토대로 다양한 논문과 책을 집필했고, 부인 줄리와 함께 고트먼 부부관계 연구소The Gottman Relationship Institute를 설립해 부부관계 개선에 대한 훈련 모임과 교육 프로그램을 운영하고 있다.

이처럼 숫자와 통계를 활용한 분석은 설득력 있는 논리와 솔루션으로 이어질 수 있다. 이는 업무뿐 아니라 다양한 상황에 응용될 수 있다. 흔히 분석은 과거 데이터를 갖고 이미 지나간 일들을 분석하는 것에 사용된다고 생각하기 쉽다. 그러나 분석 능력이 업무 창의성으로 연결될 수 있다.

# CHAPTER 5

# 숫자를 어떻게 사용할 것인가?

사람들은
비틀거리는 술주정꾼이
가로등을 이용하듯이
숫자를 이용한다.

★ 앤드루 랭Andrew Lang

## 숫자에 길들여진 세상

현대인들은 숫자에 파묻혀 살고 있다. 예를 들면 사람의 지능은 IQ로, 경제 현상은 GNP, 물가지수, 주가지수 등으로, 날씨의 변화에 따른 우리의 느낌은 불쾌지수로, 빨래가 마르기에 적당한 날씨인지는 빨래지수로 표현한다. 심지어 감상적으로 표현되어야 할 노래가사나 제목까지 '그녀를 만나는 곳 100미터 전', '99.9' 등이 등장하고 책 제목도 '99퍼센트의 사랑', '120퍼센트 Coool' 등으로 붙인 것이 있고 가장 시적詩的이어야 할 시詩에도 다음과 같이 구체적인 숫자가 등장하기도 한다.[1]

"오늘 아침 버스를 타는데, 뒤에서 두 번째 오른쪽 좌석에 누군가 한 상 걸게 게워낸 자국이 질펀하게 깔려 있었다. 사람들은 거기에 서로 먼저 앉으려다 소스라치면서 달아났다. 거기에는, 밥알 55%, 김치 찌꺼기 15%, 콩나물 대가리 10%, 두부 알갱이 7%, 달걀 후라이 노란자위 흰자위 5%, 고춧가루 5%, 기타 3% 순順으로."[2]

사람들 간의 대화는 또 어떤가? '아파트는 몇 평짜리냐', '자동차는 몇 cc냐', '월급이 몇 퍼센트가 올랐는지' 등등 모든 것을 숫자화해서 주고받고 있다. 생텍쥐페리가 『어린 왕자』에서 다음과 같이 한 말처럼 우리는 이미 숫자에 길들여진 것이다.

"어른들은 숫자를 좋아한다. 네가 어른들에게 새로 사귄 친구들을 이야기하면 그들은 네게 진짜 알갱이가 되는 것을 묻는 일이 없다. 어른들은 네게 '그 애 목소리가 어떻든? 그 애는 어떤 놀이를 좋아하지? 그 애는 나비를 수집하고 있니?'라고 묻는 적이 한 번도 없다. 그들은 '그 애가 몇 살이지? 형제는 몇이냐? 몸무게는 얼마지? 그 애 아버지는 돈을 얼마나 버니?'라고 묻는다. 그러고 나서야 비로소 그들은 그 애를 안다고 믿는다. 만일 네가 어른들에게 '난 지붕 위에 비둘기들이 놀고 창틀에는 장미꽃이 피어 있는 붉은 벽돌의 예쁜 집을 보았어'라고 말하면, 그들은 그 집을 머릿속에 그려 보지 못한다. 어른들에게는 '난, 10만 프랑짜리 집을 보았어'라고 말하는 편이 좋다. 그제야 그들은 '야, 근사한 집이구나'라고 외친다."

가정도 예외가 되지 않아서 살림을 꾸려가는 주부들은 실제로는 꽁치를 한 마리 사는 것부터 자동차를 사는 것까지 끊임없이 숫자로 꿰맞춰간다고 할 수 있다. 직장에서도 마찬가지다. 회사원이 야근까지 하면서 일한 결과는 종종 몇 개의 숫자로 요약되어 사장에게 보고되고, 숫자로 회사를 경영할 수 있다고 생각하는 사장은 보고받은 숫자에 대한 판단을 바탕으로 새로운 숫자로 지시를 내린다. 따라서 회사원의 능력 평가와 승진은 개인이 달성한 숫자에 의해 크게 좌우된다.

더욱이 모바일 디바이스, 센서, 소셜미디어에서 데이터가 폭증하고 있는 지금, 숫자를 올바르게 이해할 수 있는 능력은 읽고 쓰는 능력 못지않게 빅데이터 시대에 효과적으로 적응하며 살아가는 데 이미 기본적이고 필수적인 능력이 되었다. 그러나 문제는 많은 사람이 이러한 필수적인 능력을 갖추기는커녕 숫자를 대하는 데 자신 없어 하는 경우가 많다는 것이다. 초등학교에 입학한 이후 가장 많은 시간을 들여서 공부한 것이 바로 수에 관한 것인데, 사람들과의 대화나 신문과 방송 등에서 매일매일 마주하게 되는 숫자에 대해서 자신 없어 한다는 사실은 상당한 아이러니다.

## 매카시즘과 어림수

사람들이 숫자에 주눅이 드는 예는 화술에 관한 책을 보면 금방 알 수 있다. 대부분의 화술에 관한 책에는 '숫자를 써서 공격하라', '숫자의 권위를 이용하라'는 내용의 장章이 있는데, 상대방의 공박을 잠재우고 좀더 설득력 있어 보이게 하는 테크닉으로 필요할 때마다 숫자를 인용하라는 것이다. 심지어는 그 숫자가 정확하지 않을지라도 상대방은 대개의 경우 그것이 정확한 것인지도 모르거나 약간 의심이 가더라도 자신이 없어 반박하지 못한다고 설명을 덧붙이기도 한다. 다음의 인용문은 이런 경향을 잘 설명해준다.

"인간 현상도 양적인 언어로 풀이하면 뭔가 더 설득력 있게 다가온다. 그런 효과를 노려서인지 모르겠으나 유난히 숫자를 잘 암기하고 다니는 사람들이 있다. 그들은 공식적인 담론에서는 물론 일상적인 대화를 나눌 때에도 그 수치들을 즐겨 인용한다. 그의 이야기는 늘 어떤 객관적인 사실을 말하는 듯이 여겨지고 그래서 항상 힘을 지닌다. 그의 주장을 반박하기는 쉽지 않다. 왜냐하면 그 정도로 다양한 자료를 자유자재로 인용할 수 없기 때문이다. 똑같은 사실을 말하면서도 통계수치를 동원하면 더 과학적이고 정확한 것처럼 들린다."[3]

사실 대화를 할 때 약간의 수치를 곁들이면 그 내용을 더욱 잘 알고 하는 말처럼 들린다. 두서없는 주장이라도 그 속에 몇 개의 수치를 인용하면 사람들은 쉽게 수긍한다. 이처럼 숫자는 과학적이라는 이미지와 설득력 있는 힘을 갖기 때문에 노련한 말꾼들은 필요한 경우에 숫자를 갖다 붙인다. 그러나 그런 숫자들은 대부분 어떤 근거도 없는 어림수인 경우가 많다. 자기의 주장을 인상적으로 보이게 하거나 순전히 논쟁에서 이기기 위해 억지로 꾸며댄 숫자일 수가 있다. 문제는 숫자에 주눅이 들어 있는 수문맹數文盲 혹은 수맹數盲들에게는 하늘에서 떨어진 것처럼 전혀 근거가 없는 어림수일지라도 언제나 효과를 발휘한다는 사실이다. 갑자기 상대방에게 몇 개의 통계수치를 갖다 대면 상대방은 어리벙벙해져서 반박도 하지 못하는 것이다. 재미있는 예를 들어보자.[4]

영국 수상을 지낸 벤저민 디즈레일리Benjamin Disraeli는 항상 통계수치를 인용하는 것으로 유명한 사람이었다. 국회에서 의원들의 날카로운 질문에 각종 통계수치를 조목조목 인용해 대답함으로써 의원들의 예봉을 잘 피해나갔다고 한다. 그리고 대답을 할 때마다 항상 메모지를 보면서 각종 통계수치들을 인용했다고 한다. 디즈레일리 수상이 국회에서 답변을 하던 어느 날에 일어난 일이었다. 수상은 그날도 그의 특기를 살려서 숫자가 포함된 조리 있는 대답으로 의원들의 말문을 막았다. 그런데 수상이 자기 자리로 돌아올 때 실수를 해서 그의 메모지를 바닥에 떨어뜨렸다. 그러자 수상의 통계수치 인용에 대해서 평소에 감탄(?)을 하던 한 호기심 많은 국회의원이 그것을 집어 들었다. 그 의원은 도대체 메모지에 무엇이 쓰여 있었을까 하고 매우 궁금했던 것이다. 메모지를 본 의원은 깜짝 놀랐다. 수상이 열심히 들여다보며 참고를 했던 메모지는 숫자 하나 적혀 있지 않은 백지였던 것이다.

우리에게 주어지는 숫자로 된 정보의 많은 부분이 어림수, 즉 대강 짐작으로 어림잡아서 추측된 값이다. 문제는 전혀 근거가 없는 어림수일지라도 숫자에 주눅이 들어 있는 대부분의 사람들에게는 대단한 효과를 발휘할 수도 있다는 사실이다. 하나의 숫자가 대단한 효과를 발휘했던 전형적인 사례가 매카시즘Mccarthyism이라는 용어까지 만들어낸 미국의 조지프 매카시Joseph Mccarthy 상원의원 이야기다.[5] 매카시즘에 대한 『옥스퍼드 영어사전』의 정의를 보면 "1950~1954년 사이에 일어난, 공산주의 혐의자들에게 반대하는 떠들썩한 반대 캠페인으로, 대부분의 경우 공산주의자와 관련이 없었지만, 많은 사람이 블랙리스트에 오르거나 직업을 잃었다"고 설명한다.

지금은 주로 정치에서 정적의 성격이나 애국심에 대해 비난을 선동하거나 무분별하고 근거 없는 고발을 비판하는 말로 쓰이는 이 말은 사실 297명이라는 근거가 없는 어림수에 의해서 촉발되었다. 1950년 초에 매카시 상원의원은 경력 위조, 상대방에 대한 명예훼손, 로비스트에게서 금품 수수, 음주 추태 등으로 정치적으로 사면초가에 몰린 상태였으며, 그의 정치 생명은 끝난 것으로 여겨졌다. 충격적인 이슈 없이는 회복할 수 없는 상황에서 매카시는 구체적인 어림수를 활용함으로써 반전을 유도했다. 즉, 그는 그해의 공화당 당원대회에서 "미국에선 공산주의자들이 활동하고 있으며, 나는 297명의 공산주의자 명단을 갖고 있다"고 주장해 미국 사회에 엄청난 충격과 관심을 이끌어냈다.

이전에도 그는 공산주의자가 많다고 떠들고 다녔지만, 별 반응이 없었다. 그런데 이번에는 구체적인 숫자 297을 제시하면서 그 명단을 갖고 있다고 하자 예상보다 폭발적인 반응을 불러일으킨 것이었다.

신문들은 매카시의 폭로를 사실 여부에 관계없이 헤드라인으로 삼았으며, 매카시의 폭로를 다룬 신문은 불티나게 팔려나갔고 많은 사람이 동조하기 시작했다. 그 297이라는 숫자는 '그 속에 반드시 포함될 사람' 혹은 '누구도 예상하지 못했겠지만 그 인원에 포함될 수도 있는 사람' 등의 제목하에 엄청난 기사들을 쏟아지게 만들었던 것이다. 이 덕에 매카시는 대중적인 인지도와 지지를 확고하게 늘려나갔으며, 그 때부터 매카시즘 시대라고 불리는 4년 동안 그는 미국 정가政街에서 가장 유력한 인사였다.

이 과정에서 공산주의와 무관한 일부 사람들이 조사를 받기도 했다. 가장 먼저 의심받은 사람들은 공무원, 연예 사업의 인물, 교육자, 노동조합 활동가였다. 무고한 경우도 있었고, 그러한 혐의는 종종 확정되지 않거나 의심스러운 증거로도 확실하다고 여겨졌다. 그 사람이 실제로 공산주의 사상을 갖고 있거나 관련되어 있어서 위협이 되는지에 대해서도 크게 부풀려지는 경우가 많았다. 많은 사람이 직장을 잃고 경력을 망쳤으며 투옥되기도 했다. 처벌자 대부분의 평결은 나중에 번복되었으며 그에 의해서 기소된 인사들 중 아무도 유죄 판결을 받은 사람이 없었다. 1954년 4월 상원은 매카시에 대한 청문회를 열었다. 청문회에서 지식인들인 변호사들의 집요한 비평과 질문에 매카시는 명확한 근거를 제시하지 못했으므로 더는 사람들의 믿음을 얻을 수 없었다. 그 후에 그는 알코올중독으로 사망했다.

## 악마의 숫자

우리의 일상생활이나 대화에서 어림수를 사용하는 경우는 무척 흔하다. 예를 들어보자. 자동차로 여행을 하는 한 부부가 시골도로를 달리고 있었다. 길옆은 넓은 풀밭이 있는 목장지대였다. 수많은 양떼가 풀을 뜯고 있는 한 목장 옆을 지나면서 운전을 하던 남편이 옆자리에 앉아 있는 부인에게 물었다. "저 목장의 양이 몇 마리나 되는 줄 알아?" 그러자 "그걸 어떻게 알아요, 저렇게 많은데" 하고 부인이 대답했다. 남편은 "내가 세어보니 1,342마리야"라고 말했다. 부인은 놀라서 "대단하네요, 그렇게 많은 양을 언제 다 셌어요?"라고 물었다. 남편은 별로 대단한 것도 아니라는 표정으로 다음과 같이 대답했다. "양을 센 것이 아니라 양의 다리를 세서 4로 나누었지." 이 예는 물론 과장된 농담이다. 그러나 공식적인 발표에서도 믿기 어려울 정도로 정확하게 추정된 어림수의 예를 종종 볼 수 있다.

아주 오래전이기는 하지만 1950년의 『세계연감World Almanac』에 실린 내용 중 하나다.[6] 그해에 전 세계에서 헝가리 언어를 사용하는 사람이 800만 1,112명이라고 나와 있었다. 방금 말을 배운 어린아이까지 정확하게 포함된 숫자라는 인상을 주기보다는 하늘에서 떨어진 숫자라는 느낌을 준다. 미국의 권위 있는 일간지인 『뉴욕타임스』에 뉴욕시에서 있었던 퍼레이드의 비용에 관한 기사가 실렸다.[7] 이 기사에 따르면 성聖 패트릭 축제일St. Patrick's Day 퍼레이드에 시 당국은 8만

5,559.61달러의 비용을 지출했고, 푸에르토리코의 날Puerto Rican Day 퍼레이드에는 7만 4,169.44달러의 비용을 지출했다고 발표했다. 상식적으로 생각할 때 퍼레이드에 든 비용을 몇 달러까지 정확히 계산할 수 없을 것이다. 이처럼 정확한(?) 어림수를 발표한 것은 이 신문사가 이 문제에 대해 매우 관심이 높고 사소한 것에도 정통하다는 인상을 독자들에게 심어주려는 의도였을 것이다. '이 신문은 매우 정확한 정보를 제공한다'고 생각하는 독자가 많을까 아니면 어떻게 해서 그렇게 정확한 숫자가 나왔을까 하고 궁금해하는 독자가 많을까?

할 로치Hal Roach라는 코미디언이 자연사박물관의 안내원에 관한 이야기를 소개한 적이 있다.[8] 어느 날 한 방문객이 선사시대의 공룡 뼈를 구경하다가 그 뼈가 얼마나 오래된 것인지를 안내원에게 물었다. 안내원은 머뭇거리지도 않고 300만 17년이 된 것이라고 대답했다. 그 수치의 정확함에 놀란 방문객이 그렇게 정확한 숫자의 근거를 다시 물었다. 안내원은 "내가 여기에서 처음 일을 시작했을 때, 그 뼈는 300만 년 된 것이라고 들었다. 그 후로 나는 여기에서 17년 동안 일을 했다"고 설명했다. 공룡의 나이 300만 년은 원래부터 추정치다. 거기에다가 17년을 덧붙여서 말하는 것은 정확한 수치라는 인상을 주려는 것에 지나지 않는다. 물론 이 예는 코미디 소재이기는 하지만 유사한 상황에서 사람들은 그저 허세를 부리거나 아니면 논쟁에서 이기기 위해 어림수를 정확성으로 종종 치장하는 것이다.

어림수를 사용하는 것은 어떤 것에 관한 숫자를 여러 가지 한계 때문에 정확하게 계산할 수 없기 때문인 경우도 있다. 그렇다고 해서 땅에서 솟아난 듯이 근거가 전혀 없이 어림수를 만들어도 된다는 것은 아니다. 우리나라의 1994년도 경찰청 통계 연보에 나타난 터무니없는 어림수의 예를 들어보자.[9] 그 연보에 따르면 각종 범죄로 인해 발생하는 재산 피해가 113조 6,000억여 원이라고 한다. 그 액수는 당시에 우리나라 한 해 예산의 5~6배나 되는 엄청난 규모다. 사람들이 엄청난 피해의 크기에 놀라자 경찰청에서는 피해 규모가 4조 5,000억 원으로 수정했다. 이런 착오가 난 이유는 컴퓨터 입력 과정의 착오라고 변명을 했다. 주먹구구식으로 어림수를 만들면 통계에 대한 사람들의 불신을 해소하기가 더욱 어려워진다. 다음은 한 스포츠 일간지의 성性에 관한 칼럼에서 인용한 글이다.

"섹스를 가능하게 하는 남성의 발기 시간이 20세에는 43분, 25세까지는 54분, 30세까지는 47분, 40세까지는 41분, 45세까지는 31분, 50세까지는 29분, 55세까지는 27분, 60세까지는 22분, 65세까지는 19분, 70세까지는 7분이라는 말도 있다."[10]

연령별 발기 시간이 분分까지 자세히 나와 있지만, 역시 이런 수치가 어떻게 해서 계산되었는지는 밝히지 않고 있다. 초秒까지 정확하게 제시하지 않은 양심(?)에 감사를 해야 할 정도다.

가장 터무니없는 숫자를 조작해낸 사람은 독일인 바이루스Weirus라고 할 수 있다.[11] 바이루스는 16세기 후반에 살았던 의사다. 13~14세기의 중세 유럽에서 마술은 하나의 뛰어난 능력으로 대우를 받았다고 한다. 15세기에 마술은 이단異端과 배교背敎란 이름 아래 재판받기에 이르렀으며, '마녀사냥'이 시작되었다.[12] 바이루스가 살았던 16세기에는 마녀사냥이 한창인 때였다. 어떤 지방에서는 2개 마을의 여성이 몽땅 처형되기도 했고, 하루에 133명을 처형한 마을도 있었으며, 1년에 5,000명 이상을 화형에 처한 도시도 있었다고 한다.[13]

이런 상황에서 바이루스는 지구상에 살고 있는 악마demons의 숫자가 정확히 740만 5,926명이라고 계산했다. 더욱이 그는 한술 더 떠서 이 악마들은 72개의 대대大隊로 나누어져 있고, 각각의 대대는 왕자가 지휘를 한다고 주장했다. 우리나라의 도깨비, 몽달귀신, 달걀귀신, 빗자루귀신, 수많은 산신령도 하나도 빼먹지 않고 세었는지는 알 수 없지만 하여튼 그 정확함에는 귀신도 기가 막힐 정도다. 다음은 지능지수IQ에 관한 신문 칼럼의 일부다.

"보통 사람이 못하는 일을 해내는 사람은 천재다. 모차르트의 지능지수는 150이었다. 프랑스의 여류 소설가 조르주 상드가 150이었고, 볼테르가 170, 괴테는 186으로 되어 있다.……그러나 꼭 150이 천재의 기준이 되는 것은 아닌 듯하다. 갈릴레오는 145였고 다윈, 베토벤, 레오나르도 다빈치 등은 135였다. 그런가 하면 렘브란트, 코페르니쿠스 등은 110밖에는 되지 않았다."[14]

심리학자들이 인간의 지능에 관심을 갖기 시작해 지능검사(IQ 테스트)를 개발한 것은 20세기 초다. 코페르니쿠스나 레오나르도 다빈치가 살았던 시대에는 IQ 테스트가 없었음이 확실하다. 아마 죽은 사람들의 혼을 불러다 지능검사를 한 것은 아닐 테니 어떻게 그들의 지능지수를 측정했는지 궁금하기만 하다.

## 시위대의 숫자가 왜 다를까?

사회적으로 큰 이슈가 되는 현안이 있을 때마다 시민들의 시위나 집회가 이어진다. 그러나 시위에 참가한 군중의 수에 대한 경찰과 주최 측의 추산은 대개 크게 다르다. 어느 숫자가 맞는지 판단할 방법이 없는 언론에서는 언제나 경찰이 추산한 숫자와 주최 측이 추산한 숫자를 함께 발표한다. 사실 시위에 참가한 사람들의 숫자를 놓고 벌이는 실랑이는 꼭 우리나라에만 한정된 일이 아니다. 예를 들어 1996년에 미국 워싱턴에서 열렸던 "100만 흑인 남성 대행진"의 참가자 수를 놓고 흑인과 경찰 당국의 설전이 뜨거웠다.

집회가 끝난 뒤 경찰은 참가자 수가 40만 명 정도라고 공식 발표했다. 그러자 참가자 수가 100만 명을 넘었다고 주장하는 흑인회교 지도자인 루이스 패러칸Louis Farrakhan은 경찰에 재집계를 요구하고, 신속한 답변이 없을 경우 법원에 재집계를 위한 소송까지 불사할 것이라고 경고했다. 그렇다면 왜 이렇게 참가자 수의 크기를 놓고 실랑이를 벌일까? 아마도 그들의 정치적인 영향력을 축소하거나 과시하려는 의도 때문일 것이다.

1963년에 워싱턴의 같은 장소에서 흑인 민권운동가 마틴 루서 킹 목사가 주도한 집회에는 20만 명이 모였다. 그 집회에서 킹 목사는 "나에겐 꿈이 있습니다I have a dream"라는 유명한 연설을 함으로써 흑인민권운동을 한 단계 발전시켰다. 흑인 지도자를 꿈꾸는 패러칸은 그의 영향력을 과시하기 위해서 참가자 수를 늘렸던 것이고, 경찰 측에서는 과격한 노선으로 물의를 빚고 있는 패러칸의 영향력을 축소하기 위해서 숫자를 줄이려고 했던 것이다.

세계 인구는 급격히 늘어나고 있는데, 반대로 인구가 줄어들고 있다고 주장하는 사람들도 있다. 그들의 궤변의 논리는 이렇다. 사람마다 2명의 부모가 있고 부모는 또 각각 2명씩의 부모가 있다. 즉, 한 사람에게는 4명의 조부모가 있다. 그런데 그 조부모들에게는 또 각각 2명의 부모가 있다. 이렇게 조상의 수는 한 세대를 올라갈수록 2배씩 늘어난다. 이런 식으로 중세까지만 올라가도 한 사람의 조상의 수는 100만 명이 넘으니까 중세시대의 인구는 오늘날의 100만 배가 넘는다는 주장이다. 무엇이 잘못되었을까? 바로 조상이 이중 계산된 것이다. 내 동생의 모든 조상과 나의 모든 조상이 같은데, 그들이 다른 사람으로 계산된 것이다.

이런 이중 계산 방식은 오늘날에도 여전히 존재한다. 자동차, 조선, 중공업 회사들이 파업을 할 때면 그 파업으로 인한 손실이 하루에 수백억 원이나 된다고 언론에서 발표된다. 자동차 공장이 파업하는 경우 피해액은 공장에서 생산되어야 할 자동차 가격이 대부분을 차지한다. 그런데 여기에다가 부품회사의 손실 등이 덧붙여진다. 하지만 자동차 가격에 이미 부품 가격과 부품회사의 이윤이 다 포함되어 있다. 물론 파업으로 인한 국가의 손실을 막기 위해서 파업이 빨리 해결되어야 하겠지만, 그렇다고 해서 파업으로 인한 손실을 이중 계산으로 부풀릴 필요는 없다.

『자본론』으로 유명한 카를 마르크스Karl Marx 역시 엉터리 계산을 한 것으로 유명하다. 그는 『자본론』에서 수많은 가정을 바탕으로 계산을 전개해나간다. 예를 들어 방적공장의 잉여가치율을 계산할 때 이렇게 가정한다.

"쓰레기는 6퍼센트라 가정한다.……원료비는 어림수로 약 342파운드라 한다. 1만 개의 방추는 1개의 원가가 1파운드라 가정하고……, 마모로 인한 손실률은 10퍼센트라 하자.……공장 건물의 임대료는 300파운드라 추정해둔다."

그의 이런 가정은 어디에 근거를 두었을까? 마르크스는 "나는 이와 같은 믿을 만한 데이터를 맨체스터의 어떤 방적공장 주인에게서 입수했다"고 밝혔다. 그의 가정이 어떤 한 사람인 방적공장 주인의 말에 달려 있었다는 사실은 그가 잉여노동 시간이라든지 잉여가치율 등에 대해 계산한 결과들이 얼마나 설득력이 낮은지를 입증한다.

## 숫자에 대한 무지

그렇다면 왜 사람들은 상대방이 자신의 주장을 그럴듯하게 포장하려고 전혀 근거가 없는 어림수를 들이댈 때 이를 따지거나 반박도 하지 못하는 것일까? 여러 원인이 있겠지만 그중에서도 숫자를 중요하게 생각하지 않는 우리의 관습과 숫자는 틀려도 괜찮다는 너그러움(?)이 큰 원인이라고 생각한다. 그리고 그 관습의 뿌리는 깊다. 예를 들면 연암 박지원의 『양반전』에는 양반은 "손으로 돈을 만지지 말며 쌀값을 묻지 않는다"고 규정되어 있다. 상업을 천하게 여기는 사회 속에서 수리적인 지식은 양반이 갖춰야 할 교양에 들지 못했고, 마을 서당에서도 수에 관한 지식은 일절 가르치지 않았다. 이렇게 숫자를 무시하는 관습은 현재까지 이어져 숫자를 따지는 사람은 쩨쩨한 사람이 되고, 숫자를 다룰 때 실수를 하면 오히려 계산적이지 않은 사람이라는 것을 입증이나 한 듯이 떳떳해하는 것은 아닐까?

아 다르고 어 다르다며 말의 미묘한 차이를 열을 내며 따지는 사람들이 간단한 숫자의 속뜻을 제대로 이해하지 못하고도 당황해하지 않고 오히려 드러내놓고 과시하기도 한다. 유명 인사들이 텔레비전에 나와서 종종 숫자에 대한 무지를 드러내지만, 그것은 가십거리조차 되지 않는다. 이처럼 '숫자에 대한 무지'에 대해 자만심을 갖고 자랑하는 태도나 이를 관대하게 봐주는 사람들의 태도는 동서양의 공통적인 현상이다. 그리고 숫자를 올바로 이해하는 것을 방해해 수맹이 되게 하는 중요한 원인으로 작용한다.

미국 메이저리그의 전설적인 강타자 요기 베라Yogi Berra는 "야구경기는 (9회 말이) 끝날 때까지는 끝난 것이 아니다"라는 말로 유명하다. 그런데 『USA투데이』는 1994년 3월 25일에 요기 베라의 말을 인용한 "Baseball is ninety percent mental. The other half is physical"이라는 광고를 게재했다. 야구에서 타격의 90퍼센트가 정신적인 것이라면 나머지는 반(50퍼센트)이 아니라 10퍼센트다. 따라서 "나머지 10퍼센트는 신체적인 것이다"고 해야 함에도 거리낌 없이 숫자에 대한 무지를 드러냈다. 또한 사람들은 그 말을 역시 요기 베라다운 말로 받아들이고 있어 광고에 인용되기까지 했다. 에디슨이 "천재의 99퍼센트는 땀이고 나머지 반은 영감이다"고 했다면 당황했을 사람들이 똑같은 잘못을 한 요기 베라의 말에 전혀 어색함이 없어 하는 것이다. 즉, 많은 사람이 갖는 '숫자는 틀려도 괜찮다'는 너그러운 태도가 숫자에 대한 무지를 개선해야 한다는 생각을 가로막는다.

또한 어림수는 그야말로 어림짐작으로 추정한 수이니 그렇게 정확할 필요는 없다는 생각도 '숫자는 틀려도 괜찮다'는 너그러운 태도를 더욱 부추긴다. 아무리 어림수 추정이라도 객관적인 근거에 입각하지 않은 추정이라면, 정확한 사실의 파악과 의사소통에 큰 문제가 생긴다. 예를 들어 시위나 집회에 참가한 군중의 수에 대한 추산은 객관적인 추정의 방법을 적용한다면, 그렇게 숫자에서 차이가 날 수는 없을 것이다. 예를 들어 서울시청 앞에서 집회가 일어난다면, 우선 약

3.3제곱미터, 즉 평坪당 인원을 추산해야 한다. 시민들이 빼곡히 앉아 있으면 평당 9명으로 추산하면 되고 다소 여유 있게 앉아 있으면 6명으로 계산하면 된다. 또 촘촘하게 서 있을 때는 15명, 좀 여유 있게 서 있을 때는 10명으로 보면 된다. 이 평당 인원에 장소의 넓이(분수대 광장 혹은 소공로와 을지로 등 광장 주변)를 곱하면 객관적인 추정치가 나오므로 그 숫자가 크게 차이가 날 수 없다.

다른 예를 들어보자. 연못 속에 사는 물고기 수나 들판에 사는 쥐의 수 등을 객관적으로 추정할 수 있을까? 물론이다. 생물학자들은 이런 추정에 대해서 실제로는 매우 신뢰할 만한 근거로 추정치를 계산한다. 연못 속의 물고기 수를 추정한다면 처음에 연못에서 100마리의 물고기를 표본으로 잡는다. 물고기 지느러미에 작은 인식표를 붙이고 다시 연못 속에 놓아준다. 한 달 후에 다시 100마리의 물고기를 표본으로 잡는다. 새로 잡은 100마리 중에서 지느러미에 인식표가 달려 있는 물고기가 몇 마리인지 센다. 예를 들어 인식표를 단 물고기가 3마리라고 하자. 그렇다면 전에 인식표를 달아준 100마리의 물고기가 호수 안의 전체 물고기의 3퍼센트라고 추정한다. 따라서 전체 물고기 수는 $\frac{100}{3} \times 100$으로 계산해 약 3,300마리가 된다.

추정치의 정확도가 매우 중요한 경우에 표본에서 얻은 자료부터 더욱 정교한 방법으로 전체의 크기를 추정했던 놀라운 사례는 제2차 세계대전 중에 있었다. 미국과 영국의 연합군은 독일의 군수장비 생산량을 알아내기 위해 통계학자에게 독일군에서 노획한 장비에 적혀 있는 일련번호를 이용해 각 장비의 생산량을 추정하도록 했다. 그 과정은 1부터 일련번호가 적힌 구슬이 들어 있는 항아리에서 표본을 꺼내서 표본의 크기와 최고 높은 일련번호를 이용한 간단한 공식으로 전체 구슬의 수를 추정하는 것과 다름없었다. 전쟁이 끝난 후에 확인한 바에 따르면, 이러한 추정치의 대부분은 독일이 생산한 장비들의 수와 거의 일치할 정도로 정확했다.

더욱이 연합군의 추정치는 독일의 수치보다 훨씬 신속하게 계산되었다. 연합군은 표본조사의 방법을 적용했고, 독일은 생산이 완전히 끝났을 때 수치를 집계했기 때문이다. 예를 들어 전쟁이 끝날 때까지 계속 생산되었던 V-2 미사일을 독일은 그 미사일의 전체 생산량을 몰랐지만, 연합군은 미사일이 발사될 때마다 생산량을 추정할 수 있었다. 물론 추정된 미사일 숫자도 전후에 실시한 조사 결과 매우 정확한 것으로 입증되었다.

## 숫자의 권력

상대방이 어림수를 들이댈 때는 어떻게 해야 할까? 어림수로 남을 속이려는 사람들의 공통적인 특징은 그들이 사용한 어림수가 어떻게 계산되었는지를 설명하는 법이 없다는 것이다. 어림수를 대하면 우선 상식적으로 생각하는 것이 좋다. 상대방이 사용하는 어림수가 상식적으로 판단해서 이상하다고 생각되면, 그 어림수의 근거에 대해 질문을 해보아야 한다. 상대방이 근거를 대지 못하고 당황해한다면 억지로 꾸며댄 숫자가 틀림없다. 믿을 만한 근거를 댄다고 해도 여전히 아전인수 격으로 꿰맞춘 것일 수도 있으므로 상대방의 주장을 입증하는 추가적인 증거(숫자)가 있느냐고 물어보는 것도 좋은 방법이다.

숫자의 권위를 이용하는 어림수에 휘둘리지 않으려면 자신에게 제시되는 모든 숫자를 우선 의심하는 태도를 가져야 한다. 의심을 통해서만이 확신을 얻을 수 있기 때문이다. 영국 시인이자 비평가인 앤드루 랭Andrew Lang은 "사람들은 비틀거리는 술주정꾼이 가로등을 이용하듯이 숫자를 이용한다"고 말했다. 술 취한 사람이 가로등을 비틀거리는 몸을 가누는 데 사용하듯이 사람들도 자신의 주장을 그럴듯하게 포장하기 위해서 숫자를 이용한다는 의미다. 이렇듯 사람들은 종종 숫자를 이용해서 거짓말을 하거나 숫자를 자신의 의도에 맞춰서 해석하기 때문에 숫자에 대한 경계심을 갖고 제시된 숫자에 대해 좀더 알게 될 때까지는 숫자를 믿지 마라. 구체적으로 숫자에 대한 의심은 다음의 3가지 차원에서 이루어진다.

첫째는 관련성이다. 숫자가 중요한 의미를 가지려면 해당 주제나 문제와 직접적으로 관련되어야 한다. 우리가 토론하거나 해결하려는 문제와 직접적으로 관련된 숫자가 아니라면 그 숫자는 무의미한 것이다.

둘째는 정확성이다. 문제와 관련된 숫자라도 정확하지 않으면 없느

니만 못하다. 숫자의 정확성은 누가 어떻게 그 숫자를 만들어냈고, 왜 그런 방법을 사용했는지, 혹시 어떤 의도가 개입되어 있지는 않은지를 생각함으로써 판단이 가능하다. 이런 의문을 설득력 있게 설명하지 못하는 숫자는 효용 가치가 없다.

셋째는 올바른 해석이다. 숫자는 그 자체로 아무런 의미가 없고 그 숫자를 어떻게 해석하느냐가 중요하다. 문제와 직접적으로 관련된 정확한 숫자라도 잘못 해석되면 엉뚱한 결론을 낳을 수 있다. 특히 다른 의도를 가진 사람들은 숫자를 의도적으로 왜곡해서 해석하는 경향이 있다. 같은 숫자일지라도 해석에 따라 전혀 다른 결론을 내린 예를 들어보자.

미국의 한 선거에서 22쌍 부부의 투표 성향을 분석했더니, 22명의 아내 중에서 단지 1명만 남편과 다르게 투표했고 나머지는 모두 남편과 같이(남편이 표를 던진 후보에게) 투표한 것으로 나타났다. 이 결과를 놓고 여성 운동가들은 불만스러운 것으로 해석했다. 자신의 의견에 따라 투표하는 여성이 22명 중에 단지 1명뿐이라는 사실은 여성운동이 가야 할 길이 멀다는 해석이었다. 하지만 이런 해석과는 반대로 여성운동이 매우 큰 성공을 거두고 있다고 해석할 수도 있다. 22명의 남편 중에서 부인과 다르게 투표할 용기를 가진 남편은 겨우 1명뿐이었으니까.[15] 22쌍의 부부 중에서 한 쌍만이 서로 다르게 투표했다는 숫자는 누가 누구를 좇아서 투표했는지를 말해주지 않는다. 이처럼 숫자를 올바르게 해석하지 않는 것은 별도의 숨은 의도가 있기 때문이다.

따라서 숫자에 대한 해석이 해결하려는 문제와 관련지어 적절한지를 항상 의심해야 한다.

사실 일상에서 대화나 토론 혹은 회사 업무의 보고 등에 들어 있는 숫자는 매우 중요하다. 그 숫자 속에는 상대방이 무엇에 대해서 어떤 과정을 거쳐 어떻게 생각하고 있느냐가 함축되어 있기 때문이다. 하지만 사람들은 대부분 숫자를 대하는 데 자신 없어 하는 경우가 많고, 심지어는 터무니없는 어림수에도 반박은커녕 주눅이 들기도 한다. 빅데이터 시대에 자신만의 경쟁력을 갖추려면 숫자에서 올바른 판단을 끄집어내거나 이러한 숫자에 기초해서 다른 주장을 반박할 수 있는 능력을 키워야 한다.

CHAPTER 6

# '그래프의 함정'에 빠지지 마라

진실을 자세히 검사하지 않고는
결코 있는 그대로 받아들여서는
안 된다.
사물은 겉으로 보이는 것과는
전혀 다른 경우가 많다.

★ 스티븐 캠벨Stephen Campbell

## 빅데이터를 시각화하라

아무리 좋은 데이터를 훌륭하게 분석했다고 하더라도 '전달'이 제대로 되지 않으면 소용이 없다. '데이터는 스스로 말한다'고 하는 건 오만이다. 경영진이 보고를 지루해하거나 이해할 수 없다면, 그들이 분석 결과에 입각해 의사결정을 하거나 행동을 취할 가능성은 거의 없다. 그래서 우리는 데이터를 그림으로 만든 '그래프'를 그린다. 그러나 그래프는 만드는 사람의 의도 혹은 실수에 따라 엄청난 왜곡을 만들어낼 수 있다. 따라서 그래프를 만드는 사람들은 '미적인 기술'에만 치중하지 말고 데이터의 본질도 제대로 전달할 수 있도록 노력해야 한다. 그래프를 보는 사람들 역시 그림이 실제의 수치를 제대로 반영했는지 점검해볼 필요가 있다.

어느 산업(금융, 마케팅, IT, 생산)에 있든지, 혹은 어떤 조직(대기업, 비영리조직, 소규모 스타트업)에서 일하든지 우리의 세계는 데이터로 넘쳐나고 있다. 이제 빅데이터는 거의 모든 산업과 경영의 기능을 변화시키고 있으며, 이런 변화에 적응하지 못하면 살아남을 수 없기 때문에 많은 기업과 공공기관이 빅데이터의 효율적인 활용을 위해 고심하고 있다.

빅데이터를 활용한 분석의 첫 단계는 구체적으로 어떤 문제를 해결하기 위해 빅데이터 분석을 할 것인지를 명확히 하는 것이다. 그런 다음에 관련된 데이터를 수집·창출해 분류·저장하고 문제 해결에 적합한 기법을 사용해 분석한 뒤 그 결과에서 인사이트를 추출해 의사결정자 혹은 경영층에 전달하는 것이다. 이런 과정은 고리로 연결된 체인과 같아서 모든 고리가 제대로 연결되어야만 효과를 발휘한다.

이전의 모든 과정을 완벽하게 수행했더라도 마지막 단계인 '전달'이 잘되지 않으면 분석이 효과를 낼 수 없다. 분석가들은 전통적으로 분석 기법 자체에만 너무 초점을 맞추었고, 분석 결과를 어떻게 효과적으로 전달할 것인지는 심각하게 고려하지 않았다. 심지어는 분석 결과는 '스스로 말한다'고 믿고 이 단계에서 신경을 쓰지 않는 경우도 많았다.[1]

현명한 분석가는 분석 결과를 흥미롭고 이해할 수 있는 형태로 제시함으로써 의사결정자(예를 들어 분석 프로젝트를 하도록 지시한 경영자)의 더 많은 주의를 끌고 영감을 줄 수 있다. 즉, 전달을 받는 경영자로 하여금 분석 결과에 따라 의사결정을 하고 행동을 취하도록 하기 위해서 전달 단계를 중요시하고 많은 시간과 노력을 투입한다.

예를 들어 분석 결과를 표의 형태로 제시하는 것은 분석 결과가 주의를 끌지 못하게 하는 아주 나쁜 방법이다. 거의 모든 경우에 다양한 차트나 그래프를 활용해야 효과적으로 분석 내용을 제시할 수 있다. 색이나 움직임 등으로 생기 있게 전달할 수 있다면, 효과는 더 좋아진다. 다시 말해서 숫자가 나타내는 정보를 시각화해 쉽게 이해할 수 있도록 해서 전달하면 그 효과는 확실하게 달라지는 것이다. 그렇기 때문에 최근에는 빅데이터 분석 결과의 효과적인 전달을 위해서 다양한 시각화 솔루션과 툴을 사용하는 사람이 늘고 있다.

많은 숫자나 분석 결과를 요약해서 잘 설명할 수 있는 가장 효과적인 방법이 그래프 등을 사용해 시각적으로 나타내는 것임은 두말할 필요가 없다. 그래프는 가로축, 세로축, 점, 선, 숫자, 글자, 심벌 등을 복합적으로 사용해 양적인 수치를 시각적으로 요약한 것이다. 따라서 그래프를 대하는 사람은 익숙하지도 않은 많은 숫자를 머리를 써서 생각할 필요도 없이 단지 보는 것만으로도 숫자들 속에 포함된 사실을 파악할 수 있다. 하지만 문제는 그래프를 이용해 정보를 전달할 때 가장 많은 왜곡이 일어난다는 점이다. 왜 그럴까? 많은 숫자(데이터)를 그래프로 그릴 때에는 가능한 한 간단하게 데이터가 갖고 있는 정보를 생기 있는 그림으로 전달해야 한다.

이때 중요한 것은 데이터를 '단순화'하면서도 데이터가 갖고 있는 사실fact을 '충실하게' 전달해야 한다는 것이다. 하지만 이 원칙은 자칫하면 서로 상충하기 쉽다. 그래서 그래프를 그리는 것이 언뜻 보기에 매우 쉬운 듯하지만, 상당한 기술art이 필요하다. 실제로 통계 그래프에서 속임수가 가장 많다는 사실은 데이터의 단순화 과정에서 사실에 대한 정확성을 유지하기가 어렵다는 것을 말해준다. 다시 말하면 그래프의 미숙한 사용으로 데이터를 너무 단순화하면 그래프를 부정직하게 그리지는 않았더라도 실제와는 전혀 다른 인상을 주는 그래프가 될 수 있다.

더욱이 그래프를 그리는 사람이 논조를 흐리거나 사실을 의도적으로 왜곡해 그리게 되면 그래프는 사실에서 크게 동떨어지게 된다. 그러므로 그래프가 제시될 때 그것을 비판적으로 볼 수 있는 안목을 길러서 혹시 있을지 모르는, 의도적인 혹은 비의도적인 '왜곡'의 함정에 빠지지 않는 능력을 키우는 것이 매우 중요하다. 여기서는 먼저 그래프를 그릴 때 일어나는 잘못을 가상의 예로 설명한다. 이어서 사실 그대로를 전달하는 데 실패한 실제 그래프의 사례를 분석한 뒤에 올바르게 그래프를 보고 그리는 방법에 대해서 설명한다.[2]

## 숫자를 어떻게 그래프로 그릴까?

그래프 중에서 가장 흔한 것은 선을 이용한 선 그래프다. 선 그래프는 그리기가 쉬울 뿐만 아니라 많은 숫자 속에 숨어 있는 경향을 잘 나타내기 때문에 데이터의 분석이나 예측에 가장 많이 쓰인다. 그러나 데이터의 왜곡이 가장 많이 일어나는 그래프도 선 그래프다. 먼저 가상 사례로 설명을 시작해보자.

고등학교 3학년에 올라가는 나과외 학생은 지난 2년 동안 조집게 과외 선생에게서 영어 과목 과외를 받았다. 조 선생은 그동안 매월 치른 나군의 학력고사 영어 성적을 갖고 나군의 부모님과 함께 3학년에 대비한 영어공부 계획을 논의하기로 되어 있었다. 조 선생은 우선 그래프 용지에 그동안의 시험성적을 그래프로 나타내보았다. 우선 가로축에는 24번의 시험 순서를 표시하고 세로축에는 10점 단위로 점수를 표시했다. 다음에 나군의 월별 영어 성적을 표시한 뒤 선을 그어 연결했더니 〈그림 1〉이 되었다.

〈그림 1〉은 지난 2년 동안에 영어 성적이 매달 어떻게 변화했는지를 잘 나타낸다. 가끔씩 성적이 오르내리기는 했지만, 지난 2년간 영어 성적이 전체적으로는 75점에서 85점으로 10점 정도 상승하고 있다. 또한 그래프의 제일 아래쪽에 0점이 표시되어 있어 점수 간 상호 비교도 쉽고 한 번만 봐도 성적 변화를 전체적으로 쉽게 이해할 수 있으므로 무난한 그래프라고 할 수 있다. 성적 증가 10점도 그대로 10점

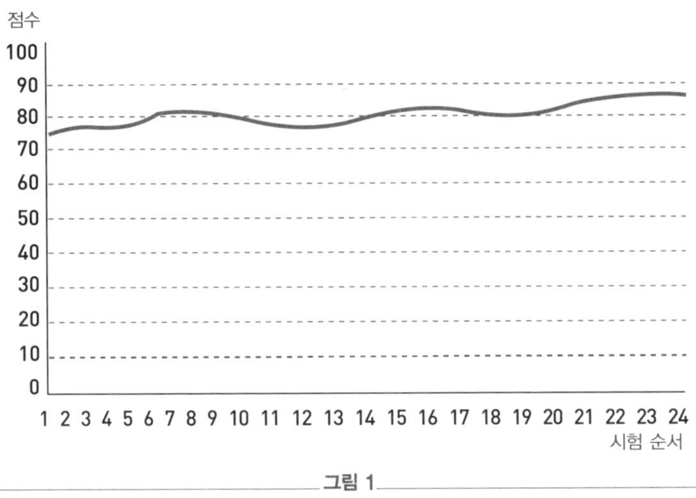


**그림 1**
**영어 성적 그래프 1**

증가처럼 보이고 그 상승 경향이 크기는 하지만 유별나게 큰 것도 아니라는 것을 보여준다.

나군의 영어 성적이 약간 올라갔기는 했지만, 지난 2년간 과외지도를 해온 조 선생으로서는 나군의 부모에게 성적 증가를 조금 인상적으로 보이게 하고 또 앞으로 계속 과외를 맡기도록 설득하려면 아무래도 이 그래프는 만족스럽지 못하다. 그래서 이 그래프에서 빈 공간으로 남아 있는 아랫부분을 잘라본다.

〈그림 2〉에서는 숫자는 같으므로 똑같은 그래프이지만, 아랫부분이 잘려져 나갔으므로 성적 곡선이 2년 동안 그래프 전체 높이의 3분의 1이나 상승하고 있다. 어떤 속임수를 쓴 것도 아닌데 그래프가 주

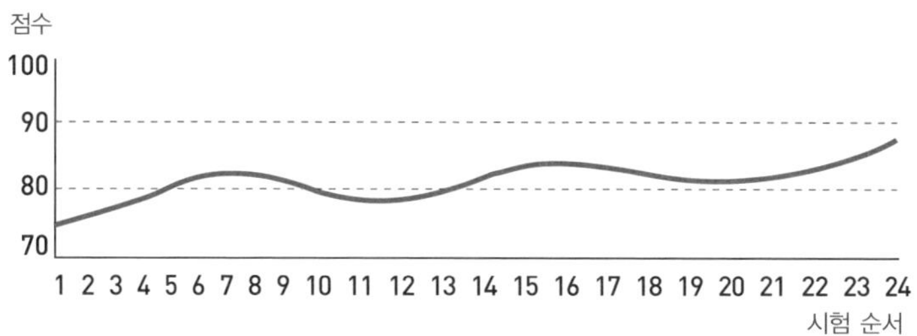


그림 2
영어 성적 그래프 2

는 인상은 크게 달라졌다. 잘라진 아랫부분은 보이지 않으므로 약간의 상승도 새 그래프에서는 시각적으로 크게 보이게 되는 것이다. 하지만 성적 향상이 눈에 확 띄지는 않는다.

지난 2년간 받은 고액 과외비를 생각할 때 조 선생은 새 그래프보다도 성적이 더욱 인상적으로 보이게 하는 방법이 없을까 하며 궁리하다가 방법은 단순하지만 대단히 효과가 있는 속임수를 쓰기로 했다. 즉, 〈그림 3〉과 같이 그래프의 세로축 눈금을 변화시킴으로써 작은 차이도 눈에 확 띄는 변화로 보일 수 있도록 했다.

세로축의 눈금이 75점에서 85점만을 나타내도록 바꾸었더니 성적 상승, 즉 조 선생의 과외 효과가 매우 두드러지게 나타났다. 이 그래프를 보이면서 "과외 덕분에 성적이 10점이나 비약적으로 상승했습니다"라고 말하면, 나군의 부모는 매우 만족스러워서 보너스를 줄지도 모른다고 생각하니 조 선생은 절로 기분이 좋아졌다.

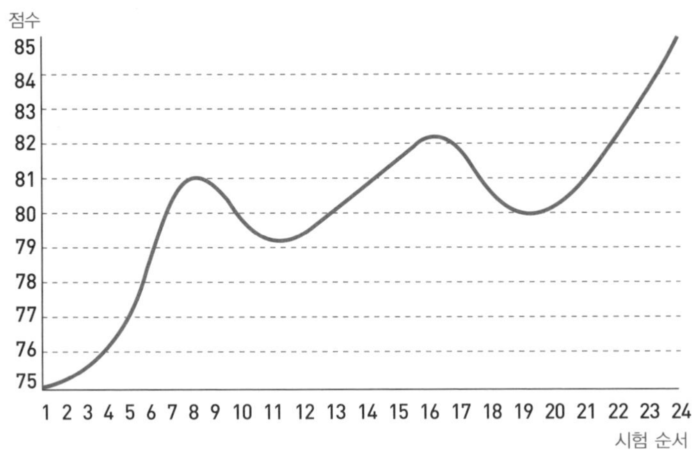


**그림 3**
**영어 성적 그래프 3**

가로축의 선택 역시 그래프를 그리는 사람이 강조하고자 하는 의도에 맞게 변화시킬 수 있다. 우선 가로축의 시작과 끝의 선택에서 그래프가 원하는 모양이 나오도록 자유롭게 선택한다. 조 선생이 나군의 최근 성적 변화를 보여주는 그래프가 자신에게 유리하다고 생각되면 18회 이후의 시험 성적만으로 〈그림 4〉와 같은 그래프를 그릴 수 있다. 그동안의 과외수업의 결과로 이제 성적이 안정적·수직적으로 상승하고 있다고 말하려면, 이 그래프가 더 적당하다고 생각해 선택할 수 있는 것이다.

또한 가로축에서 눈금의 변화로 데이터의 변화 정도를 원하는 의도대로 보이게 할 수도 있다. 눈금을 촘촘하게 한다면 변화가 위아래로

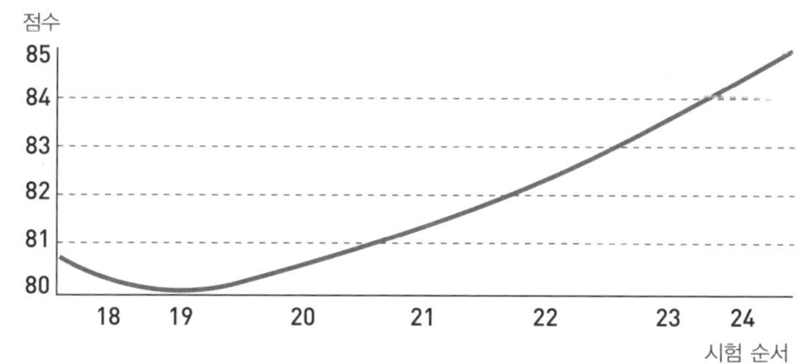


그림 4
영어 성적 그래프 4

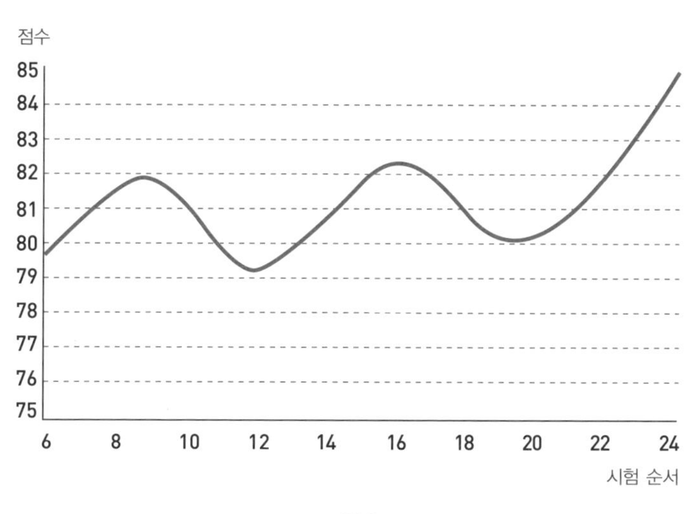


그림 5
영어 성적 그래프 5

심하다는 인상을 줄 수 있고 그 반대의 경우에는 변화가 완만하게 진행되고 있다는 느낌을 준다. 조 선생이 나군의 영어 성적이 오르고 있기는 하지만 기복이 매우 심해서 앞으로는 좀더 집중적으로 공부할 필요가 있다고(물론 과외 시간과 과외비도 따라서 오르고) 나군의 부모님을 설득하고 싶다면 어떤 그래프가 필요할까? 그래프의 세로축이 아니라 가로축을 약간 좁히기만 하면 되는 것이다. 가로축이 축소된 〈그림 5〉는 나군의 영어 성적 기복이 심하다는 인상을 주는 데 충분할 것이다.

## 그래프는 사실을 어떻게 왜곡하는가?

이제 가상적인 이야기가 아니라 우리 주위에 있는 실제 사례들을 살펴보자. 가장 흔한 사례는 그래프의 아랫부분을 잘라내는 것이다. 신문에 제시되는 많은 그래프가 지면 절약 등의 이유 때문에 이런 식으로 흔히 그려진다. 이런 그래프는 원래의 차이를 부풀리기는 하지만, 속임수가 아니면서도 독자들에게 주는 인상은 크게 다르다.

화석연료란 태울 때 이산화탄소를 배출하는 석탄이나 석유 등의 연료를 말하며, 화석연료에서 배출된 이산화탄소는 온실효과에 따른 지구온난화의 주범으로 지목되고 있다. 〈그림 6〉은 지구 환경보호를 위한 화석연료의 사용 억제에 관한 기사에서 각국의 화석연료 의존도를

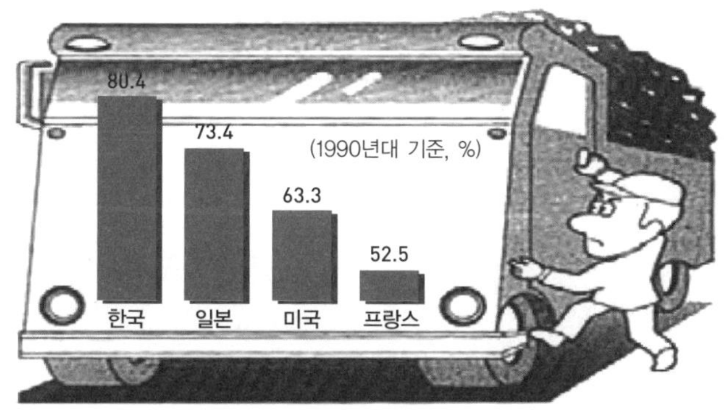


그림 6
신문에 나온 각국 화석연료 의존도

나타낸 것이다. 프랑스는 의존도가 매우 낮은 52.5퍼센트이고, 한국은 80.4퍼센트로 프랑스에 비해 화석연료 의존도가 높은 편이다.

하지만 아랫부분이 잘린 그래프에서는 한국의 화석연료 의존도가 프랑스에 비해 무려 7배 정도 높은 것 같은 인상을 준다. 그래프의 아랫부분(0퍼센트에서 50퍼센트까지)을 생략하면 이처럼 차이를 인상적으로 부풀릴 수 있다. 따라서 그래프는 한국이 지구온난화의 주범 같은 인상을 준다. 하지만 실제로 전체 화석연료의 사용량에서 한국은 미국, 프랑스, 일본보다는 훨씬 적다.

〈그림 7〉은 2013년 2월에서 10월까지의 외환 보유액을 나타낸 것이다. 10월의 외환 보유액은 2월에 비해 거의 3배나 되는 것처럼 보이지만, 실제로는 증가율이 2.9퍼센트에 불과하다.

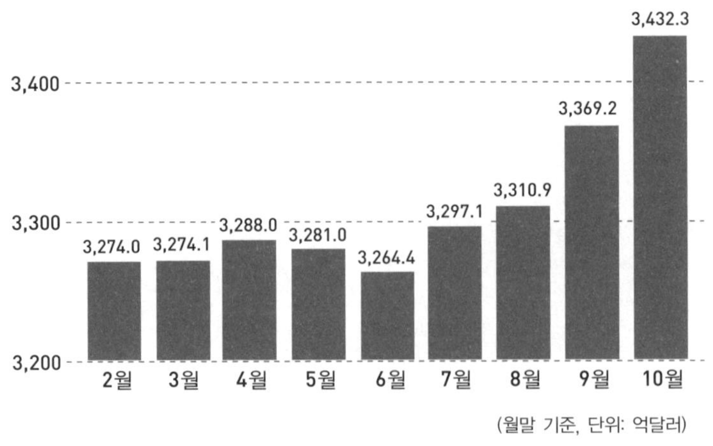


그림 7
신문에 나온 외환 보유액 추이

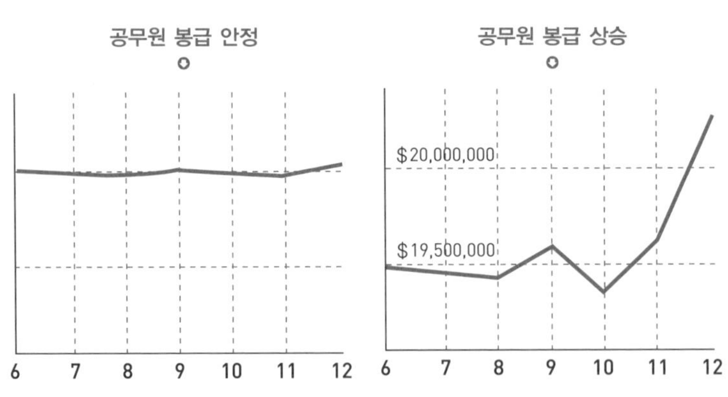


그림 8
세로축 변경을 통한 왜곡 사례

〈그림 8〉은 대럴 허프Darrel Huff의 『통계로 거짓말 하는 방법How To Lie With Statistics』이란 책에 제시된 것으로 세로축의 눈금을 바꿈으로써 실제로는 안정된 공무원의 봉급이 수직 상승하고 있는 것처럼 그릴 수도 있음을 보여준다. 그해에 미국 공무원의 총 급여액이 1,950만 달러에서 2,000만 달러로 불과 4퍼센트 증가했는데(왼쪽 그래프), 눈금이 바뀐 오른쪽 그래프에서는 무려 400퍼센트의 증가로 과장되어 공무원의 봉급이 급상승하고 있다는 잘못된 인상을 강요하고 있다. 똑같은 자료를 가지고도 오른쪽 그래프로는 공무원 봉급이 급상승 중이라고 주장할 수도 있는 것이다.

〈그림 9〉는 한 방송사가 2014년 6 · 4 지방선거를 앞두고 공개한 여론조사 결과의 일부인데, 후보별 지지도를 나타내는 막대그래프가 특정 정당에 유리하도록 왜곡되어 그려져서 논란에 휩싸였다.[3] 막대그래프마다 눈금의 기준이 달라 특정 정당 후보가 실제 지지도보다 높은 지지도를 얻은 것처럼 비춰져 논란이 되었던 것이다. 위쪽 그래프는 방송에서 방영된 그래프이고, 아래쪽 그래프는 제대로 그린 그래프다.

서울시장과 충북지사의 지지도는 위아래의 그래프가 큰 차이가 없다. 하지만 세종시장과 경기지사의 지지도는 불과 1퍼센트포인트 정도의 차이가 나는 초접전 상황인데도(실제 그래프의 오른쪽 2개 그래프), 방송에서 방영된 그래프에서는(방송사 그래프의 오른쪽 2개 그래프) A 후보가 크게 앞서는 것처럼 보이는 그래프를 내보낸 것이다. 방송사가

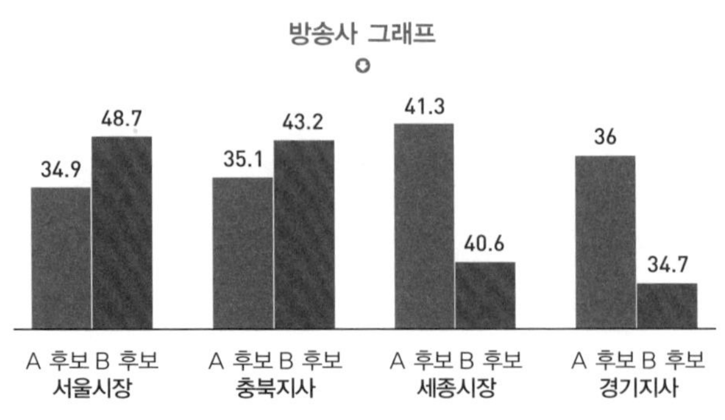


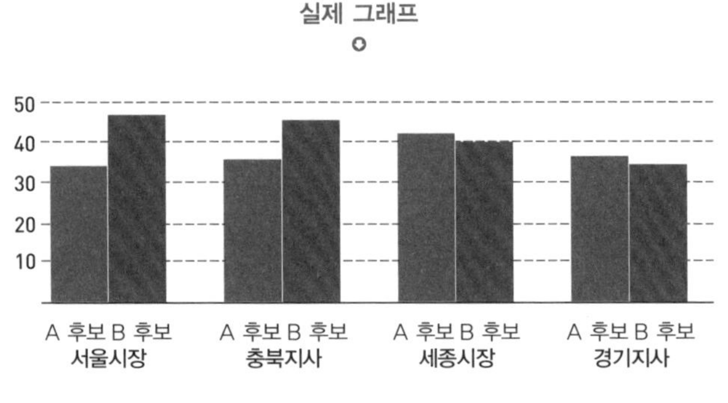


그림 9
한 방송사 보도에 나온 후보 지지도 그래프

선거를 앞두고 특정 정당에 유리하도록 편향된 보도를 한다는 비난을 받자, 뒤늦게 특정 정당에 유리한 모습을 보일 의도는 전혀 없었다고 해명하며 그래프를 수정해서 대체했다.

그래프를 그리는 사람이 우선 지켜야 할 사항은 그래프 눈금의 크기를 일관성 있게 유지하는 것이다. 그러나 매스컴에 등장하는 그래

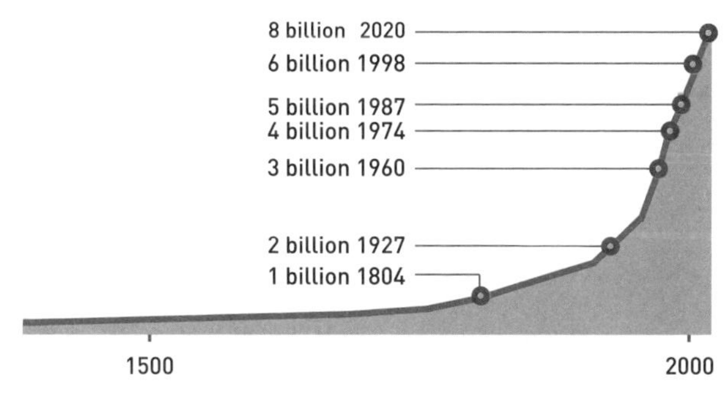


그림 10
『필라델피아인콰이어러』에 실린 인구 증가 그래프

프에서조차 이런 기본적인 원칙이 지켜지지 않는 경우가 있다. 〈그림 10〉은 그래프를 그리는 사람이 기본적인 원칙조차 제대로 지키지 않고 있음을 보여준다.

〈그림 10〉은 미국의 주요 일간지인 『필라델피아인콰이어러The Philadelphia Inquirer』(1994년 9월 4일)에 실린 그래프다. 이집트의 카이로에서 열린 세계인구회의에 관한 기사에서 빠르게 증가하는 세계 인구를 그래프로 나타냈다. 세로축은 10억billion 명 단위로 눈금이 표시되어 있는데, 모두 같아야 할 한 눈금(10억 명)의 높이가 제각각이다. 더욱이 그래프 위쪽의 6에서 8 사이의 두 눈금의 높이가(20억 명) 중간 부분 2에서 3의 한 눈금 높이의(10억 명) 3분의 1밖에 되지 않는다. 그야말로 똑같아야 할 한 눈금의 높이가 크게 들쑥날쑥하다.

〈그림 11〉은 주요 국가별 공휴일 현황을 막대그래프로 그린 것이

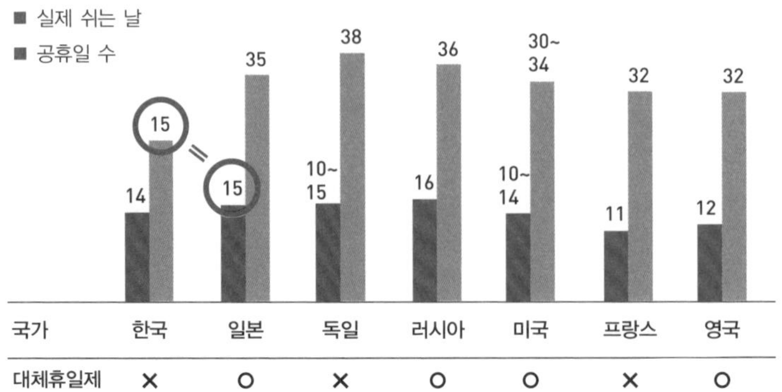


그림 11
언론 보도에 나온 주요 국가별 공휴일 현황 막대그래프

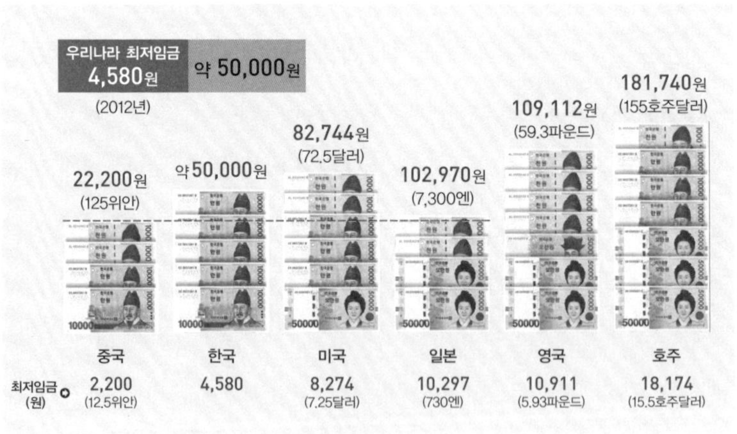


그림 12
각 국가별 '10시간 일해서 벌 수 있는 돈' 그래프

다. 역시 세로축의 눈금이 그래프마다 제각각이다. 예를 들어 실제 쉬는 날과 공휴일 수가 같은 15일이지만, 한국과 일본의 높이가 다르다.

〈그림 12〉는 최저임금으로 10시간 일해서 벌 수 있는 돈을 그린 것인데, 역시 세로축의 눈금이 제각각이다. 중국에서는 2만 2,200원인 선 높이가 일본에서는 10만 2,970원과 같게 그려졌다. 물론 이런 왜곡 주장에 대해 정작 그래프를 작성한 당사자는 각 막대그래프 위에 구체적인 숫자를 적어놓았으니 그 숫자를 참조해서 보면 되지 않느냐고 반박할 수도 있다. 하지만 그래프의 원래 목적이 양적인 숫자들을 시각적으로 요약해 보는 사람이 편하도록 하는 것인데, 그래프를 보면서 숫자들의 크기를 다시 비교해야 한다면 그래프를 그리는 취지가 무색해진다.

〈그림 13〉은 한 방송에서 특정 법안의 국회 통과에 대한 여론조사 결과를 파이그래프로 그린 것이다. 64.0퍼센트인 '잘했다' 응답의 크기가 7.3퍼센트인 '잘못했다' 응답의 크기와 비슷하게 그려졌다. 심지어 '잘못했다'(7.3퍼센트)가 '모르겠다'(28.7퍼센트)보다 크게 그려졌다. 이 법의 국회 통과가 마음에 들지 않는다는 왜곡 의도가 쉽게 드러난다.

이처럼 퍼센트의 크기를 상호 비교가 가능하도록 그리지 않은 사례는 많다. 〈그림 14〉는 한 사건에 대한 검찰 수사와 관련한 여론조사 결과를 그린 것이다. 역시 '검찰 발표 신뢰 여부'에 대한 응답에서 41.2퍼센트의 '신뢰한다'는 응답이 50.5퍼센트의 '신뢰하지 않는다'

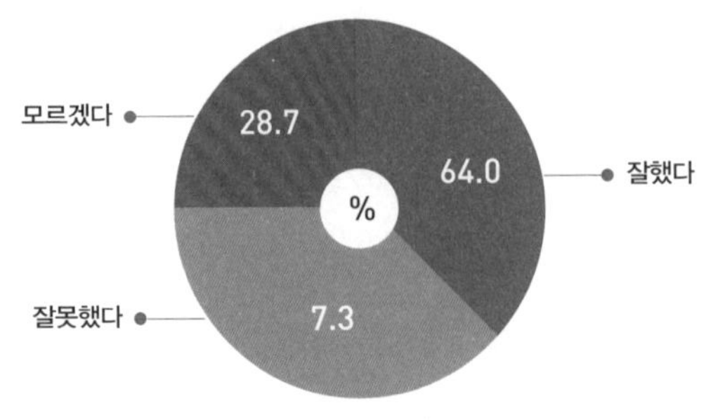


그림 13
방송에 나온 특정 법안 찬반 파이그래프

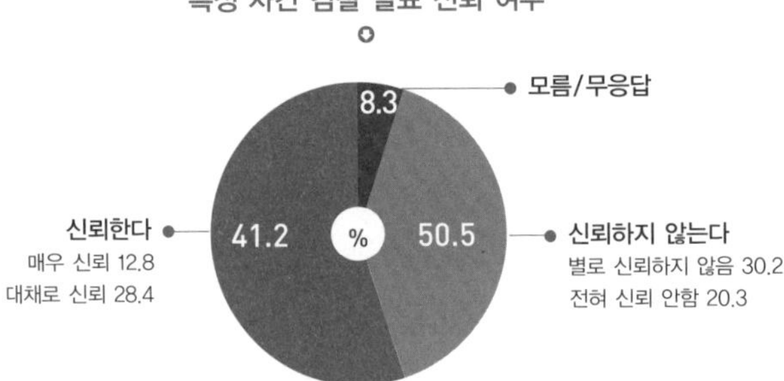


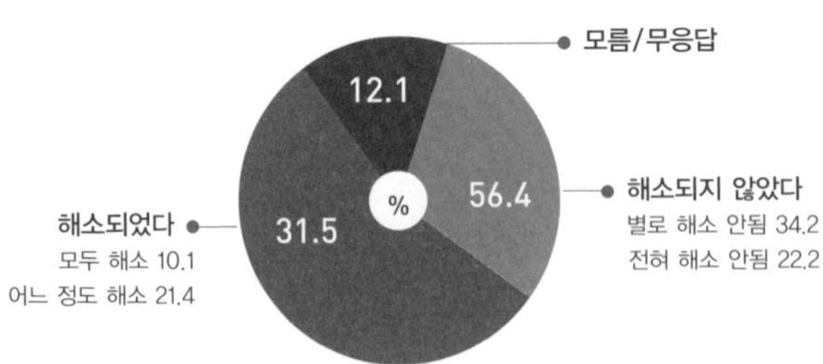


그림 14
특정 사건 관련 여론조사 파이그래프

는 응답보다 크게 그려졌다. 그 아래 그래프에서는 31.5퍼센트의 크기가 56.4퍼센트의 크기보다 거의 2배나 될 정도다. 역시 어떤 의도에서 이렇게 왜곡했는지를 쉽게 알 수 있는 그래프다.

〈그림 15〉는 미국의 빌 클린턴 대통령 취임 이후 주가지수 변동을 그린 것이다. 빌 클린턴 취임 이후 4개월 동안에 주가지수가 3226에서 3442로 6.7퍼센트 올랐다. 하지만 이 그래프는 아랫부분을 완전히 없앤 상태에서 그 변화를 화살표로 그렸다. 따라서 6.7퍼센트의 증가가 67퍼센트의 증가처럼 보이고 있고, 제목도 '주가가 지붕을 뚫고 치솟고 있다Stocks are through the roof'고 붙여져 있다. 그래프의 시작을 화살표의 아랫부분으로 그리기 시작하면 아무리 소폭 증가라도 엿장수 마음대로 화살표의 끝을 위치시킴으로써 원하는 만큼 과장해서 표현할 수 있음을 보여준다. 경제를 부흥시키겠다던 빌 클린턴 대통령의 공약대로 경제 상황이 나아지고 있다는 것을 보여주기 위한 그래프이지

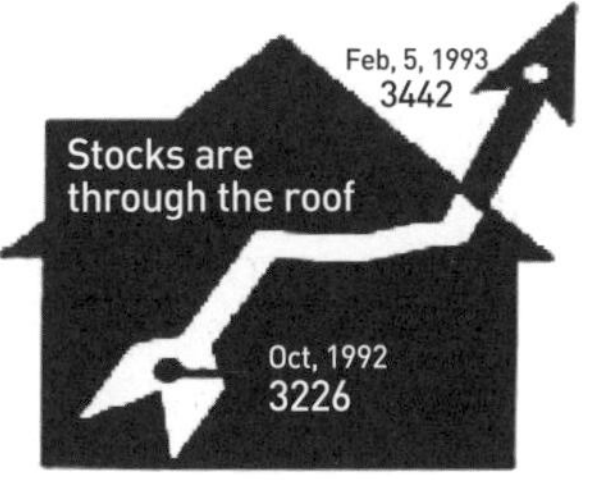


그림 15
빌 클린턴 집권 시기 주가 상승률을 보여주는 그래프

만, 화살표와 제목에서 과장하려는 의도가 그대로 엿보인다.

## 그림도표의 왜곡과 과장

선 그래프와 마찬가지로 많이 사용되는 막대그래프는 가장 명확하다는 장점이 있기는 하지만, 축의 변화나 눈금의 변화와 같은 왜곡이 여전히 가능하다. 또한 막대그래프는 느낌이 딱딱하고 보기에 재미가 없으므로 여기에 생기를 불어넣기 위해 그림도표로 나타내는 경우가 많다. 그러나 그림을 흥미롭게 하는 과정에서 왜곡이 생기는데, 다음의 가상적인 예로 설명해보자. 〈그림 16〉의 막대그래프는 어느 지역의 스포츠카의 숫자가 5년 사이에 1,000대에서 2,000대로 2배 증가했음을 보여준다.

막대그래프는 막대의 폭이 같으므로 서로 비교가 쉽고(아랫부분이 잘리지 않았다면) 명확하게 크기를 나타낸다. 단지 문제는 보기에 매우 재미가 없다는 것이며 따라서 막대 대신에 물체의 그림을 사용해 〈그림 17〉과 같이 보기에 재미있는 그림도표로 표현한다.

정확한 정보 제공이 목적이면 위쪽의 그림으로 충분하다. 그러나 이 그림은 보는 사람이 주의를 기울이지 않으면 잘못된 인상을 줄 수 있다. 즉, 1990년에 비해서 1995년에는 스포츠카 2대를 소유하고 있는 것처럼 이해할 수도 있다. 그래서 스포츠카를 1대만 그리되 2배가

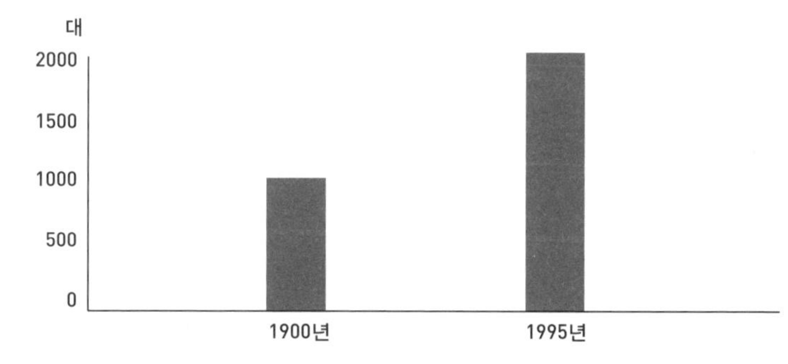


그림 16
스포츠카 대수 증가 그래프

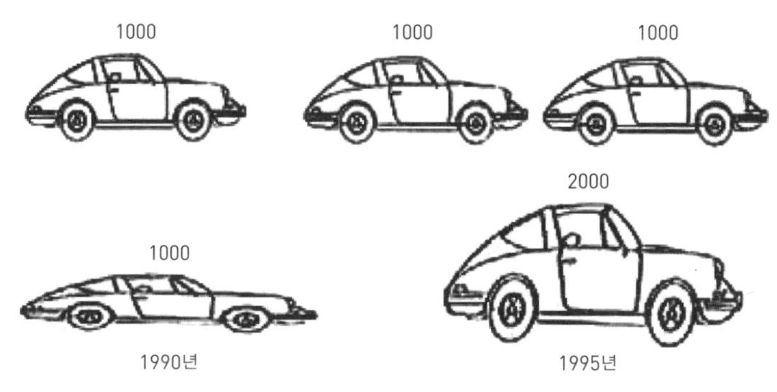


그림 17
자동차 모양을 활용한 그림 1

증가된 것을 나타내기 위해서 높이를 2배로 그리면 아래의 그림이 된다. 높이만 2배로 했더니 1995년의 스포츠카가 지프차와 같은 매우 어색한 모양이 되었다. 그래서 높이뿐만 아니라 폭도 2배로 해서 어색하지 않은 모양이 되도록 하면 〈그림 18〉이 된다.

그림 18
자동차 모양을 활용한 그림 2

대부분의 그림도표에서 그림도 예쁘게 하고 특히 차이를 강조하고 싶을 때 이와 같은 식으로 그림을 그리기 때문에 왜곡이 생기게 되는 것이다. 높이와 폭을 모두 2배로 하면 면적은 2×2=4이므로 4배가 되는 것이다. 더욱이 모든 물체가 그렇듯이 스포츠카도 부피로, 즉 3차원으로 인식되므로 안쪽 길이도 2배가 되어 부피로는 2×2×2=8, 즉 8배가 된다. 말로는 2배라고 하지만 예쁜 그림도표는 8배라는 인상을 강요하고 있는 것이다. 물론 대부분의 경우 그림 옆에 숫자가 보이지만 보는 사람은 그 숫자로 골치 아프게 실제의 차이를 머릿속에서 다시 생각하는 과정을 거치기보다는 그림이 주는 차이를 쉽게 받아들이므로 여기에서 커다란 왜곡이 일어난다.

올바른 크기의 숫자를 그림 속에서 제시했기 때문에 그림 자체의 크기는 몇 배씩이나 틀려도 된다는 생각은 매우 느슨한 기준이다(특히 매스컴에 발표되는 그림도표라면 말이다). 신문이나 잡지에 등장하는 그림도표는 무미건조한 그래프에 생기를 불어넣기는 하지만, 그 과정에서 일어날 수 있는 과장이나 축소에 주의를 기울여야 한다. 실제 사례를 몇 개 들어보자.

〈그림 19〉는 한국, 일본, 중국 도시들의 대기오염도를 나타내는 지도인데, 대기오염의 수치를 사각형 면적으로 나타내고 있다. 오염수치가 0.1인 도시(타이위안太原, 스자좡石家莊)와 그 2배가 되는 0.2인 도시(충칭重慶)의 사각형 면적의 차이가 2배가 아닌 4배로 그려져 있다. 1차원적인 수치의 차이를 2차원적인 면적의 차이로 나타낼 때 주의를 하지 않으면 이런 그래프를 그리게 된다.

〈그림 20〉은 시속 10킬로미터로 달리는 자동차가 시속 50킬로미터로 달리는 자동차보다 탄화수소를 4배나 더 배출하므로 교통 체증이 대기오염을 악화시킨다는 내용의 기사에 곁들여진 멋진 그림도표다. 교통 체증에 따른 시간적·경제적 손실 이외에 교통 체증으로 인한 대기오염의 악화를 막기 위해서도 교통 체계의 개선이 시급함을 강

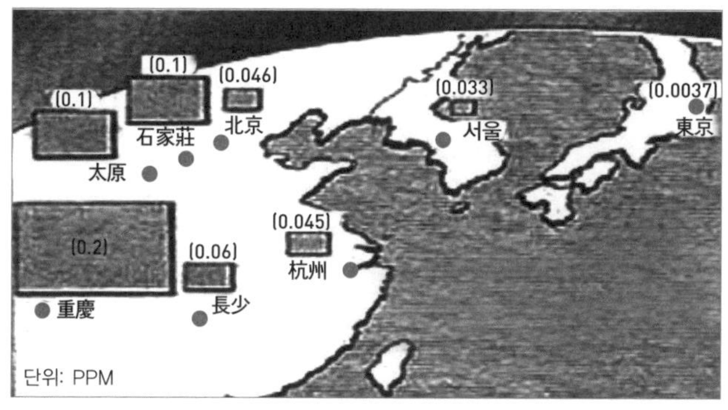


그림 19
한중일 대도시 대기오염 지도

그림 20
언론에 나온 자동차의 속도에 따른 대기오염 물질 배출 그림

조하는 것은 이해가 간다. 그러나 〈그림 20〉은 대기가스가 4배나 배출된다고 그리고 있으나 실제 그림상에서 배기가스는 부피로 인식되므로 실제로는 4×4×4=64배의 차이로 과장되어 그려져 있다. 그린 사람의 의도가 이해는 되므로 이유 있는(?) 과장이라고 할 수 있지만, 너무 과장을 한다면 왜곡된 정보와 인상을 독자들에게 줄 수도 있다.

〈그림 21〉은 한 일간지 그래픽 뉴스란의 그림도표인데, 1994년 11월의 일주일 동안 TV 3사를 통해 방송된 38개 드라마와 코미디 프로그램 65회분에 등장한 인물 1,212명을 조사한 결과를 나타내고 있

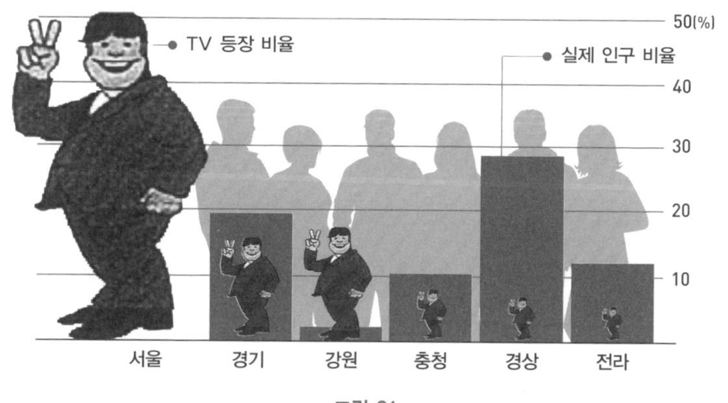


그림 21
지역별 인구와 TV 인물 등장 비율 비교 그래프

다. 막대그래프는 지역별 실제 인구 비율을, 사람은 TV 출연 인물의 지역 비율을 나타내고 있다. 서울 사람의 TV 출연 비율은 약 53퍼센트로 전라도 사람의 TV 출연 비율 2.2퍼센트에 비해서 약 25배 높은 것으로 조사되었다. 그러나 이 차이를 나타내는 그림도표에서 서울과 전라도 사람의 크기는 높이, 폭, 안쪽 길이 모두 10배의 차이로 그려져 있다. 즉, 25배의 차이가 그림도표에서는 25배가 아니라 10×10×10=1,000배로 그려져 있다. 이런 과장을 마주치면 "예쁜 그림이 아니라 그냥 정확한 숫자를 제시하라고 요구하라"던 통계학자 리처드 마골린Richard Margolin의 말이 떠오른다.

## 그래프는 진실을 말해야 한다

통계학자 스티븐 캠벨Stephen Campbell은 "진실을 자세히 검사하지 않고는 결코 있는 그대로 받아들여서는 안 된다. 사물은 겉으로 보이는 것과는 전혀 다른 경우가 많다"고 말했다. 나는 여기에서 진실과 사물이란 단어를 그래프로 그대로 바꿔서 "그래프를 자세히 검사하지 않고는 결코 있는 그대로 받아들여서는 안 된다. 그래프는 겉으로 보이는 것과는 전혀 다른 경우가 많다"고 조언하고 싶다. 사실 그래프(그림 도표를 포함해서)를 그리는 목적은 열심히 읽으려고 하지 않는 독자들이나 숫자를 다루는 데 익숙하지 않은 독자들에게 데이터가 갖고 있는 특징이나 본질을 간단명료하게 보여주는 데 있다.

그러나 그래프를 그리는 과정에서 세로축과 가로축의 위치나 어떤 눈금을 선택할 것인지는 그래프로 무엇을 나타내려고 하는가 하는 의도에 달려 있다. 더욱이 이러한 선택이 전적으로 그래프를 그리는 사람에게 있으므로 항상 왜곡의 가능성이 있다. 물론 그래프를 그리는 사람의 기술이 부족하거나 그래프에 좀더 생기를 불어넣는 과정에서 과장이나 축소가 있을 수 있다. 하지만 자신만의 논조를 부각하기 위해서 의도적으로 과장하거나 왜곡하는 경우가 더 많다. 그렇다면 이러한 왜곡을 막기 위해서는 어떻게 해야 할까? 그래프를 보는 사람과 그리는 사람으로 구분해보자.

좋은 그래프는 간단하고 정확하게 데이터에 대한 진실을 말해야 한다. 그래프를 보는 사람은 그래프의 공정성을 평가하기 위해 2가지 질문을 던져야 한다. 첫째는 그래프가 전체 그림을 보여주고 있는가 하는 것이다. 그래프의 아랫부분이 잘라져 있는지, 축을 변화시킨다면 전혀 다른 인상을 주는 그래프가 될 수 있는지, 그렇다면 데이터를 왜곡하지 않고 올바른 모양을 나타내는 그래프는 어떤 것인지를 반문해야 한다. 둘째는 눈금이 과장되어 있지 않은가 하는 물음이다. 과장된 눈금은 잘못된 인상을 독자들에게 강요하는 경우가 많다. 그러면 과장되지 않은 적절한 눈금이란 어떤 눈금일까? 그 답은 데이터에 포함된 중요한 차이나 흐름의 변화를 꼭 보여주어야 하는 동시에 별로 중요하지 않은 것들이 과장되지 않도록 눈금을 정하는 것이다. 더욱이 세로축이나 가로축의 눈금이 무엇을 나타내는지 표시조차 안 된 그래프는 의도적으로 과장하거나 속이기 위한 것이 대부분이다.

그래프를 그리는 사람이 유의할 점은 좋은 그래프를 만들기 위해서는 데이터의 본질에 대한 이해와 미적인artistic 기술이 필요하다는 것이다. 지금까지는 주로 미적인 기술에 중점을 두어 재미있고 눈에 잘 띄는 그래프를 그리려고 했지만, 더욱 중요한 것은 데이터의 본질을 파악하고 이를 그대로 전달할 수 있는 그래프를 그리는 것이다. 특히 눈금의 크기를 적절하게 정하기 위해 그래프를 그리는 사람에게는 데이터의 본질에 대한 이해와 경험이 필수적으로 필요하다.

구체적으로는 먼저 데이터의 변화를 보여주어야지 눈금이나 축의 변화에 따른 축소와 과장을 강조해서는 안 된다. 또한 숫자를 나타낼 때에는 그 숫자의 크기와 직접적으로 비례가 되게 하고 특히 그림도표를 사용하는 경우에는 그 숫자의 차이가 면적이나 부피의 차이와 같도록 유의해야 한다. 필요한 경우에는 정확하게 말을 덧붙이는 것도 좋은 방법이다.

CHAPTER 7

# '퍼센트의 함정'에 빠지지 마라

조사 대상의 크기를
제시하지 않는다면
'67퍼센트'에 대해
'3명을 조사한 결과'라고
의심하는 것은 어쩌면 당연하다.

★ 존 월리스John Wallis · 로버트 후크Robert Hooke

## 퍼센트란 무엇인가?

『손자병법』에 나오는 문구 중에 가장 유명한 것은 아마도 "상대를 알고 자신을 알면 백 번 싸워도 위태롭지 않다知彼知己 百戰不殆"는 문구일 것이다. 하지만 이 말은 퍼센트(%)에는 잘 적용되지 않는 것 같다. 우리는 퍼센트에 매우 친숙하지만 현실에서는 퍼센트를 제대로 이해하고 사용하지 못하는 경우가 많다. 사실 퍼센트는 초등학교 때 배운 쉽고 친숙한 개념이며 일상생활에서 많이 마주하는 용어 중 하나다. 초등학교 5학년 2학기 수학책에는 퍼센트에 대해 다음과 같이 설명하고 있다.

"백분율을 알아보자. 비율에서 기준량을 100으로 보았을 때, 비교하는 양을 나타낸 수를 백분율 또는 퍼센트라고 하고 기호 %로 나타낸다. 예를 들어 50에 대한 20의 퍼센트는 다음과 같다. 20/50→40/100(혹은 0.4)→40%."

'무엇에 대한' 퍼센트라고 표현할 때 그 '무엇'이 언제나 기준이 되며, 이 기준은 퍼센트를 계산할 때 분모가 된다. 이처럼 퍼센트는 간단한 개념이지만, 그 유용성은 매우 높다. 퍼센트는 2개 혹은 그 이상 숫자의 상대적 크기를 명확하게 하기 위해 주로 사용된다. 먼저 기준이 되는 한 숫자를 100으로 만들고 다른 숫자를 100에 대한 비율의 숫자로 바꾸면 상대적 크기를 한눈에 볼 수 있다. 예를 들어 A 회사의 한 해 지출 비용이 3억 2,134만 5,000원인데 그중에서 광고비가 3,512만 3,000원이라고 말하는 것보다 전체 비용 대비 광고비가 약 11퍼센트라고 표현하는 것이 상대적 크기를 더 쉽게 나타내준다.[1]

숫자를 사용하는 속임수 중에서 퍼센트를 이용하는 것이 많다는 사실은 퍼센트가 쉽고 우리에게 친숙한 개념이라는 것을 생각할 때 매우 의아한 일이다. 왜 사람들은 퍼센트에 많이 속을까? 그것은 아마 퍼센트 기호(%)가 주는 수학적 · 과학적 · 논리적이라는 인상 때문에 퍼센트를 그대로 받아들이는 탓일 것이다. 더욱이 퍼센트는 이미 계산을 다해서 주는 것이므로 그냥 받아들이면 된다고 생각하기 때문에 퍼센트로 인한 왜곡이나 속임수가 잘 통한다. 여기에서는 퍼센트가 주는 '과학적'이라는 이미지에 주눅 들지 않고 올바르게 사용하고 이해할 수 있도록 다양한 예를 제시한다.

## '대할인 판매'의 비밀

어떤 상품의 가격이 100원에서 150원으로 올랐다고 할 때 인상률은 얼마일까? 인상률을 계산할 때는 원래 가격을 기준으로 퍼센트를 계산해야 한다. 원래 가격보다 몇 퍼센트가 올랐는지가 관심의 대상이기 때문이다. 따라서 올바르게 계산하면 인상 금액/원래 가격 =50/100=0.5=50%, 즉 인상률이 50퍼센트다. 그러나 이 50퍼센트의 인상률은 소비자들에게 가격이 너무 많이 올랐다는 인상을 줄 것이다. 그렇다면 어떻게 해서 눈가림으로 인상률을 낮출 수 있을까? 퍼센트를 계산하는 기준을 살짝 바꾸면 된다. 즉, 분모를 원래 가격(100원) 대신에 오른 가격(150원)으로 기준을 살짝 바꿔치기하면 인상률이 인상 금액/오른 가격=50/150≒0.3=33%, 즉 33퍼센트로 낮아진다.

이렇게 하면 실제 50퍼센트의 인상을 33퍼센트 인상으로 낮춰 발표할 수 있다. 많은 사람이 기준을 따져가며 실제로 계산하기보다는 계산된 것을 그대로 받아들이므로 인상률을 낮게 보이려는 목적을 쉽게 달성할 수 있다. 이런 속임수가 가능하겠냐고 의심하는 독자들을 위해 조금 오래된 사례이기는 하지만 실제 사례를 들어보겠다.[2]

1991년 9월 1일부터 고속도로 통행료가 대폭 인상되었다. 서울에서 광주까지 6,300원에서 8,400원으로 올랐는데, 인상률은 인상 금액/원래 가격=2,100/6,300≒0.33=33%였다. 그러나 뉴스에서 발표된 인상률은 25퍼센트였다. 기준을 바꿔치기해서, 즉 인상 금액 2,100원을 (원래 가격 6,300원 대신) 오른 가격 8,400원으로 나눠 계산한 값이 25퍼센트다. 통행료의 대폭 인상에 따른 여론의 비난을 피하기 위해 인상률을 낮게 발표하는 속임수를 쓴 것이다. 퍼센트를 계산할 때 기준을 잘못 사용했다고 누가 따지지도 않을 뿐 아니라 설령 따지더라도 의도적인 것이 아니라 단순한 계산 실수라고 변명한다.

길을 가다가 '67% 대大할인 판매'를 한다고 써붙인 옷가게가 있어서 싸다고 생각하며 들른 적이 있다. 하지만 실제 할인율은 40퍼센트였다. 원래 가격이 1만 원인 상품을 6,000원에 할인 판매하고 있었으므로 할인율은 4,000/10,000=0.4, 즉 40퍼센트였다. 하지만 기준을 할인 후 가격으로 바꿔치기해서 4,000/6,000≒0.67, 즉 67퍼센트 할인이라고 우긴 것이다. 할인 판매 광고에서 할인율이 지나치게 크면 기준을 바꿔서 계산한 것이 아닌지 의심해볼 필요가 있다. 100퍼센트 할인이라고 하면 그냥 공짜로 물건을 준다는 말이다. 그러나 실제로는 100원짜리를 50퍼센트 할인해서 50원에 판매하면서 할인율은 할인 후 가격을 기준으로 적용해 50/50=1, 즉 100퍼센트라고 우기는 경우를 심심찮게 볼 수 있다. 100퍼센트 할인이니 거저 달라고 따지는 사람이 많아야 퍼센트 계산을 제대로 할지 모를 일이다.

극심한 가뭄 피해를 보도하는 뉴스에 등장한 농민이 올해 딸기 수확

량이 가뭄 때문에 작년에 비해 120퍼센트나 감소했다고 주장하지만, 그것은 피해를 과장하기 위한 것일 뿐 실제로 120퍼센트가 감소할 수는 없다. 오래전 미국 주간지 『뉴스위크Newsweek』(1967년 1월 16일)의 한 기사는 마오쩌둥이 중국 정부 관리의 임금을 300퍼센트 삭감했다고 발표했다.[3] 냉전체제하에서 적대 공산국가인 중국의 어려운 실정을 과장하고 싶었겠지만, 300퍼센트 임금 삭감은 너무 심한 과장이었다. "원래 월급에서 100퍼센트 삭감하고 나면 삭감할 것이 어디 더 남아 있겠느냐"는 한 주의 깊은 독자의 항의에 편집자는 나중에 300퍼센트가 아니라 66.67퍼센트라고 정정해야 했다. 정정한 것은 당연한 일이지만 66.67퍼센트라고 소수점 2자리까지 발표한 것은 또 속셈이 엿보인다.

## 스탈린은 왜 목표 달성률을 거짓말했는가?

퍼센트의 기준이 되는 숫자를 마음대로 골라잡으면 퍼센트를 의도적으로 달라지게 할 수 있다. 어떤 숫자를 작게 보이게 하고 싶으면 큰 수를 기준으로 퍼센트를 구하고, 반대로 그 숫자가 크다는 인상을 주려면 작은 수를 기준으로 퍼센트를 계산하는 식이다. 가상의 예를 들어보자. 우리나라에서는 연간 4만여 명이 교통사고로 사망하거나 중증 장애를 당한다. 자동차 운행을 법적으로 엄격히 통제해야 한다고 주장하는 사람들이 이 숫자를 크게 보이게 하려면 작은 기준치를 골라 퍼센트를 표시하면 된다.

"우리나라에서는 연간 4만여 명이 교통사고로 죽거나 중증 장애를 당한다. 이 숫자는 조치원 전체 인구의 거의 100퍼센트에 해당하는 것이다. 따라서 자동차 운행을 법적으로 통제하는 것이 시급하다."

법적 통제에 반대하는 사람들은 큰 수를 기준으로 잡아 퍼센트를 낮출 수 있다.

"우리나라에서는 연간 4만여 명이 교통사고로 죽거나 중증 장애를 당한다. 하지만 이는 전체 국민의 약 0.07퍼센트에 해당하는 것으로 자동차 운행을 법적으로 통제하는 것은 자동차의 효용을 생각할 때 부적절한 조치다."

마찬가지로 어떤 회사의 이익을 계산할 때 그 기준을 달리하면 크기가 다른 퍼센트로 만들 수 있다. 매출액에 대한 이익과 투자액에 대한 이익 등 여러 가지 중에서 의도에 맞는 것을 골라 쓰는 것이다. 그렇게 한다고 해서 이 퍼센트가 실상을 올바르게 나타내는 것이 아니라고 알아차리는 사람은 거의 없다. 이익을 낮춰 보이게 하려는 사장은 큰 수를 기준으로 한 퍼센트를 제시하려고 하고, 월급 인상을 요구하는 노동조합 측에서는 작은 수를 기준으로 해서 이익의 퍼센트를 높이려고 할 것이다. 이렇게 기준을 유리하게 바꿔 서로 상반되는 이미지를 주장하는 상황에서는 퍼센트 크기 자체에 비중을 두기보다는 상반된 주장 자체의 논리성이나 합리성에 근거를 두고 판단해야 한다. 퍼센트는 원래의 숫자를 비교하는 정보로 인식되어야지 원래의 숫자를 대신하는 것으로 받아들여져서는 안 된다.

둘을 비교할 때는 둘 사이의 차이가 일정하더라도 둘 중 어떤 것을 기준으로 하느냐에 따라(기준은 '무엇보다'에서 '무엇'을 말함) 퍼센트는 달라진다. 예를 들어 내 몸무게가 50킬로그램이고 키가 같은 남동생의 몸무게가 80킬로그램이라고 하면 그 차이는 30킬로그램이지만 누구를 기준으로 하느냐에 따라 퍼센트는 달라진다. '내 동생은 나보다 60퍼센트 무겁다(나를 기준).' '나는 동생보다 38퍼센트 가볍다(동생을 기준).'

두 표현은 모두 적절하며 어느 것을 사용해도 된다. 아마 비만을 강조하기 싫은 동생은 두 번째 표현의 퍼센트를 사용해서 '형은 나보다 38퍼센트 가볍다'고 말하는 편이 당연히 유리할 것이다. 둘 사이의 차이가 크면 클수록 어떤 기준을 사용하느냐에 따라 퍼센트의 차이도 역시 크다는 것을 알고 퍼센트의 변화를 대할 때 항상 무엇에 대한 퍼센트인지를 생각해야 한다.

어느 회사의 사장이 "종업원의 임금을 50퍼센트 인하했더니 불평이 많아서 다시 50퍼센트를 올려 원래대로 했다"고 말했다면, 이 말은 맞는 것일까? 이 말을 듣는 사람들에게는 임금이 원래 수준으로 돌아간 것 같은 인상을 주지만 실제로는 그렇지 않다. 100원의 월급에서 50퍼센트를 깎으면 50원이 되는데, 50원의 월급에서 50퍼센트를 올려주면 75원밖에 되지 않는다. 따라서 사장의 말은 틀린 것이며 50퍼센트의 인하를 상쇄하기 위해서는 100퍼센트를 인상해야 원래 임금으로 돌아간다. 이런 이유 때문에 퍼센트를 대할 때는 무엇에 대한 퍼센트인지, 기준이 제대로 적용되어 있는지를 항상 따져보아야 한다.

퍼센트를 활용해서 예측이 정확했다고 눈가림하는 속임수를 알아보자. 현재 1,000만 원의 매출을 내는 회사가 내년에는 1,100만 원의 매출을 올릴 것이라고 예측했는데, 실제로는 1,050만 원의 매출을 올렸을 때 예측의 정확도는 어떻게 계산할까? 정직하게 계산한다면 100만 원의 증가를 예측했는데 50만 원만 증가했으므로 예측의 정확도는 50퍼센트라고 해야 한다. 그런데 예측의 정확도를 높게 보이게 하려면 1,100만 원을 예측했는데, 1,050만 원을 달성했으므로 1,050/1,100≒0.95, 즉 95퍼센트의 정확도를 달성했다고 우기고 싶을 것이다. 스탈린이 이용한 것이 바로 이런 속임수였다.

스탈린은 제1차 5개년 계획(1928~1932)이 끝난 후 그 계획이 93.7퍼센트의 목표 달성률을 기록하며 엄청나게 성공했다고(그래서 공산주의 체제가 우월하다고) 대내외적으로 선전했다. 그러나 유진 라이언스 Eugene Lyons가 그의 저서 『잃어버린 노동자의 천국Worker's Paradise Lost』에서 지적했듯이 93.7퍼센트의 목표 달성률은 숫자놀음에 지나지 않았다.[4]

철강 생산은 420만 톤에서 5년 후 1,030만 톤 생산을 목표했는데(610만 톤 증가를 예측) 실제로는 590만 톤 생산에 그쳤다. 따라서 목표 달성률은 실제 증가한 양(590－420=170)을 목표 증가량 예측(610)으로 나눈 약 28퍼센트가 정직한 수치인데, 스탈린은 1,030만 톤 목표에 590만 톤을 달성했으므로 목표 달성률이 590/1,030, 즉 약 57퍼센트라고 발표했다. 이런 식이라면 철강 생산이 하나도 증가하지 않았어도(420) 목표 달성률은 420/1,030, 즉 약 40퍼센트가 될 것이다. 이런 숫자놀음으로 경제성장을 부풀려야 했다는 사실은 공산주의하에서 경제체제 붕괴가 시간문제였다는 것을 시사한다.

## 퍼센트의 마술

퍼센트는 숫자의 상대적인 크기를 비교하는 데 유용하지만, 퍼센트 자체를 마음대로 더할 수 있는 것은 아니다. 그러나 종종 퍼센트를 더해서 엉뚱한 결론을 내는 것을 볼 수 있는데, 수맹들에게는 이런 엉터리 논리도 그럴듯하게 들린다. 다음의 예를 읽고도 이상하다는 느낌을 받지 않는다면, 퍼센트를 합쳐도 괜찮을 것 같은 착각에 빠진 것이다.

"이번 토요일에 비가 올 확률은 50퍼센트이고 일요일에 비가 올 확률도 50퍼센트이므로 이번 주말에 비가 올 확률은 100퍼센트다."

"이 상품은 80퍼센트 할인 중입니다. 지난주에 40퍼센트 할인했는데 이번 주에 다시 40퍼센트를 더 할인했습니다."

"이번 회식 비용은 30퍼센트 할인된 것입니다. 식사 값이 15퍼센트 할인되었고 술값도 15퍼센트 할인되었기 때문입니다."

40퍼센트에 40퍼센트를 더했다고 해서 80퍼센트가 되지 않는 이유는 기준이 달라지기 때문이다. 즉, 100원짜리를 40퍼센트 할인하면 60원이 되고 다시 60원에서 40퍼센트를 할인하면 36원이 되므로 결과적으로는 100원짜리가 36원이 된 것이고, 총 할인율은 64퍼센트가 된다.

식사 값이 15퍼센트 할인되고 술값이 15퍼센트 할인되었다고 전체 회식비가 30퍼센트 할인된 것이 아니고 전체적으로 여전히 15퍼센트가 할인된 것이다. 예컨대 어떤 주부가 시장에서 5가지 채소를 샀는데, 그 채소들이 작년에 비해 각각 10퍼센트씩 올랐다면 전부 합해 50퍼센트 오른 것이 아니라 채소 값이 작년에 비해 10퍼센트 올랐다고 말해야 한다. 이렇게 퍼센트를 엉터리로 사용하는 것은 수맹만이 아니다. 지식인들도 빠지기 쉬운 착각이다. 『뉴욕타임스』 '북리뷰'에 나온 다음의 기사가 그것을 입증해준다.

"책값이 올라가는데도 저자의 수입이 제자리인 이유는 책의 제작비와 원료비 상승 때문인 것 같다. 비용 항목별로 보면 시설비와 생산비만 지난 10년간 10~12퍼센트 상승했다. 원료비는 6~9퍼센트, 판매와 광고 비용은 10퍼센트나 올랐다. 이 인상분들을 합하면 최하 33퍼센트(어느 한 출판사)이고 이보다 소규모의 출판사에서는 거의 40퍼센트나 된다."[5]

야구의 예를 들어보자. 타율이 3할3푼인 김야구 선수와 2할9푼인 나안타 선수가 있다면, 누가 더 훌륭한 선수일까? 3할3푼이 2할9푼보다 높으니 김야구 선수가 더 훌륭한 선수라고 하는 사람은 야구팬이 아닐 확률이 높다. 야구팬이라면 타율을 계산할 때 분모가 되는, 즉 기준이 되는 타석수를 물어볼 것이 틀림없기 때문이다. 아래의 극단적인 예는 기준에 차이가 많이 난다면, 단순히 타율의 크기를 비교하는 것이 무의미하다는 것을 보여준다.

| 이름 | 타석수 | 안타수 | 타율 |
|---|---|---|---|
| 김야구 | 10 | 3 | 3할3푼 |
| 나안타 | 340 | 100 | 2할9푼 |

퍼센트를 비교할 때도 마찬가지다. 단순히 퍼센트 크기만 따져서 비교하면 안 되고 퍼센트를 계산한 기준의 크기가 비슷한지 알아보아야 한다. 기준의 크기가 다르면 퍼센트를 비교할 때 주의해야 한다.

어느 회사 사장이 "우리 회사의 올해 봉급은 사원은 10퍼센트 올리고, 사장도 동일하게 10퍼센트 올리기로 했다"고 말할 때 이 말은 동일한 봉급 인상이라는 느낌을 준다. 하지만 실제의 기준 크기가 다르다면, 봉급 인상 액수는 차이가 클 것이다. 사원 월급이 100만 원이면 10퍼센트 인상분은 10만 원이지만, 사장 월급이 1,000만 원이라면 10퍼센트 인상분이 100만 원이 되므로 인상액은 무려 90만 원의 차이를 보인다.

A 월간지는 상류층 독자의 수가 B 월간지보다 33퍼센트 많다고 광

고한다. 상류층에 속한 사람들이 A 월간지를 더 많이 읽는다는 인상을 주는 말이다. 어떻게 해서 33퍼센트라는 숫자가 나왔는지 살펴보니 A 월간지의 독자 중 상류층에 속하는 사람은 40퍼센트이고, B 월간지의 상류층 독자는 30퍼센트이므로 그 차이는 (40－30)/30 ≒ 0.33, 즉 33퍼센트 차이가 난다는 것이다.

예를 들어 A 월간지 독자가 1만 명이라면 40퍼센트 상류층 독자 수는 4,000명에 불과하지만, B 월간지 독자가 20만 명이라면 그 30퍼센트는 6만 명이므로 훨씬 많은 상류층 독자가 B 월간지를 읽는 셈이 된다. 이렇게 퍼센트의 단순 크기만 비교하면, 특히 기준을 제시하지 않거나 감추는 경우 엉터리 결론을 유도하려는 의도가 숨어 있을 때가 많다. 퍼센트를 직접적으로 비교할 때 기준의 숫자가 같지 않으면 짜장면과 승용차를 비교하는 것처럼 무의미하다.

## "67퍼센트를 조심하라"

퍼센트를 계산할 때 기준이 작으면 작은 증가도 큰 퍼센트 증가로 나타난다. 2 증가했는데 기준이 1이라면(즉, 1에서 3으로 변화) 200퍼센트 증가한 것이지만, 기준이 1,000이라면(즉, 1,000에서 1,002로 변화) 단지 0.2퍼센트 증가한 것이다. 따라서 기준이 작으면 변화의 정도가 미미하더라도 퍼센트로는 인상적인 수치를 나타낼 수 있다. 실제 사례를 들어보자. 미국에는 3,000여 개의 대학이 있는데 거의 모든 대학이 남녀공학이다. 20~30년 전부터 남자대학 혹은 여자대학이 성적 차별을 금지하는 추세에 따라 남녀공학으로 바뀌왔는데, 특히 전통이 오래된 남자대학에서 동창회를 중심으로 여성의 입학을 강하게 반대했다.

미국 볼티모어에 있는 존스홉킨스대학에서도 논란 끝에 여성의 입학을 허용했는데, 다음 해 여성 입학을 반대하는 쪽에서 지난해에 입학한 여학생의 약 33퍼센트가 교수와 연애를 했다고 그 단점을 강조했다. 여학생의 약 33퍼센트가 교수와 연애했다면 대단한 뉴스 같지만, 실제로는 처음 입학한 여학생 3명 중 1명이 교수와 결혼한 것에 불과했다.[6]

치안 관련 예산을 올리고 싶은 어느 시골마을의 경찰 간부는 살인사건이 지난 한 해 동안 67퍼센트 증가했다고 근거를 댄다. 살인사건이 67퍼센트 증가했다면 그 마을에 강력범죄가 극성을 부리는 것 같지만, 실제로는 살인사건이 3건에서 5건([5−3]/3≒0.67)으로 증가한 것뿐일 수도 있다.

이처럼 적은 자료를 토대로 계산한 퍼센트는 사람들을 오도하기에 안성맞춤이다. 따라서 퍼센트를 대할 때는 퍼센트가 계산된 실제 숫자를 알아보려고 해야 한다. 그래야만 올바른 판단을 할 수 있다. 실제 숫자를 밝히지 않는다면, 퍼센트로 속일 의사가 있다고 의심해보아야 한다. 속일 의사가 없다면 퍼센트의 근거가 되는 숫자를 굳이 감출 필요가 없다. 건강기구나 영양제, 비만치료제 등에 대한 광고를 부면 80~90퍼센트의 환자가 치료된다고 선전하지만, 퍼센트 계산의 근거가 되는 숫자를 밝히는 경우는 거의 없다. 책을 읽다가도 아래와 같은 글을 대하게 되면 당황하게 된다. 저자는 일본 부부와 우리나라 부부가 많이 다르다고 말하고 있지만, 아쉽게도 근거를 명확히 밝히지 않는다.

"주로 40대 후반의 일본 여성들에게 죽은 뒤 남편과 함께 묻히고 싶냐는 질문을 던진 결과, 67퍼센트가 '그것만은 피하고 싶다'는 대답을 했다. 부부싸움을 되풀이하면서도 죽을 때는 당연히 함께 묻히는 우리나라 부부와는 너무나 대조적이다."[7]

저자의 주장을 선뜻 받아들이기 전에 67퍼센트가 계산된 근거를 생각해보아야 한다. 3명 중 2명이 그렇게 대답했어도 67퍼센트이고, 1,000명 중 670명이 그렇게 대답했어도 67퍼센트이지만, 저자의 주장에 대한 설득력은 후자가 훨씬 높다. 퍼센트를 제시할 때 굳이 근거가 되는 숫자를 숨길 의도가 없다면, 읽는 사람의 이해를 돕기 위해 근거를 함께 나타내야 한다. 특히 67퍼센트는 3명 중 2명만, 6명 중 4명만 원하는 대로 응답하면 되기 때문에 자주 인용된다. 표본 수가 적은 표본에서 이 정도는 우연에 의해서 얼마든지 얻을 수 있는 결과다. 심지어는 67퍼센트가 될 수 있도록 표본을 선택하기도 한다. 존 월리스John Wallis와 로버트 후크Robert Hooke는 그들의 책에서 다음과 같이 "67퍼센트를 조심하라"고 경고한다.

"'조사한 의사 중 67퍼센트가 X라는 치료제를 추천했다'라는 말은 의심스럽게 받아들여져야 한다. 만일 X 치료제의 제조회사가 3명의 의사를 조사해서 2명의 의사에게서 원하는 답을 얻었기 때문에 조사를 거기에서 그친다면 67퍼센트라는 숫자를 인용할 수 있게 된다. 어떤 사람들은 원하는 답을 이미 얻었을 때 구태여 돈을 더 들여 신뢰성 있는 조사를 하려 하지 않는다. 따라서 조사 대상의 크기를 제시하지 않는다면 '67퍼센트'에 대해 '3명을 조사한 결과'라고 의심하는 것은 어쩌면 당연하다."[8]

## 퍼센트의 소수점

23.17퍼센트 혹은 15.35퍼센트 등은 읽기에도 불편한 숫자다. 그런데 가끔씩 이렇게 소수점 이하 2자리까지 퍼센트를 표시하는 사람이 있다. 왜일까? 소수점은 수학적 · 논리적이고, 따라서 정확하다는 인상을 준다. 퍼센트에서 소수점을 쓰는 이유는 이런 소수점이 갖는 정확하다는 인상을 이용해 진실을 말하고 있다는 느낌을 주기 위한 것이다. 말싸움에서 이기기 위해, 혹은 자기주장을 설득력 있게 보이려고 소수점 이하 2자리까지의 퍼센트를 이용하면 상대방은 그 신빙성에 이의를 제기하지 못하고 그 정확성에 반박하지 못한다. 그러나 퍼센트를 사용하는 것은 간단하고 비교가 쉽기 때문이며 소수점 이하 2자리까지 퍼센트를 나타내는 것은 읽기도 성가시고 원래의 퍼센트 사용

목적에도 맞지 않다.

퍼센트는 소수점 이하를 반올림해서 표시하는 것이 무난하다. 다만 필요하다면, 예를 들어 기준이 커서 소수점 이하 한 자리도 큰 의미를 갖는다거나(국가 예산의 13.5퍼센트, 전체 수출액의 10.2퍼센트 등) 실업률과 물가 상승률처럼 소수점 이하 한 자리도 중요할 때만 소수점 이하 한 자리를 사용하는 것이 좋다. 소수점 이하를 발표하지 않아도 되는 내용에 굳이 소수점을 덧붙인(심지어는 소수점 이하 2자리까지) 숫자들을 종종 마주치게 되는데, 소수점 없이 표기하는 편이 훨씬 명확하게 전달된다.

예를 들어 어느 정책에 대한 여론조사 결과, 찬성 39.7퍼센트, 반대 27.4퍼센트, 무응답 32.9퍼센트라고 하는 것보다 찬성 40퍼센트, 반대 27퍼센트, 무응답 33퍼센트라고 하는 것이 더 명확하다. 앞서 언급한 『뉴스위크』 기사에서 마오쩌둥이 중국 정부 관리의 임금을 300퍼센트 삭감했다고 해서 망신당한 편집자는 나중에 300퍼센트가 아니라 66.67퍼센트라고 정정했는데, 그냥 67퍼센트라고 해도 무난할 것을 굳이 소수점 2자리까지 표기한 것은 이번에는 정말로 정확한 숫자라는 것을 강조하기 위한 의도로 볼 수 있다. 솥뚜껑 보고 놀라는 격이다.

오스트리아 재무부의 공식 출판물에는 잘츠부르크Salzburg 지역의 인구가 오스트리아 전체 인구의 4.719303퍼센트라고 발표한 적이 있다.[9] 소수점 6자리까지 정확한 퍼센트를 발표하는 것은 오히려 이 수치가 엉터리로 만들어냈다는 점을 보여주는 것일 수도 있다.

## 퍼센트와 퍼센트포인트

시간의 흐름에 따른 숫자의 변화가 관심의 대상이 될 때가 있다. 그런데 그 관심의 대상이 되는 숫자가 퍼센트로 표시된 것일 때는(실업률, 시장점유율, 이자율 등) 이 퍼센트의 변화를 퍼센트포인트(%P)로 표현한다. 다시 말하면 퍼센트를 직접 비교할 때 기준이 같다면 퍼센트를 보통의 숫자와 마찬가지로 서로 더하거나 뺄 수 있다. 이때 두 퍼센트의 차이(변화)를 퍼센트포인트라고 한다. 퍼센트포인트는 방송이나 신문 기사에서 각종 수치의 변화를 이야기할 때 자주 등장한다. 퍼센트와 퍼센트포인트는 간단한 개념이지만, 많은 사람이 혼동하고 있으며 신문기사에서도 퍼센트포인트를 그냥 퍼센트로 잘못 사용하는 것을 흔하게 볼 수 있다.

"일日 재할인율 인하할 듯. 엔고高 대책 0.75%P 내려 1%로 조정 전망."(『한국일보』, 1995년 4월 13일) 이 기사는 일본 은행이 엔고 행진을 막기 위해 재할인율을 1.75퍼센트에서 1.0퍼센트로 인하할 것이라는(다른 말로는 0.75퍼센트포인트 인하한다는) 예측 기사다. '0.75%P'는 0.75퍼센트포인트를 줄여 쓴 것이다. 그런데 며칠 뒤 나온 다른 신문 1면의 머리기사에서는 0.75%포인트를 그냥 0.75%라고 혼동해서 썼다. "재할인율 0.75% 인하. 일日, 엔고高 긴급 대책 발표."(『조선일보』, 1995년 4월 15일)

경제 상황을 나타내는 대표적인 숫자 중 하나인 실업률은 전체 노동 가능한 인구 중에서 직업이 없는 사람의 비율을 퍼센트로 표시한 것이다. 실업률의 기준이 되는 노동 가능인구의 수는 단기적으로는 거의 비슷하므로 실업률의 변화는 그 차이(변화)를 직접 계산해서 퍼센트포인트로 표현한다. 가상적으로 이 실업률이 지난 5년 동안 2.1퍼센트에서 3.1퍼센트로 상승했다고 하자.

| 연도 | 실업률 |
|---|---|
| 1990 | 2.1% |
| 1995 | 3.1% |

이때 "실업률이 지난 5년간 1퍼센트 상승했다"는 표현은 틀린 말이다. 이 퍼센트의 변화는 "지난 5년 동안 실업률이 1퍼센트포인트 상승했다" 혹은 "지난 5년 동안 실업률이 48퍼센트 상승했다"와 같이 2가지 방법으로 표시할 수 있다. 이 2가지는 모두 정확한 표현이다. 물론 우리에게 주는 인상은 크게 다르다. 둘 중 어느 표현을 선택하느냐는 말하는 사람이 듣는 사람에게 어떤 인상을 심어주기를 원하느냐에 달려 있다.

첫 번째 표현은 실업률이 '약간만 올랐다'는 인상을 주므로 실업률을 발표하는 기관에서 선호할 것이다. 두 번째 표현은 이미 앞에서 언급했듯이 기준이 같다면 퍼센트의 퍼센트를 구할 수 있으므로 (3.1−2.1)/2.1≒0.48, 즉 48퍼센트 상승했다고 표현한 것인데, 실업이 크게 증가했다고 말하고 싶은 사람이라면 아마 이를 더 선호할 것이다. 이 표현은 5년 전에 비해 실업자가 될 확률이 48퍼센트 증가했다는 것을 나타낸다.

퍼센트와 퍼센트포인트의 간단한 개념을 이해한다면, 이처럼 전혀 다른 인상을 주는 2가지 표현을 모순되지 않는 것으로 받아들일 수 있다. 그러나 개념을 모르면 쉽게 혼동하게 되고 말하는 사람의 의도에 유도당할 수 있다. 예를 들어보자. 물건을 만들어 판매하는 회사들은 시장점유율을 높이는 데 관심이 많다. 시장점유율이란 해당 제품의 전체 시장을 100이라고 할 때 각 회사가 몇 퍼센트를 차지하는지 나타낸다. 냉장고의 시장점유율이 A 회사는 10퍼센트, B 회사는 20퍼센트라고 하자. 이 차이가 미미하다고 표현하고 싶은 A 회사는 "B 회사의 시장점유율이 A 회사보다 10퍼센트포인트 높다"고 말할 것이다. 반대로 이 차이를 과장하고 싶은 B 회사는 "B 회사의 시장점유율이 A 회사보다 100퍼센트 높다"고 말할 것이다.

여론조사 기관이나 신문사가 발표하는 여론조사에서 '오차' 또는 '오차의 한계'는 종종 틀리게 발표된다. 조사 결과를 발표하는 기사에서 오차는 ±3%, ±5% 등 퍼센트(%)로 표기된다. 그러나 이때 %는 잘못된 표현이다. 오차를 나타낼 때는 기준(표본의 크기)이 같으므로 퍼센트포인트(%P)라고 표시해야 한다. 즉, 오차는 ±3%P, ±5%P라고 표시해야 한다.

여론조사는 전체(모집단)를 다 조사하는 것이 아니라 일부 표본만

조사한다. 따라서 당연히 오차가 존재하기 마련이다. 예를 들어 설명해보자. 한 여론조사에서 승용차 10부제에 대한 찬성률이 53퍼센트, 오차가 ±5퍼센트포인트라고 발표했다고 하자. 이것이 무슨 의미일까? 이는 표본조사에서 찬성률이 53퍼센트로 집계되었지만 표본이 아닌 전체를 실제로 전부 조사하면 찬성률이 48(53-5)퍼센트와 58(53+5)퍼센트 사이에 있을 것이라는 의미다. 오차를 그냥 퍼센트로만 표현하면 의미가 달라진다.

"승용차 10부제에 대한 여론조사를 실시한 결과 10부제에 대한 찬성률이 53%로 나타났다. 이 조사는 신뢰 수준 95%에서 오차가 ±5%다."(틀린 표현)

"승용차 10부제에 대한 여론조사를 실시한 결과 10부제에 대한 찬성률이 53%로 나타났다. 이 조사는 신뢰 수준 95%에서 오차가 ±5%P다."(맞은 표현)

표본조사 결과 찬성률이 53퍼센트로 나타났지만, 오차를 고려하면(전체를 다 조사한다면) 실제로는 찬성률이 48퍼센트와 58퍼센트 사이에 있다는 것은 두 번째 문장처럼 표현해야 옳다. 두 표현의 차이를 좀 더 알아보자.

찬성 53퍼센트, 오차 ±5%P의 의미는 53%±5%P=[53-5에서 53+5]=[48%에서 53%], 즉 찬성률은 48퍼센트에서 53퍼센트 사이에 있다. 그런데 찬성 53퍼센트, 오차 ±5%의 의미는 53의 5퍼센트는 약 2.7이므로 53%±2.7%=[53-2.7에서 53+2.7]=[50.3%에서 55.7%],

즉 찬성률은 50.3퍼센트에서 55.7퍼센트 사이에 있다.

오차를 ±5%라고 할 때와 ±5%P라고 할 때, 실제 찬성률이 존재할 구간은 ±5%라고 할 때 훨씬 좁으므로 더 정확하다는 인상을 주기도 한다. 더욱이 오차가 ±5%라고 한다면 조사 대상자의 과반수가 10부제에 찬성한다고 주장할 수 있다(최하 50.3퍼센트이므로). 그러나 오차가 ±5%P라고 하면 찬성률이 과반수가 되지 않고(최하 48퍼센트이므로) 10부제 추진과 관련한 여론의 지지가 약해질 수 있다. 이처럼 퍼센트 포인트 대신 퍼센트를 사용하면 조사 결과에 대한 해석이 정반대로 나타날 수 있다.

퍼센트는 상대적인 크기를 비교할 때 유용하지만, 잘못 사용되는 경우도 많다. 퍼센트 기호(%)가 갖는 수학적 · 과학적 인상 때문에 왜곡이나 속임수가 잘 통한다. 퍼센트를 올바르게 이해하려면 무엇보다도 퍼센트를 하나의 숫자 정보로 이해해야지 데이터 자체를 대신하는 것으로 받아들여서는 안 된다. 퍼센트는 종종 원래의 데이터가 갖는 중요한 면을 숨긴다. 따라서 퍼센트는 퍼센트가 계산된 원래의 숫자와 함께 이해되어야 한다. 특히 기준이 되는 숫자의 크기가 작을 때는 미미한 변화도 높은 퍼센트로 표시된다. 실제 기준이 되는 숫자와 함께 제시되지 않는 퍼센트는 누군가를 속일 의사가 있다고 보아도 된다.

퍼센트를 대하면 먼저 무엇에 대한 퍼센트인지, 기준이 제대로 적용된 것인지를 생각해야 한다. 기준을 바꾸거나 골라잡아서 퍼센트를 과장 또는 과소해서 표현할 수 있다. 둘 이상의 퍼센트를 비교할 때는 그 퍼센트가 비슷한 크기의 기준에서 나왔을 때만 비교가 의미를 갖는다. 기준이 다른 퍼센트의 비교는 결과의 왜곡을 가져온다. 퍼센트끼리 더하거나 퍼센트의 퍼센트를 낼 때도 기준이 같아야 의미가 있다. 퍼센트와 퍼센트포인트는 간단하고 쉬운 개념이지만, 잘못 사용되거나 이해될 때가 많다. 퍼센트로 표현할 때와 퍼센트포인트로 나타낼 때 듣는 사람에게 주는 인상이 크게 달라진다는 것을 알고 사용해야 한다. 퍼센트에서 소수점 표기는 꼭 필요한 경우에만 소수점 이하 한 자리로 하는 것이 좋다. 소수점 이하 2자리 이상으로 나타내는 것은 정확하다는 인상을 강요하려는 의도가 숨어 있다고 의심해볼 필요가 있다. 이런 사항들에 주의한다면 일상생활에서 마주하는 퍼센트를 올바르게 이해하고 판단할 수 있다.

CHAPTER 8

# '평균의 함정'에 빠지지 마라

내가 젊은 변호사였을 때는
이겨야 했을 많은 사건에서 졌고,
나이가 들면서 져야 했을
많은 사건에서 이겼다.
따라서 평균적으로는
법의 정의가 실현되었다.

★ 매슈 베일리 베그비 경Sir Mattheu Baillie Begbie

## 평균이란 무엇인가?

평균은 통계 용어 중에 현실에서 가장 많이 쓰이기 때문에 아마 대부분의 사람에게 익숙한 개념일 것이다. 평균이 사용된 최근 기사를 살펴보자. 2014년도 연말정산이 세금폭탄이라는 강한 반발을 일으키자 정부는 서둘러 소급입법으로 환불해주기로 하며 여론 진압에 나섰지만, 구체적인 안이 확정되지 않아 불씨가 여전히 살아 있었다. 한 주간지 기사에 따르면 이 사태를 지켜본 정부의 한 관료가 "이번 사태는 평균의 함정을 설명하는 유명한 우화를 닮았다"며, "세금을 내는 사람들은 개개인인데 기재부가 '평균치'로 뭉뚱그려 설명한 것이 무리였다"고 말했다. 여기서 말하는 우화는 다음과 같다.

"100명의 군인들이 강을 건넌다. 군인들의 평균 키는 180cm, 강의 평균 깊이는 150cm다. 보고를 받은 장군은 도강을 명령했다. 강 언저리를 지나면서 물이 갑자기 깊어졌고 병사들이 한 명, 두 명 빠져죽기 시작했다. 겁이 난 병사들은 뒤를 흘깃흘깃 쳐다봤지만 장군은 '돌격 앞으로'만 외쳤다. 물에 빠져죽는 병사가 속출하자 장군은 당황했다. 그제야 장군은 회군을 명령했다. 하지만 이미 많은 군사를 잃은 뒤였다. 알고 보니 이 강의 최대 수심은 2m였고, 군사 중 2m가 넘는 사람은 30명이 채 안 되었다."[1]

2014년도 연말정산 사태는 연봉 5,500만 원 이상부터 세금이 오르는 것으로 바뀌었다는 정부의 주장과는 달리 연봉 5,500만 원 이하 소득자 중에 세금을 많이 토해내는 사례가 잇따랐기 때문이다. 전문가들은 이런 원인을 평균의 함정 뒤에 숨은 개인별 편차 때문으로 지적했다. 즉, 부양가족 공제, 자녀 교육비 · 의료비 공제를 적용받지 못해 세금 부담이 증가하는 부분과 소득공제를 세액공제로 바꾸면서 개인별 편차가 커진 것을 간과했다는 것이다. 이 사례에서 볼 수 있는 것같이 사람들이 익숙하다고 여기는 평균은 실제로는 다양한 의미를 내포하고 있어서 다른 보조적인 수치와 함께 해석해야만 혼동하지 않을 수 있다. 여기에서는 평균이 갖는 여러 의미를 다양한 사례와 함께 살펴본다.[2]

## 산술평균, 중앙값, 최빈수

어느 고등학교 3학년 학생들의 영어 성적을 예로 들어보자. 가장 먼저 관심을 갖는 것은 학생들의 영어 성적이 어떤 점수를 중심으로 모여 있느냐는 것이다. 평균은 자료의 모여 있는 특성을 나타내는 대푯값이다. 평균 소득, 평균 기온, 평균 키, 평균 강수량, 평균 가격 등 대부분의 데이터는 우선 평균화해서 제시된다. 그래서인지 사람들은 많은 숫자를 대할 때 우선 '평균이 얼마냐'라고 자연스럽게 묻는다. 이처럼 사람들이 평균에 익숙하기는 하지만 문제는 평균에 여러 가지 종류가 있고 경우에 따라서는 각 종류의 평균값이 다를 수 있다는 사실을 모르는 경우가 많다는 점이다. 따라서 평균이 다를 때는 누구나 자기에게 유리한 평균값을 선택해서 얼마든지 자기주장을 그럴듯하게 왜곡할 수 있다. 우선 여러 가지 평균의 종류 중에서 가장 흔히 쓰이는 것을 보자.

여러 종류의 평균 중에서 우리가 주로 사용하는 것은 산술평균, 중앙값, 최빈수의 3가지다. 산술평균은 가장 많이 쓰이는 개념으로 그냥 '평균'이라고 불리기도 한다. 모든 자료의 값을 다 더해서 전체 수로 나눈 것이다.

**예 A** 1 1 2 3 1 3 4

예 A에서 7개의 숫자를 모두 더해서(15) 전체 수(7)로 나눈 평균은 2.1이며, 이 값은 이 숫자들의 중심을 잘 나타내는 대푯값이라고 할 수 있다. 그러나 다음의 예에서는 평균의 의미가 약해진다.

**예 B** 1 1 2 3 1 3 17

예 B에는 다른 숫자에 비해 비정상적으로 큰 숫자인 17이 포함되어 있다. 평균은 4이며 이 값은 다른 숫자에 비해 상대적으로 큰 17의 영향을 받은 것이다. 이럴 때는 평균이 전체 숫자의 중심을 나타내는 대푯값으로서 역할을 하지 못한다. 상대적으로 큰 값에 영향을 받지 않는 중심의 측정치는 다음의 2가지 방법으로 구할 수 있다.

첫 번째 방법은 숫자들을 작은 수부터 큰 수까지 순서대로 세운 뒤 가운데 있는 수, 즉 중앙값(중위수median)을 중심으로 하는 방법이다. 두 번째는 가장 빈번하게 나타나는 값, 즉 최빈수mode를 중심으로 보는 것이다. 중앙값은 문자 그대로 가운데에 있는 수로 숫자들을 크기의 순서로 배열했을 때 정 가운데 있는 값을 말한다. 따라서 숫자의 반은 중앙값보다 작은 값을 갖고 다른 반은 큰 값을 갖게 된다. 예 A와 예 B에서 중앙값을 사용한 평균은 모두 2이며, 숫자들의 중심을 나타내는 대푯값으로 충분하다.

**예 A** 1 1 1 2 3 3 4

**예 B** 1 1 1 2 3 3 17

최빈수는 가장 흔하게 나타나는 수로 예 A와 예 B에서 1이 가장 자주 나타나므로 최빈수를 사용한 평균은 1이 된다. 최빈수 1은 숫자들 중 대다수는 아니라도 가장 많이 등장하므로 중심의 대푯값 역할을 하게 된다. 비유를 들면 대통령 3명의 후보 중에서 朴 후보가 34퍼센트, 李 후보가 33퍼센트, 金 후보가 33퍼센트를 득표했다고 한다면 모두 과반수에는 미달하지만 34퍼센트를 얻은 朴 후보가 당선되는 것은 최빈수가 대푯값으로서 충분하기 때문일 것이다.

어느 평균을 사용할 것인지 고민할 필요가 없는 경우도 많다. 영어 성적, 몸무게, 키 등과 같은 수치는 대부분 〈그림 1〉처럼 좌우 대칭의 종 모양 분포(정상분포 혹은 정규분포)를 이룬다. 이럴 때는 평균, 중앙값, 최빈수가 일치한다.

그러나 모든 분포가 종 모양을 이루지는 않으므로 평균의 종류에 따라 값이 다른 경우가 얼마든지 있을 수 있다. 평균에 따라 값이 다르면 자기에게 유리한 평균값을 선택해서 자기 의도를 받아들이라고 강요할 수 있고, 수맹數盲인 사람들은 그 주장에 속기 쉽다. 종 모양 분포가 아닐 때는 어떤 종류의 평균인지 알기 전에는 의미가 없다. 종 모양 분포가 아닌 것 중 대표적인 예가 소득이다. 소득은 오른쪽으로 꼬리가 긴 분포, 즉 소수의 인원이 엄청나게 소득을 올리는 분포를 이룬다.

가상의 예를 들어보자. 강원도 소양호 주변의 어느 후미진 곳에 50가

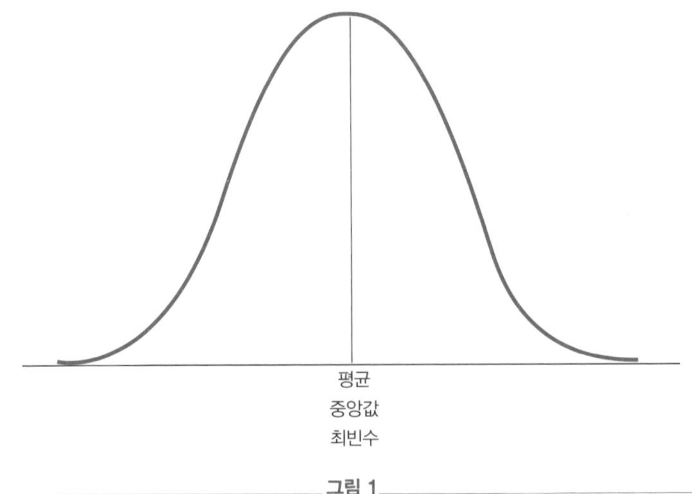


**그림 1**
**종 모양 분포에서 평균, 중앙값, 최빈수**

구가 사는 작은 마을이 있다. 이 마을의 이장과 복덕방 영감은 각기 상반된 주장을 하고 다닌다. "우리 마을의 가구당 평균 소득은 500만 원이다."(마을 이장) "우리 마을의 가구당 평균 소득은 1억여 원이다."(복덕방 영감) 마을 이장은 우리 마을이 가난하다고 하고 복덕방 영감은 부자 마을이라고 하는, 전혀 상반된 주장을 펴고 있다. 양쪽 모두 동일한 가구 수와 가구별 소득을 기초로 계산해서 얻은 결과다.

그 내용을 알아보면 50가구 중에 25가구는 가난한 농가로 연 소득이 500만 원이고 다른 24가구는 500만 원에서 2,000만 원 사이의 소득을 올리고 있다. 나머지 한 가구는 서울의 한 사업가가 은퇴하면서 물 좋고 공기 좋은 곳에 내려와 사는 집으로 이 가구의 연 소득은 50억

원에 달한다. 저소득 농민 지원정책에 따른 각종 정부지원을 기대하는 마을 이장은 최빈수를 사용해서 평균이 500만 원밖에 안 되는 마을이라고 주장한다. 복덕방 영감은 은퇴 후 시골에서 살려는 서울 사람들을 유인하기 위해 평균을 사용해 평균 소득이 1억여 원인 부자 마을 휴양지라고 선전하는 것이다.

이처럼 똑같은 자료에서 계산된 평균이 크게 다를 수 있기 때문에 평균이면 그저 평균인 것으로 이해하는 많은 사람이 혼동하기 쉽다. 이 사례는 다소 과장된 면이 있지만 실제로도 얼마든지 발생할 수 있는 일이다. 노사문제를 겪고 있는 회사에서 사장이 주장하는 직원들의 평균 임금은 매우 높고 노동조합 측에서 주장하는 평균 임금은 낮을 때가 있다. 사장은 보수가 높은 경영층을 포함한 평균을 사용하고, 노동조합은 가장 많은 근로자들이 받는 봉급인 최빈수를 사용한 결과다.

## 평균 연봉의 비밀

1994년 미국 프로야구는 선수들의 파업으로 월드시리즈가 취소되는 등 미 프로야구 사상 가장 긴(8개월) 싸움에 휩싸여 있었다. 구단주와 선수노조 사이의 힘겨루기였다. 그 원인이 밥그릇 싸움에 있었기 때문에 양쪽 모두 야구팬들의 비난을 받았다. 그래도 구단주와 노조는 파업 기간 중에 야구팬들의 감정과 여론을 서로에게 유리한 방향으로 이끌기 위해 각자의 입장에 대해 열띤 홍보전을 벌였다. 여론을 등에 업고자 하는 이 싸움에서 구단주들이 완승을 거두었는데, 구단주들의 주장은 간단했다. "평균 연봉이 120만 달러(13억 원)나 되는 선수들이 파업을 하다니"라고 떠벌린 것이다. 엄청난 소득을 올리는 선수들이 돈 욕심을 부린다는 식으로 홍보해 야구팬들의 비난을 자연스럽게 유도했다.

이런 의도는 큰 성공을 거두었고, 심지어는 10세의 어린 야구팬이 "돈을 더 원하면 내 용돈을 가져가라Want more money? Take my allowance"라고 쓴 피켓을 들고 야구장에서 항의시위를 벌이는 것이 신문에 사진과 함께 크게 실리기도 했다. 당시 파업에 대한 미국 CBS 방송의 여론조사에 따르면, 응답자의 43퍼센트가 구단주를, 22퍼센트가 선수들을 지지하는 것으로 나타나 노조 측에 주로 비난의 화살이 쏠리고 있었다. 이때 노조는 어떻게 대응해야 했을까? 그 해답은 평균에 대한 간단한 지식, 즉 평균은 여러 가지가 있고 그중에서 노조에 유리한 평균을 이용하는 데 있었다.

"고액의 연봉을 받는 일부 소수의 스타선수들이 있기는 하지만 선수들의 평균 연봉은 30만 달러 정도며 월 1,000달러 정도의(그것도 야구시즌인 8개월 동안만 지불되는) 저임금에 혹사당하고 있는 마이너리그 선수들까지 합하면 선수들의 평균 연봉은 약 1만 달러 정도밖에 되지 않는다. 부상이나 성적 부진 등으로 선수의 평균수명이 짧은 것을 감안하고 선수들이 영화나 TV 속 스타들만큼 팬들에게 볼거리를 제공한다는 사실을 고려하면 구단주들이 선수들에게 돌아가는 몫을 줄이려는 것은 부당한 처사다."

당시 메이저리그 선수들의 평균 연봉(산술평균)은 구단주들이 주장하는 대로 120만 달러였다. 그러나 그 내용을 살펴보면 500만 달러 이상을 받는 소수의 고액연봉 선수들부터 10만 달러 정도의 최저임금을 받는 선수까지 다양한 분포를 보이고 있었다. 산술평균이 120만 달러지만 중앙값은 그보다 훨씬 낮은 40만 달러였고 최빈수는 30만 달러 정도였다. 선수들의 연봉 분포를 그림으로 나타내면 〈그림 2〉와 같이 오른쪽으로 꼬리가 긴 분포가 된다. 구단주들이 산술평균을 사용한 의도는 짐작이 가지만 이런 분포에서 산술평균인 120만 달러는

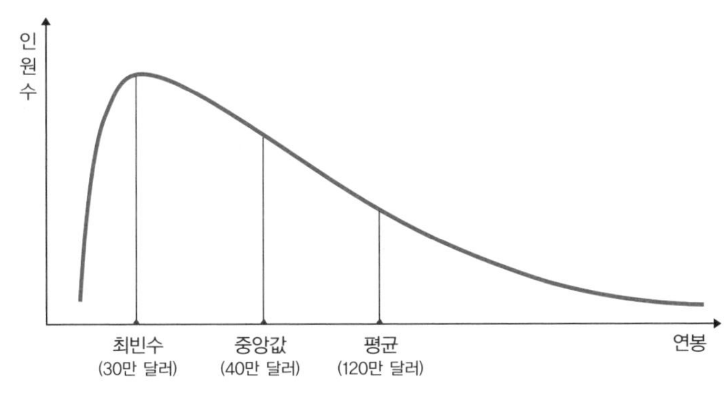


**그림 2**
**미국 프로야구 선수들의 연봉 분포**

중심을 나타내는 대푯값으로 적합하지 않다. 중앙값(40만 달러)을 사용하는 것이 좀더 적절하다. 노조 측에서는 최빈수인 30만 달러가 유리할 것이다. 아무튼 노조는 산술평균을 이용한 구단주들의 작전에 말려들었는데, 노조 지도자들이 평균에 대해 조금만 알았다면 반격할 수 있는 방법을 생각해낼 수 있었을 것이다.

참고로 우리나라 프로야구 선수들의 연봉을 보면 2015년에 등록된 프로야구 선수는 총 628명인데, 15억 원의 최고 연봉을 받는 한화이글스의 김태균 선수를 비롯해 모두 140명의 선수가 억대 연봉을 받는다. 선수들의 산술평균 연봉은 거의 2억 원(정확히는 1억 9,325만 원)에 육박하지만 가장 많은 선수가 받는 평균연봉(최빈수)은 프로야구 최저 연봉인 2,700만 원이다. 특히 각 구단이 편법으로 (등록선수가 아닌) 육성선수로 묶어놓은 51명의 최저 연봉 선수를 포함하면 더욱 그렇다.

## 산술평균의 비밀

여러 평균값이 서로 다를 때는 어떤 것을 선택해서 사용할 것인가? 목수가 여러 가지 연장을 용도에 맞게 쓰듯 평균도 각각의 특징에 어울리게 사용해야 한다. 각 평균은 중심의 개념부터 서로 다르므로 개념에 맞는 차원에서만 유용하다. 산술평균은 자료 속에 있는 모든 값을 다 더해서 계산하므로 그 값들이 어떤 범위 내에서 유사한 경우 효과적인 대푯값이 된다. 고양이와 호랑이가 같은 고양이과의 동물이라며 둘을 합쳐 고양이과 동물의 평균을 낸다면 무의미하다. 고양이와 호랑이끼리 따로 계산하는 것이 낫다. 중앙값이나 최빈수는 자료 속에 있는 특정한 값을 선택하는 것이므로 그런 내용을 알고 사용해야 한다. 일반적으로 꼬리가 한쪽으로 치우친 분포에서는 중앙값이 적절한 대푯값이 된다.

평균을 선택할 때 고려해야 할 것은 우선 갖고 있는 데이터의 특성에 맞는 것을 골라야 한다는 점이다. 데이터의 특성 중에서도 데이터가 어떤 척도로 측정되었는지가 중요하다. 예를 들어 사람들이 좋아하는 음식에 대해 ① 한식, ② 중국식, ③ 일식, ④ 양식으로 조사했다면 대푯값은 가장 많은 수의 사람들이 선택한 번호, 즉 최빈수가 중심의 대푯값이 된다. 이때 응답을 산술평균해서 2.31이라는 값을 얻었다고 해도 이 숫자는 그다지 의미가 없다. 통계학에서 사용하는 용어로 표현하면 앞의 사례와 같이 명명척도nominal scale(측정 대상의 속성을 질적인 특성으로 구분하는 척도)로 측정한 경우에는 최빈수만, 서열척도ordinal scale(어떤 특성에 대한 집단 구성원 간의 순위 관계를 결정하는 척도)인 경우에는 중앙값만 사용하고, 그 밖의 경우 3가지 평균을 모두 사용할 수 있다.

다음으로는 데이터의 분포를 고려해야 한다. 종 모양 분포가 아닐 때는 산술평균이 대푯값으로 의미가 약하다. 또한 표본에 따라 평균값이 크게 변하지 않는 것(안정성)을 선택해야 한다. 일반적으로는 산술평균의 안정성이 가장 높고 최빈수가 그 반대다. 마지막으로 평균을 선택할 때는 평균을 사용하려는 목적에 맞춰 결정해야 한다. 사용 목적이 다르면 사용해야 할 평균이 다를 수도 있다. 또한 선택한 평균에서 어떤 결론을 유도할 수 있는지, 유도된 결론이 데이터에 대한 잘못된 인상을 심어주지는 않는지를 고려해야 한다.

종 모양의 대칭적인 분포가 아닐 때 가장 좋은 평균 해석 방법은 3가지 평균을 서로 밀접하게 연관해서 해석하는 것이다. 비유적으로 표현하면 방 안을 조사하는 데 평균은 문의 열쇠구멍과 같다고 할 수 있다. 한쪽 문의 열쇠구멍으로 방에 대해 알 수 있는 것은 일부분이므로 여러 방문의 열쇠구멍으로 들여다본 결과를 종합할 때 방에 대해 잘 알 수 있다. 마찬가지로 평균도 각 평균의 장점을 연관해서 함께 해석하면 무리가 없다. 평균을 해석할 때 또 한 가지 중요한 점은 자료들이 어느 정도 흩어져 있는지도 알아야 한다는 것이다. 흩어진 정도를 모르거나 무시할 때는 잘못된 판단을 내릴 수도 있다. 여기서 흩어진 정도란 무엇일까?

## 평균을 어떻게 볼 것인가?

"내가 젊은 변호사였을 때는 이겨야 했을 많은 사건에서 졌고, 나이가 들면서 져야 했을 많은 사건에서 이겼다. 따라서 평균적으로는 법의 정의가 실현되었다." 이 말은 영국의 유명한 판사인 매슈 베일리 베그비 경Sir Mattheu Baillie Begbie이 은퇴하면서 한 말이다. 평균은 숫자들의 모여 있는 정도를 나타내는 유용한 정보지만, 분포 전체의 모양을 보여주지는 못한다. 때로는 모여 있는 정도보다 흩어져 있는 정도를 나타내는 대푯값이 더 중요한 경우가 많다. 흩어져 있는 정도란 데이터가 얼마나 퍼져 있느냐, 즉 각각의 숫자가 얼마나 서로 다른지를 나타낸다. 간단한 예로 2, 2, 2, 2, 2는 전혀 흩어져 있지 않은 숫자들이고 1, 5, 10, 15, 30은 많이 흩어져 있다.

〈그림 3〉은 평균(산술평균, 중앙값, 최빈수)은 같지만 흩어진 정도가 다른 두 학급의 성적 분포를 나타낸 것이다. 이 그림은 두 학급의 성적에 대해 어떤 비교나 결론을 끄집어내기 위해서는 흩어진 정도를 반드시 알아야 한다는 것을 시각적으로 보여준다.

흩어진 정도를 나타내는 가장 간단한 측정치는 범위range로 최솟값

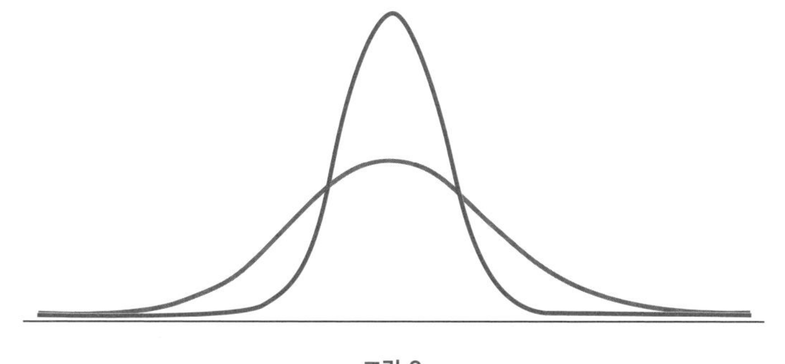

그림 3
평균은 같지만 흩어진 정도가 다른 두 그룹

과 최댓값의 차이를 말하는 것이다. 이 차이가 크면 클수록 많이 흩어진 것이지만, 극단적인 값이 있다면 정확하지 않다. 흩어진 정도의 측정치로 가장 널리 쓰이는 것은 표준편차인데, 그 값이 클수록 산술평균을 중심으로 많이 흩어져 있다는 의미다. 표준편차 대신 분산을 사용하기도 하는데, 표준편차는 분산에 제곱근root을 취한 값이다. 평균값과 표준편차를 함께 고려하면 중심의 대푯값으로서 평균의 역할을 판단할 수 있다. 예를 들어 평균값에 비해 표준편차가 크다면 자료들이 평균 주위에 넓게 흩어져 있는 것이다. 따라서 이런 경우 평균은 중심의 대푯값으로서 의미가 약하다.

훈련 중 강을 걸어서 건너야 하는 병사들이 지도에 표시된 대로 평균 수심이 1.3미터라는 사실만 믿고 도강한다면 어떻게 될까? 운 나쁘게도 평균 주위에 흩어진 정도가 크다면(얕은 곳과 깊은 곳이 많다면) 많은 병사가 위험에 처하게 될 것이다. 마찬가지로 어떤 강의 평균 수심이 3미터라는 정보는 그 강에서 다이빙을 하려는 선수를 안심시킬 수 없다. 뛰어내리기 전에 최소한 흩어진 정도에 대한 정보를 알아야 한다. 다른 나라로 몇 년간 일하러 가는 사람이 그 나라의 평균 기온이 16도라는 사실을 알고 봄가을 옷만 준비하면 어려움에 처할 수 있다. 기온이 영하 20도에서 영상 30도까지 변하는 지역이라도 평균 기온은 16도일 수가 있기 때문이다.

어느 대학에서 같은 과목을 두 교수가 가르친다고 하자. 두 교수 모두 평균 C 학점을 학생들에게 준다면 그 과목을 선택하는 학생들은 어떤 교수를 선택해도 마찬가지일 것 같다. 그러나 한 교수는 대부분의 학생이 평범하다고 생각해서 주로 C만 주고, 다른 교수는 학생들의 절반은 우수하고 절반은 공부를 안 한다고 생각해서 A를 주거나 D-만 준다면 상황은 완전히 달라진다. 이렇게 흩어짐에 대한 정보 없이 평균 성적이 C라는 사실만으로 교수를 선택한다면 학점 때문에 곤란해질 수도 있다.

결혼 상대자를 고를 때도 평균 외에 흩어진 정도가 중요한 기준이 될 수 있다. 평균은 같더라도 여러 기준에서 신붓감(신랑감)들은 다양하게 차이가 날 수 있다. 이런 차이가 개인적인 장점으로 작용하거나 선택의 이유로 작용할 수 있음을 다음의 인용문이 잘 보여준다.

"그러나 일생을 함께할 배우자로서는 평범이란 특징이 아무래도 마음에 들지 않는다. 평균으로 셈하면 결국 보통이 되고 말더라도 좀 들쭉날쭉하기를 바라는 게 솔직한 내 심정이다. 다시 말해 어떤 점에서는 평균에서 좀 뒤지더라도 어떤 점에서는 뛰어난 편이 낫다."[3]

## 평균적인 사람은 없다

고대 그리스신화에 나오는 프로크루스테스Procrustes는 거대한 도적이다. 프로크루스테스는 그의 집 옆을 지나가는 행인을 유인해 침대에 눕히고 키가 침대보다 작으면 발을 잡아 뽑고 키가 크면 발을 잘라

죽였다는 끔찍한 이야기의 주인공이다. 프로크루스테스만큼 끔찍하지는 않지만 현대를 사는 우리에게도 어떤 기준을 정해놓고 그 기준과 다르면 '비정상'으로 느끼도록 강요되는 일이 적지 않다. 그 기준의 대표적인 것이 '평균적인 사람'이다. 특히 제품을 만드는 사람이나 판매원들은 '평균적인 사람'에 매혹적인 충동을 느끼기 쉽다. 대량생산의 필요성은 그 충동을 더욱 부채질한다. 물론 수요자의 중심을 이루는 사람들이 상대적으로 큰 목표시장이므로 그들에게 맞는 제품을 만들고 판매하려는 의도는 이해가 된다.

그러나 '평균적인 사람'에 대한 집착이 심하면 더 큰 시장을 놓칠 수도 있다. 주택, 자동차, 가구는 '평균적인 사람'을 기준으로 만들어지는 대표적인 제품이다. 키 큰 사람은 승용차를 탈 때 자주 머리를 부딪치고 키 작은 사람은 운전할 때 어려움을 겪는다. 부엌에서 여자들이 사용하는 싱크대도 마찬가지다. 키가 작은 여자는 팔이 아프고 키가 큰 여자는 구부린 채 일해야 한다. 평균에서 다르면 비정상으로 느낄 수밖에 없다. 일부 제품을 이른바 '비정상'적인 사람들을 위해 만든다고 해서 현재의 대량생산 공정이 크게 위협받는 것은 아닐 것이다.

예를 들어 의자는 단지 높이가 다른 다리를 사용하면 간단하게 평균이 아닌 사람들에게도 맞는 것을 만들 수 있다. 미국 우주비행사의 키가 커서 미국과 소련의 공동 우주개발이 차질을 빚었던 실제 사례도 있었다. 문제가 된 미국 우주비행사의 키는 182센티미터였다. 현재 우리나라 청소년 수준에서도 그리 큰 키가 아니다. 우주선 안의 제한된 공간 때문이었겠지만, 그렇다고 해도 180센티미터 이하에만 맞는 의자를 만들었다니 차질을 빚어도 싸다.

주택, 그중에서도 아파트는 평균 가정을 대상으로 만들어진다. 가족 수에 따라 크기가 다르기는 하지만 각 크기에 포함되는 아파트는 거의 비슷하게 만들어진다. 물론 수백만 가구를 한꺼번에 건설하려면 똑같은 형태의 대량생산이 불가피한 측면이 있을 것이다. 하지만 입주한 가정은 평균적인 가정과 다른 만큼의 불편을 감수해야 한다.

"집합주택이나 주택단지처럼 불특정 다수를 대상으로 하는 건축물 내지 환경의 계획이나 설계에서는 통계학적으로 추출된 추상적인 인간상을 발주자 또는 이용자로 착각한다. 그런 잘못을 자각 없이 저지른다. 같은 대지 위에 김 아무개의 집을 설계할 때와 강 아무개의 집을 설계할 때의 결과는 상당히 달라야 마땅하다. 그런데도 집주인이 많아질수록, 그리고 집주인이 확정되지 않을수록 집주인 개인의 구체적인 이질성이나 다양성보다는 추상적인 동질성과 공통성이 중시된다. 이질성과 다양성도 평균치라는 편리한 대표치로 통계 처리해버린다. 그 결과 실재할 리도 없고 실재할 수도 없는 평균치적 인간이라는 것을 과학적이라는 조작에 의해 탄생시킨다."[4]

"사람사람이 본시 모두 제가끔 저 생겨먹고 싶은 대로 생겨먹어 그 쌍통 생김새가 하나도 똑같은 놈 없고." 김지하의 소설 『대설大說』 첫머리에 나오는 말이다.[5] 우리는 어릴 때부터 사람들이 서로 다르다는 것을 자연스럽게 받아들이며 성장한다. 인종, 나이, 성별, 몸무게, 키가 같더라도 취향이나 행동은 전혀 다른 경우가 대부분이다. 나와 거의 모든 면에서(성격이나 식성까지도) 흡사한 한 친구는 나보다 술이 몇 배나 세다. 그래서 같이 술을 마시는 경우 그 친구는 내게 술 한 잔을 잡아주지만(내가 한 잔 마실 때 친구는 두 잔 마시는 등), 그래도 내가 먼저 취할 때가 대부분이다.

'평균적인 사람', 즉 모든 면을 고려할 때 중심이 되는 사람은 존재하지 않는다. 그러나 사회는 '평균적인 사람'을 표준으로 놓고 획일적으로 그것에 맞추도록 강요할 때가 많다. 사회는 다양한 사람이 함께 어울려 살아가는 곳이므로 획일적인 기준들은 사라져야 한다. 평균에 맞추는 것이 아니라 평균에서 떨어져 있음이 인정되고 고려되는 분위기, 다양성이 존중되는 사회를 만드는 것이야말로 사회 속에서 모두가 행복하기 위한 필요조건이다. 적합한 평균을 골라 사용하는 일 못지않게 중요한 것은 평균을 남용하지 않는 일이다.

## CHAPTER 9

# '비교의 함정'에 빠지지 마라

데이터를 이해하는 능력,
데이터를 처리하는 능력,
가치를 뽑아내는 능력,
시각화하는 능력,
전달하는 능력이야말로
누구에게나 앞으로 오랫동안
매우 중요한 능력이 될 것이다.

★ 할 베리언Hal Varian

## 비교의 심리학

비교란 둘 이상의 사물을 견주어 서로 간의 유사점, 차이점, 일반 법칙 따위를 고찰하는 것이다. 통계학자 스티븐 캠벨이 "비교를 하는 것은 삶에서 핵심적이고 중요한 부분이다"라고 말했듯이 무엇인가를 비교하는 것은 사람들의 생활 속에서 매우 일상적으로 일어나는 행위다. 예를 들어 사람의 마음을 움직이는 강력한 힘인 부러움, 시기, 질투 같은 감정은 비교에 근거해서 생겨난다. 즉, 나에게 없거나 부족한 것을 남이 갖고 있다는 것을 알게 되면서 부러움, 시기, 질투 같은 감정이 작용하는 것이다. 그래서 미국의 저술가 해럴드 코핀Harold Coffin은 시

샘이란 "내가 가진 것이 아닌 다른 사람이 가진 것을 세는 기술이다"라고 정의하기도 했다.[1] 그리고 그런 감정은 때로는 매우 강력해서 심지어 사촌이 땅을 사면 배가 아프기까지 한다.

비교가 일상적인 행위라는 것은 비교의 대상이 사실 무한하다는 것을 나타낸다. 스마트폰, 자동차, 집, 돈, 젊음, 아름다움, 권력, 지능, 지식, 지혜, 행운, 장점, 경쟁력, 업적, 심지어 인생 목표나 소망도 비교 대상이 된다. 그 대상 중에는 노력으로 얻은 것도 있지만, 태어날 때부터 갖게 되는 것도 있다. 한때 병역 관련 특혜와 관련해 유행했던 '장군의 아들', '신의 아들'과 같은 말들이나 요즘 SNS에서 자주 언급되는 '금수저', '흙수저' 등도 그 바탕에는 비교가 자리 잡고 있다.

비교를 할 때 사람들이 흔히 나타내는 경향은 자기가 갖고 있는 것보다 남이 갖고 있는 것이 크거나 많다고 판단하는 것이다. 이런 경향은 "남의 떡이 더 커 보인다"라는 우리 속담이나 "옆집 마당의 잔디가 내 집 잔디보다 파랗다"라는 영어권의 속담에서도 알 수 있다. 그리고 이런 경향은 특히 비교 대상을 계량화하기 어려운 경우에 더 자주 나타난다. 숫자로 구체적으로 나타내기 어려운 경우에는 개인적이고 주관적인 판단에 근거해서 비교해야 하기 때문이다. 따라서 사람들은 계량화가 쉬운 경우, 즉 숫자로 쉽게 나타낼 수 있는 경우에는 상대적인 비교가 쉽다고 생각한다. 그러나 숫자가 포함된 정보들을 비교하는 데도 주의를 기울이지 않으면 잘못된 판단을 하기 쉽다.

구체적인 예를 들기에 앞서서 올바른 비교를 하기 위해 꼭 확인해야 할 2가지 원칙에 대해서 이야기해보자.[2] 첫째, 비교를 할 때는 비교하는 대상의 특성이 같아야 한다. 즉, 비교되는 특성에 대한 정의가 동일해야 하는 것이다. 우리나라의 실업률을 미국의 실업률과 비교하는 경우가 종종 있다. 그러나 엄밀하게 말하면 나라마다 실업에 대한 정의가 다르므로 그 상대적인 크기를 직접 비교할 때는 이 차이를 고려해야 한다. 예를 들어 우리나라에서는 자기 집에서 경영하는 사업체나 직장에서 주당 1시간 이상 일을 하면 월급을 받지 않더라도 무급가족 종사자로 분류되어 취업자로 계산한다. 예컨대 아버지가 하는 가게나 공장·농장에서 보수를 따로 받지는 않지만 1주일에 1시간 이상 일을 하며 돕는 경우다. 하지만 미국에서는 무급가족 종사자라도 15시간 이상 일을 해야 취업자로 계산한다는 차이가 존재한다.

둘째, 비교하는 대상의 특성 이외의 것들은 서로 비슷해야 한다. 그렇지 않다면 어떤 요인 때문에 차이가 생기는지를 파악하기 어렵다. 구체적인 예를 들어보자.[3] 미국과 스페인이 전쟁을 치르는 동안 미 해군의 사망률은 1,000명당 9명이었고, 같은 기간 뉴욕시의 사망률은 1,000명당 16명이었다. 이 숫자를 이용해서 해군에 들어와 있는 것이 더 안전하다고 해군에서는 선전했다. 그러나 뉴욕시에는 환자, 노인, 어린아이 등이 당연히 섞여 있고 해군은 건강한 청년들로만 구성되어 있다. 올바른 사망률을 비교하려면 다른 조건도 유사해야 한다. 즉, 뉴욕에 살고 있으면서 해군의 신체검사 기준에 통과할 만한 건강한 청년들의 사망률과 해군의 사망률을 비교해야 하는 것이다.

이 2가지 원칙이 지켜지지 않으면 비교는 아무런 의미가 없다. 따라서 이 원칙이 지켜졌는지를 미리 판단하지 않으면 잘못된 결론에 도달하게 된다. 여기에서는 잘못된 비교의 예를 제시함으로써 어떻게 해야 올바르게 비교할 수 있는지를 설명한다.

## 비교를 어떻게 할 것인가?

오래전에 미국 남부 지방에 신병 훈련소를 짓고 있던 미 육군은 그 지역에서 1년에 수십만 명의 말라리아 환자가 발생한다는 사실에 크게 놀랐다.[4] 그 당시 말라리아는 다른 지역에서 거의 발생하지 않는 병이었다. 그 원인을 규명하기 위해서 미 육군은 말라리아 전문가를 초빙하는 등 법석을 떨었다. 그러나 원인은 간단한 것이었다. 남부 지방에서는 말라리아가 감기나 몸살을 나타내는 일상용어였던 것이다. 그러니까 말라리아 발생률과 감기 발생률을 비교하고서는 그 차이에 놀라 법석을 떨었던 것이다.

한국 형사정책연구원에서 발표한 가정폭력에 관한 통계의 내용이다.[5] 40퍼센트 이상의 아내들이 남편에게 상습적인 구타를 당한다고 한다. 그런데 놀라운 것은 아내만 맞는 것이 아니라 남편들 중에도 무려 15퍼센트가 아내의 폭력에 시달린다고 발표되었다. 그러나 그 내용을 살펴보면 가정폭력의 정의가 다르게 적용되었음을 쉽게 알 수

| 아내의 남편 폭력 경험 | 남편의 아내 폭력 경험 |
|---|---|
| 손, 발, 몽둥이 사용 : 45.3% | 남편을 밀친다 : 11.3% |
| 닥치는 대로 때림 : 9.1% | 물건을 던진다 : 7.0% |
| 칼 등의 흉기 사용 : 4.7% | 뺨을 때린다 : 2.6% |
| | 발이나 주먹을 사용한다 : 1.4% |

있다.

남자의 폭력은 구타의 정도가 심한 것들뿐이다. 그런데 여자의 폭력 15퍼센트에는 물건을 던지는 것을 제외한 모든 것을 포함시켰으며, 그중에서 남편을 밀치는 것이 11퍼센트나 차지했다. 이처럼 기준이 다른 비교수치를 발표하는 것은 기사의 흥미를 높이기 위해서거나 아니면 남편도 아내에게 맞고 산다는 것을 억지로 강조하려는 의도 때문일 것이다. 다음은 스웨덴의 볼보Volvo 자동차 광고의 일부분이다.[6]

"통계에 따르면 평균 미국인은 일생에서 50년 동안 운전을 하고, 약 3년마다 차를 바꾸므로 평생에 약 15대의 차를 소유하게 된다. 그런데 튼튼한 차로 유명한 볼보는 평균 11년 동안 주행을 하므로 볼보를 구입하면 평생에 4.5대의 차만을 소유하면 된다."

미국인이 평균 3년마다 차를 바꾸는 것은 아직 타고 다닐 수는 있지만 싫증이 나거나 선호가 달라져서 새 차로 바꾸는 것이 대부분이다. 그리고 볼보의 수명이 11년이라는 말은 차를 오래 타고 다니다가 폐차 처분할 때까지의 시간일 것이다. 따라서 두 수치를 직접 비교해서 계산하는 것은 억지다.

비교를 통해서 올바른 결론을 추출하려면 비교되는 특성 이외의 조건은 크게 다르지 않아야 한다. 미국의 한 식빵회사가 자기 회사의 빵은 칼로리가 낮다고 크게 광고했다.[7] 그러나 정부에서 실제로 조사한 바에 따르면 그 회사 식빵의 칼로리 역시 다른 회사의 식빵과 같았다. 그렇다면 어떻게 해서 그 회사는 칼로리의 차이가 난다고 광고했을까? 칼로리를 조사할 때 자기 회사의 식빵은 얇게 썰어서 조사했고, 다른 회사의 식빵은 두껍게 썰어서 조사했던 것이다. 그러니까 칼로리의 차이는 조사한 식빵의 양, 즉 크기의 차이에 의한 것이었다.

우리나라의 교통사고 발생률이 세계적인 수준이라는 것은 모두가 다 알고 있는 사실이다. 경찰청이 발표한 '2015년판 교통사고통계'에 따르면 2014년 10만 명당 교통사고 사망자 수는 9.4명을 기록했는데, 이는 경제협력개발기구OECD 평균인 6.5명보다 높다. 이런 부끄러운 기록의 주범(?)으로는 우리나라 사람들의 철저하지 못한 안전의식이 지목되고 있다. 그러나 이런 수치의 단순한 비교에도 문제는 있다. 즉, 다른 조건을 전혀 고려하지 않은 비교다.

2014년 우리나라 자가 운전자들의 평균 주행거리가 약 1만 6,000킬로미터다. 이는 일본(1만 킬로미터)보다도 훨씬 긴 거리이며 국토가 넓어 장거리 운행이 불가피한 미국보다도 길다. 차를 많이 굴리게 되면 사고발생 빈도도 그만큼 높아진다. 우리나라의 도로 여건이 매우 열악한 점도 고려해야 한다. 국토교통부에 따르면 전국의 도로 중에서 사고 위험성이 높은 급커브나 급경사 구간이 634곳이나 된다. 우리나라의 도로가 안전과는 거리가 먼 이유를 다음과 같이 분석하는 전문가도 있다.

"우리나라 도로는 위험하다. 우리나라 도로는 안전과는 거리가 멀다. 단순한 정치적·정책적으로 급조되는 도로가 많기 때문이다. 더구나 행정조직상 도로 설계 부서는 교통안전에 무관심하며 관심을 갖기도 어렵게 되어 있다. 이렇게 만들어진 도로에서 사고가 안 난다면 그것이 오히려 이상한 일이다."[8]

또한 교통안전시설도 시급히 개선되어야 할 부분으로 뒷골목 구석까지 교통안전시설이 잘되어 있다는 일본이나 미국과 비교가 되지 않는다. 물론 사고를 예방하기 위해서 우리의 안전의식을 높이고 난폭한 운전 습관을 고치기 위해서 교통사고 발생의 후진성을 강조하는 것은 이해가 간다. 하지만 다른 조건들이 크게 다르다는 것도 인식해 그것들을 개선하는 것에도 노력을 경주해야 할 것이다.

해마다 대학 입시가 끝나면 어느 고교가 소위 명문대학에 몇 명의 합격자를 냈는가 하는 것이 언론에 크게 보도가 되고 이 숫자를 기준으로 어느 학교가 명문고인지를 판단하기도 한다. 그러나 이러한 비교는 여러 다른 조건을 고려하지 않은 부적절한 비교다. 평준화 고교와 외국어고등학교나 자립형사립고등학교 등의 비평준화 고교, 지방과 대도시의 학력 격차, 서울에서도 강남과 강북의 학력 격차 등이 고려되지 않은 상태에서 합격자 숫자만의 단순한 비교로는 고교 간의 상대적인 수준을 평가할 수 없다. 더욱이 합격자 수를 비교할 때 학급 수가 15~20학급인 대규모 고등학교와 8학급 정도밖에 안 되는 소규모 고등학교를 그냥 비교할 수는 없는 것이다.

## 비교 대상의 크기가 같아야 한다

교통사고는 안개 낀 날에 비해서 맑은 날에 훨씬 더 많이 일어난다. 교통사고가 맑은 날에 많은 것은 안개 낀 날에 비해서 맑은 날이 원래 훨씬 많기 때문이다. 기혼자가 독신자보다 알코올중독에 걸릴 확률이 높다는 주장이 신문에 실린 적이 있다. 알코올중독자 중에서 기혼자가 독신자에 비해서 많기 때문에 이런 결론을 내린 것이었다. 그러나 30세 이상의 남자 중에서 80퍼센트 정도는 기혼이다. 따라서 알코올중독에 걸릴 확률이 반대로 기혼자가 독신자에 비해 낮더라도 알코올중독자 중에는 여전히 기혼자가 많은 것이다. 이처럼 어떤 대상들을 비교할 때 원래 대상들의 크기에 차이가 있다는 사실을 고려하지 않으면 잘못된 결론에 도달하게 된다.

어느 해의 미국 해변에서 일어난 상어 습격의 통계를 보면 희생자의 대부분이 남자로 나타났다.[9] 이 결과를 놓고 사람들은 상어들이 여자들의 냄새는 싫어하고 남자들의 냄새에는 자극을 받아서 공격한다는 추측을 한다. 과연 그럴까? 대부분의 상어 공격은 해변에서 멀리 떨어진 곳에서 일어난다. 그런데 해변에서 멀리 떨어진 곳까지 수영을 하는 사람들은 주로 남자이므로 상어 공격의 희생자를 보면 남자가 압도적으로 많은 것이다.

통계에 따르면 시속 60킬로미터 이상으로 달릴 때보다 보통 속도로 달릴 때 사고가 많이 난다. 그렇다고 빠른 속도로 달리는 것이 더 안전하다는 것은 아니다. 대부분의 운전은 보통 속도에서 이루어지므로 사고도 보통 속도에서 더 많이 나는 것이다. 또한 사고는 대부분 집 주위 50킬로미터 이내에서 많이 발생한다고 한다. 그러니까 장거리 여행이 더 안전하다고 생각하면 어리석은 것이다. 집 주위에서 운전하는 경우가 훨씬 많기 때문이다. 우리나라에서 교통사고로 희생당한 어린이의 약 38퍼센트가 집에서 반경 1킬로미터 이내에서 사고를 당한다. 그렇다고 집에서 멀리 떨어진 곳에서 노는 아이들이 더 안전한 것은 아니다. 단지 대부분의 아이들이 집 주위에서 놀기 때문에 집 주위에서 일어나는 사고가 많은 것이다.

보험개발원에서 과거의 사고를 분석한 통계에 따르면 오후 4시부터 6시 사이에 사고가 가장 많이 발생한다. 그렇다고 해서 새벽 4시에서 6시 사이에 운전하는 것이 오후 4시에서 6시 사이에 운전하는 것보다 안전하다는 것은 아니다. 오후 4시에서 6시 사이에 도로에 차량이 가장 많이 다니기 때문에 사고도 많은 것이다. 반면에 사고의 치사율은 새벽 4시에서 6시 사이에 가장 높게 나타난다. 사고 피해자의 연령별 분포를 보면 30대가 26퍼센트로 가장 많았다. 이 통계를 인용한

한 신문의 기사에서는 30대의 피해자가 많은 이유는 30대가 술을 자주 마시는 나이이기 때문이라고 상상력(?)을 발휘해 분석하고 있지만, 실제로는 운전자 중에서 30대의 비율이 가장 높기 때문에 피해자 중에도 30대가 많은 것이다.

## 이혼을 하면 빨리 죽는가?

이혼이 급증하는 현실에서 이혼 남녀의 평균수명이 배우자가 있는 남녀보다 8~10년 짧다는 논문이 여러 방송과 신문의 지면에 보도되면서 화제가 된 적이 있다.[10] 높아지는 이혼율에 대한 경종을 울리는 내용이라서 그런지 매스컴에서는 상세한 통계수치까지 인용하면서 이 내용을 매우 요란하게 다루었다. 이혼을 하면 빨리 죽는지, 즉 배우자가 없는 사람이 배우자가 있는 사람들보다 빨리 죽는지 그 기사의 내용을 분석해보자. 이 논문은 1995년도 인구센서스 자료, 인구동태자료, 사망원인, 통계연보, 생명표 등을 토대로 분석한 것이다.

이 논문이 분석한 결과를 보면 남성의 평균수명은 배우자가 있는 경우 75세, 이혼자 65세, 여성은 배우자가 있는 경우 79세, 이혼자 71세로 이혼 남녀의 평균수명이 남자는 10년, 여자는 8년이 짧은 것으로 나타났다. 이 논문을 쓴 삼육대학교 사회복지학과 천성수 교수는 이 같은 평균수명 차이에 대해 "이혼자의 경우 심리적 갈등을 해소할 기회가 적기 때문" 이라고 분석했다.

그러나 이러한 평균수명 차이를 다른 각도에서 해석할 수도 있다. 이 논문은 사망한 사람들을 배우자가 있는 사람들과 이혼한 사람들로 나누어서 평균수명을 분석했다. 조사 대상자(사망자)의 평균수명을 70세로 보고 이 사람들의 결혼 연령을 평균 30세로 본다면 이 사람들은 40년 전에, 그러니까 1950년대 후반에 결혼했을 것이다. 그리고 이혼은 결혼 후 10년 안쪽에서 많이 이루어지니까 이혼한 시기는 대개 1960년대 중반 정도라고 볼 수 있다. 그 시절을 한번 생각해보자. 그 시절에 이혼은 그리 많지 않았다. 이혼하면 난리가 나는 것처럼 생각되는 시절이었고, 웬만한 일에도 여자가 삼종지도三從之道의 인내력을 발휘해 참는 시절이었다.

그 시절에 실제로 이혼을 했다는 것은 결혼을 지속할 수 없는 어떤 중대한 이유가 있었을 것이라고 생각할 수 있다. 그리고 그 이유 중에는 배우자의 건강상의 문제도 중요한 부분을 차지했을 것이다. 그렇다면 이 논문 결과의 해석을 반대로 할 수도 있는 것이다. 이혼을 해서 일찍 사망한 것이 아니라 원래 건강상의 문제 등으로 이혼을 했고 일찍 사망을 한 것일 수도 있다. 그리고 이런 추정은 이혼 당시의 관습적인 상황을 고려할 때 더욱 설득력이 있지 않을까? 이처럼 두 그룹의 단순한 수치를 비교하고 그 차이의 원인을 추정하는 경우에도 전후 상황이나 맥락에 대한 세심한 분석이 필요하다.

이혼율과 관련된 다른 비교를 보자. 우리나라의 이혼율 통계를 보면 계속해서 증가하는 추세에 있다. 2014년의 조粗이혼율(인구 1,000명 당 이혼 건수)은 2.3으로 이는 1995년의 1.5에 비해 크게 증가한 것이며, 경제협력개발기구 회원국 중 9위에 해당하는 기록이다(OECD 전체 평균은 1.9). 일부에서는 우리나라의 이혼율이 성적으로 자유분방한 서구의 나라들보다 높아져서 우리의 전통적인 가족관이 붕괴되고 있다고 우려하는 사람도 많다. 그러나 단순한 수치 비교만으로 우리나라의 이혼율이 높다고 해서 너무 놀랄 일은 아니다. 단순한 수치 비교 외에도 문화적인 차이를 고려해야만 한다.

예를 들어 프랑스의 조이혼율은 2.0으로 우리나라보다 낮다. 하지만 우리나라와 제대로 비교하기 위해서는 '결혼 전 동거'가 자유로운 프랑스의 결혼 행태를 고려해야 한다. 프랑스는 동거를 법률혼과 마찬가지의 효력을 갖도록 법적으로 인정하고 있다(시민연대협약PACS이라고 하는 법률). 또한 동거 커플 중에서 30퍼센트가 10년 이상 동거 중인 커플이다. 이처럼 동거가 자유롭고 법적으로 보호되는 프랑스의 이혼율과 혼전 동거가 아직은 예외적인 우리나라의 이혼율을 단순 비교해 우리의 전통적인 가족관이 붕괴되고 있다고 우려하는 것은 적절하지 못하다.

## 권장소비자가격의 함정

권장소비자가격은 1970년대 말에 유통업체의 지나친 폭리를 막고 가격질서를 바로잡기 위해서 만든 것이다. 권장소비자가격이란 제조업체들이 이 정도 가격에서 소비자들이 구매했으면 해서 혹은 소매업체가 이 정도 받으면 적당한 이윤을 남길 것이라고 생각해서 매긴 가격이다. 따라서 권장소비자가격은 소비자들에게 그 상품에 대한 적정가격의 기준으로서 역할을 한다. 사람들은 물건을 살 때 가격에 신경을 많이 쓴다. 지불하는 가격이 적정한지를 확인하기 위해 상품가격을 자기가 생각하는 기준가격reference price과 비교한다. 소비자들이 주로 사용하는 기준가격은 과거에 같은 물건을 살 때 지불했던 가격일 수도 있고 현재의 시장가격일 수도 있다. 권장소비자가격도 바로 이 기준가격의 역할을 하는 것이다.

그런데 종종 화장품, 의약품, 의류, 세제류, 가전제품 등의 권장소비자가격이 터무니없이 높게 표시되어 있는 바람에 소비자들이 현혹당하는 사례가 많이 발생한다. 그럼 왜 이 기준이 되는 가격을 실제 판매가격보다 높게 매기는 것일까? 소비자들은 권장소비자가격보다 훨씬 낮은 판매가격을 보고 무엇인가 이득을 보는 기분으로 물건을 산다(이 이득을 거래효용transaction utility이라고도 한다).[11] 그러나 다른 상점에서도 그 할인가격에 팔고 있다는 것을 소비자들이 알게 되면, 권장소비자가격은 기준가격으로서 역할을 하지 못하게 된다. 그렇게 되면 소비자들은 어떤 가격을 지불하더라도 늘 속는 기분이 되고 이런 현상은 제조업체와 유통업체, 소비자 사이의 건전한 유통질서 수립에 큰 장애가 된다.

제품 가격을 올리고 싶어 하는 제조업체들이 여러 가지 규제와 소비자의 감시 때문에 함부로 가격을 올릴 수 없는 경우에는 소비자들의 기준을 헷갈리게 하는 방법을 사용한다. 즉, 소비자들이 나름으로 갖고 있는 그 상품에 대한 기준가격을 적용하지 못하도록 하는 것이다. 대표적인 방법이 이름을 바꾸거나, 용기를 다르게 하거나, 과대 혹은 호화롭게 포장을 하는 것이다. 이렇게 해서 새 상품인 양 판매를 하면 소비자들은 이미 갖고 있는 기준가격을 새 상품에 적용하지 못하고 새로운 기준(오른 가격)을 정하게 되는 것이다. 이런 기준 헷갈리기 방법은 다양한 상품 품목에서 행해지고 있다.

예를 들어 서민들이 즐겨 먹는 짜장면은 통계청의 물가조사항목에 포함되어 있어 가격을 마음대로 올릴 수 없다. 그래서 중국집에서는 편법으로 짜장면을 약간 다르게 만든 뒤 '정통 중국식 짜장면', '특제 짜장면' 등의 이름을 붙여 비싼 값을 받는다. 거의 비슷한 요리를 이름만 이상하게 바꿔 놓음으로써 소비자들로 하여금 오른 가격을 종전 가격과 비교하지 못하도록 하는 것이다.

사람들은 자신들이 갖고 있는 것뿐만 아니라 앞으로 갖게 될 것의 크기도 비교한다. 예를 들어 성과나 이익, 심지어는 권력을 나누는 데 상대적인 비교를 하기 때문에 어떻게 나누는지는 종종 중요한 이슈가 된다. 공정한 배분과 관련한 재미있는 사례를 들어보자. 케이크를 두 형제가 불만 없이 나누려고 한다. 부모나 제3자의 개입 없이 어떻게 하면 공정하게 나눌 수 있을까? 답은 간단하다. 형이나 동생 중 한 사람이 케이크를 자르게 한 다음, 다른 사람에게 그중 한 조각을 먼저 선택할 권리를 주는 것이다. 형제가 2명이 아니라 4명이라면 어떻게 할까? 먼저 제일 큰 아들이 케이크의 4분의 1이라고 생각하는 조각을 잘라낸다. 둘째 아들은 첫째가 잘라낸 조각이 정확히 4분의 1이거나 그보다 작다고 판단하면 손을 대지 않는다. 그러나 첫째가 잘라낸 부분이 크다고 생각하면 큰 만큼을 잘라내어 자른 조각이 4분의 1이 되게 만든다. 그런 다음 셋째도 같은 과정을 반복한다. 마지막으로 막내도 잘라낸 조각이 4분의 1보다 작다고 생각하면 건드리지 않고 아직도 크다고 생각하면 잘라낸다. 그리고 그 조각을 마지막으로 건드린 사람이 그 조각을 차지한다.

그러고 나면 케이크의 남은 부분을 공평하게 잘라야 하는 세 사람이 남게 된다. 그리고 같은 과정이 이어진다. 첫 번째 사람이 나머지 케이크의 3분의 1이라고 생각되는 만큼 케이크를 자른다. 다음 사람은 잘라낸 조각이 정확히 3분의 1이거나 그보다 작다고 판단하면 손을 대지 않는다. 그러나 잘라낸 부분이 크다고 생각하면 큰 만큼을 잘라내어 자른 조각이 3분의 1이 되게 만든다. 마찬가지로 그 조각을 마지막으로 건드린 사람이 그 조각을 차지한다. 이런 식으로 반복하면 네 아들 모두 케이크의 4분의 1을 받았다고 확신하게 된다.

이 사례가 시사하는 바는 다양한 협상 과정에서 문제를 해결할 수 있는 복수의 대안을 제시하되 상대가 그중 하나를 선택하게 해야 한다는 것이다. 그러나 현실에서 비교는 좀더 복잡하게 진행된다. 공정성 이론의 예를 들어보자. 공정성 이론은 조직 내의 개인이 공정성을 인식하고 반응하는 것에 대한 이론이다.[12] 이 이론에 따르면 절대적 기준하에서는 적절히 대우받고 있다고 생각하는 사람이라도 다른 사람과 비교해서 상대적으로 대우받지 못하고 있다고 생각하면 공정성 긴장이 생기고 이는 곧 공정성 긴장을 해소하고자 하는 동기부여로 이어진다.

다시 말해서 조직 내에서 개인은 자신의 공헌을 그에 대한 보상과 비교하고, 그 둘 사이의 비율을 다른 사람과 비교해 공정한 대우를 받았는지 판단한다. 개인이 불공정성을 인식하면 직무에 대한 노력을 변화시키거나, 자신 또는 타인에 대한 인식을 변화시키거나(재능, 행운, 연줄 등의 탓으로 돌림), 상황을 이탈함으로써(부서 또는 회사의 이동) 불공정성에 대한 감정을 해소하려는 노력을 하게 된다.

## 빅데이터 시대의 데이터 분석 능력

이제 빅데이터는 거의 모든 산업과 경영의 기능을 변화시키고 있으며, 이런 변화에 적응하지 못하면 살아남을 수 없다. 빅데이터 시대가 기업에 주는 의미는 이제 모든 사업에 걸쳐서 데이터가 승자와 패자를 가를 것이라는 점이다. 사업의 승부는 누가 더 많은 데이터를 갖고 있고 누가 그것을 다른 기업들보다 잘 활용하는지에 달려 있다. 따라서 기업은 다양한 문제를 해결하는 핵심적인 도구로 데이터 분석을 적극적으로 활용함으로써 경쟁우위를 확보·유지해야 한다. 또한 기업문화 측면에서는 전 직원이 사실, 즉 데이터에 근거해 의사결정을 하도록 하는 분위기를 장려해 직원들 간의 대화에서도 데이터 분석이 자연스럽게 화제로 등장하는 등 분석을 생활화하도록 해야 한다.

빅데이터 시대에 기업이나 개인은 누구나 분석적 소양, 즉 관행적인 업무 처리에서 탈피해 관련 데이터 분석을 바탕으로 업무를 계획하거나 문제를 해결할 수 있는 능력을 갖춰야 한다. 구글의 수석 경제학자인 할 베리언Hal Varian은 "데이터를 분석 활용하는 능력, 즉 데이터를 이해하는 능력, 데이터를 처리하는 능력, 가치를 뽑아내는 능력, 시각화하는 능력, 전달하는 능력이야말로 누구에게나 앞으로 오랫동안 매우 중요한 능력이 될 것이다"고 이미 예측한 바 있다. 이제 빅데이터 시대에 개인의 분석적 소양은 개인 자신뿐만 아니라 기업의 차별적인 경쟁력을 키워주는 핵심 역량이 되었다.

개인의 분석적 소양 중에서 가장 중요한 것은 무엇일까? 그것은 바로 숫자를 두려움 없이 대하고 숫자를 올바르게 이해해 논리적으로 판단하는 것이다. 그러기 위해서는 빨리 숫자와 친해져야 한다. 그런데 숫자와 친해지는 일은 사람들이 우려와는 달리 그렇게 어려운 일이 결코 아니다. 숫자를 올바로 이해하기 위해서 반드시 수학자가 될 필요는 없다. 우리가 매일 마주하는 수많은 숫자는 퍼센트, 평균, 확률, 상관관계, 그리고 이러한 수치들의 비교 등은 우리가 아는 수학적 지식으로도 쉽게 이해할 수 있는 것이기 때문이다. 다만 우리가 안목을 높여서 사람들이 흔히 빠지기 쉬운 함정을 피해가면서 여러 숫자가 갖는 의미를 올바르게 이해하는 것이 필요하다.

CHAPTER 10

# 원인과 결과를 어떻게 해석할까?

원인이 결과보다
시간적으로 앞서야 하고,
원인과 결과는 관련이 있어야 하며,
결과는 원인이 되는 변수만으로
설명되어야 하고
다른 변수에 의한 설명은
제거되어야 한다.

★ 존 스튜어트 밀John Stuart Mill

## 담뱃값이 오르면 흡연율이 낮아질까?

담뱃값이 2,500원에서 4,500원으로 무려 80퍼센트 인상된 지 2년이 지났다. 정부는 경제협력개발기구 국가들보다 높은 흡연율을 낮추고 국민건강을 증진시키기 위해 부득이 담뱃값을 올릴 수밖에 없다고 주장했다. 이 말 속에는 담뱃값과 흡연율 사이에 상관관계는 물론 인과관계까지 존재한다는 판단이 들어 있다. 즉, 담뱃값과 흡연율은 상관이 있으며 담뱃값을 인상하면 흡연율을 낮출 수 있다는 것이다. 과연 그럴까? 여러 나라의 실제 사례를 보면 담뱃값과 흡연율 사이에는 어느 정도 상관이 있는 것으로 나타난다. 하지만 담뱃값이 오르면 흡연율이 낮아지는지에 대한 인과적 결론은 나지 않은 상태다. 흡연율은 담뱃값 인상율의 폭과 경제 상황, 개인소득 등 다른 요인에 의해서도 영향을 받기 때문이다.

예를 들어 과거에 담뱃값이 2,000원에서 2,500원으로 인상된 것과 2015년의 2,500원에서 4,500원으로 크게 인상된 것은 전혀 다른 상황이다. 더욱이 경기가 활성화되고 소득이 높아지는 상황에서 담뱃값 인상과 요즘처럼 경제가 어렵고 고용이나 개인소득이 불안한 상황에서 담뱃값 인상은 그 영향이 전혀 다를 것이다. 여기에서는 현실 속에서 자주 혼동하는 상관관계와 인과관계를 다양한 사례와 함께 다루어 본다.[1]

사람들은 이것과 저것이 '관계가 있다' 혹은 '관계가 없다'라는 표현을 자주 쓴다. 통계적으로 어떤 것들끼리의 관계는 상관관계로 나타낸다. 상관관계는 어떤 변수가 증가할 때 다른 변수가 함께 증가하는지, 혹은 감소하는지 관찰해서 파악한다. 예를 들어 체중과 신장 사이에는 양의 상관관계가 있다고 할 수 있다. 키가 커지면 대체적으로 체중이 증가한다는 의미다. 어떤 상품의 가격과 수요 사이에는 음의 상관관계가 있다고 할 수 있다. 가격이 오르면 대개 그 상품에 대한 수요가 줄어든다. 이런 상관관계가 얼마나 밀접한지는 상관계수로 표시하는데, 상관계수는 -1에서 1까지의 값을 갖는다. 상관계수가 음수면 음의 상관을, 반대로 양수면 양의 상관을 갖는다. 상관계수가 0이라면 서로 관계가 전혀 없음을 의미한다(상관계수는 선형線形, linear 상관만 측정하므로 상관계수가 0이라는 말은 선형 관계가 존재하지 않는다는 의미와 같다).

오래전부터 사람들은 상관관계의 개념을 이해하고 생활에 적용해 왔던 것 같다. 그중에서도 주로 여러 현상을 설명하기 위한 하나의 방법으로 그것을 그전에 일어났던 다른 사건과 관련시켜왔다. 그렇게 해서 좋은 일이나 나쁜 일에 대한 징조를 미리 알고 대처하려는 목적이었을 것이다. 소크라테스는 재채기를 그의 악처惡妻가 발작하는 조짐으로 믿어서 재채기가 나기 무섭게 집을 빠져나갔다고 한다. 유사한 경험이 다른 사람에게도 반복되면 특정 개인에게서 시작된 조짐이 모든 사람에게 해당되는 징조로 발전한다. 거울이 깨지면 나쁜 일이 일어난다든지, 상여가 지나가는 것을 보면 좋은 일이 일어난다든지 하는 믿음이 그 예다.

상관관계에 대한 추측이 더 많이 축적된 경험을 바탕으로 상당히 세련된 체계를 갖추게 될 때도 있다. 별들의 움직임과 세상의 일을 관련짓는 점성술을 비롯해 골상骨相, 수상手相, 관상觀相, 족상足相 등이 그 예다. 그중에서도 주역周易은 출생의 사주四柱가 동양사상의 근본이 되는 음양陰陽이론과 접목되면서 가장 세련되고 정교한 체계를 갖춘 것으로 볼 수 있다.

상관관계가 활용되는 사례는 많다. 예를 들어 자동차보험에 가입하려면 먼저 운전자에 대한 여러 가지 정보를 제공해야 한다. 그중에서도 나이, 성별, 결혼 여부 등은 보험료를 산정하는 데 중요한 기준이 된다. 나이가 25세 미만이면 보험료가 올라가고 운전자가 여자라면 보험료가 낮아진다. 왜일까? 나이와 성별이 사고율과 상관관계를 갖기 때문이다. 즉, 젊을수록 사고율이 높고 여자들은 남자들에 비해 사고를 덜 낸다. 대학 입시에서는 내신 성적과 수학능력시험이 함께 고려된다. 과연 어떤 성적이 학생의 학력을 더 잘 반영하는지는 입시 성적과 입학 후 성적의 상관관계를 통해 분석할 수 있다. 최근 한 대학교 학생들을 대상으로 조사한 연구에 따르면 내신 성적이 대학의 성적과 상관관계가 더 높게 나타났다. 다른 대학의 자료에서도 유사한 결과가 나온다면 수학능력시험을 굳이 치르지 않고 내신 성적만으로 입시가 충분하다는 주장의 근거가 될 수도 있다.

## 인중이 길면 오래 살까?

발이 큰 사람에게는 종종 도둑놈 발을 가졌다는 말을 한다. 확인할 길은 없지만, 아마도 과거에 도둑 중에는 발 큰 사람이 많았다는 인식이 전해진 탓일 것이다. 비슷한 예로 코가 크면 무엇도 크다는 말이 있다. 이런 상관관계는 구체적인 자료로 입증되지 않은 우스갯소리에 불과할 수도 있고, 오랫동안 축적된 경험에 근거한 상관관계로 볼 수도 있다. 하지만 이 말 속에는 어떤 인과관계가 암시되어 있지는 않는 듯하다. 발이 크니까 도둑이 될 것이라든가, 코가 크니까 그것이 클 것이라든가 하는 말을 심각하게 받아들이는 사람은 없을 것이다.

관상에서 나온 말이지만 거의 상식처럼 받아들여지는 말 중에 '인중人中이 길면 오래 산다'는 말이 있다. 인중이란 코와 윗입술 사이의 오목한 부분을 말한다. 이 말을 어떻게 해석할 수 있을까? '오래 사는 사람 중에는 인중이 긴 사람이 많다'고 해석하면 단순히 둘 사이에 상관관계가 있다는 것을 인정하는 것이다. 그러나 '인중이 긴 사람은 오래 산다'고 해석한다면 둘 사이의 인과관계를 가정하는 것이다. 그렇다면 상관관계는 원인과 결과의 관계를 나타내는 것일까? 절대 아니다! 상관관계는 어떤 것들 사이의 관계가 밀접하다는 것을 나타낼 뿐이며, 어느 것이 원인이고 어느 것이 결과인지에 대해서는 아무 증거를 제공하지 않는다. 문제는 상관관계를 제대로 이해하지 못하는 사람들이 종종 상관관계가 인과관계를 나타낸다고 추측하는 데 있다. 즉, 상관이 있으면 그중 하나가 원인이 되고 다른 것은 그 원인으로 인해 생기는 결과라고 해석하는 잘못을 범하는 것이다.

인과관계는 매우 복잡한 개념으로 학자들의 견해도 다양하게 변해왔다. 그중에서도 19세기 영국의 경제학자이자 철학자인 존 스튜어트 밀John Stuart Mill은 인과관계 성립 조건으로 다음의 3가지를 제시했다.[2] 첫째, 원인이 결과보다 시간적으로 앞서야 하고, 둘째, 원인과 결과는 관련이 있어야 하며, 셋째, 결과는 원인이 되는 변수만으로 설명되어야 하고 다른 변수에 의한 설명은 제거되어야 한다는 것이다. 그러나 이런 조건들이 만족되었다고 하더라도 그것은 인과관계를 추론하는 데 합리적인 근거가 될 수는 있지만, 인과관계의 존재가 입증되었다고 할 수는 없다. 다른 데이터에서 축적된 유사한 결과와 연구자의 경험적인 판단이 인과관계를 확인하는 데 중요한 추가적인 역할을 한다. 이 과정에서 사람들은 단순한 상관관계를 인과관계로 해석하는 오류를 많이 범한다.

## 치마 길이가 짧으면 경기가 좋아질까?

2개의 변수는 상관관계를 갖지만(여기서부터 언급되는 상관관계는 모두 통계적으로 유의한significant 상관관계를 말한다), 그저 우연의 일치일 뿐 서로 인과관계가 없을 때도 많다. 다시 말해 현실에서 아무렇게나 고른 두 변수를 조사했을 때 두 변수가 전혀 관계없는 경우보다 작게라도 상관관계를 나타내는 경우가 더 흔하다. 통계학에서는 이를 허위spurious 관련성이라고 하는데, 이런 상관을 확인하려면 다음의 변수들을 연도별로 조사해서 상관관계를 구해보면 된다. 담배 소비량, 피부암 환자 수, 청소원의 월급, 단층촬영기계의 수, 의치 생산량, 대학생 총수 등등. 놀랍게도 이들 변수 간에는 대부분 상관관계가 존재할 것이다. 이런 상관관계는 대부분 우연에 의해 얻어지는 상관일 뿐이다. 문제는 이런 상관관계를 어떤 인과관계가 있는 것처럼 해석할 때 생긴다.

인과관계를 잘못 판단한 가장 엉터리 주장의 예를 들어보자. 미국의 한 과학자는 남자아이들의 지능과 바지 길이 사이에 아주 높은 상관관계가 있다는 것을 알아냈다. 그래서 그는 남자아이들의 지능을 높일 수 있는, 비교적 적은 비용의 방법으로 바지 길이를 늘리라고 제안했다. 아무리 숫자에 자신이 없는 수맹인 사람이라도 이 제안이 어딘가 이상하다는 것을 느낄 수 있다. 미니스커트 길이와 경기 상황은 상관관계가 있다. 심지어는 이를 이용해서 미니스커트의 길이로 그해의 경기를 예측하기도 한다. 즉, 미니스커트 길이가 무릎 위로 올라갈수록 경기가 좋아지고 반대로 무릎 아래로 내려갈수록 경기가 나빠질 것이라고 예측한다.

여기에 그럴듯한 이유까지 덧붙인다. 치마 길이(노출의 정도)는 여자들의 낙관적인 혹은 비관적인 전망의 상대적인 정도를 나타낸다고 억측하고, 또한 소비의 많은 부분은 여자들에 의해 결정되므로 여성들의 전망에 따라 경기 방향이 결정된다는 것이다. 실제로 미니스커트 길이와 경기지수 사이에 상관관계가 입증되었는지는 확인할 수 없으나 상관이 있더라도 그것은 그저 우연일 뿐이다.

뉴스거리를 찾는 언론에 상관관계는 흥미 있는 기삿거리가 된다. 담뱃값과 흡연율이 관계를 갖는다든지, 태양의 흑점 활동과 테러리스트의 활동이 관계를 갖는다든지, 학교 성적과 사회의 성공 사이에 상관이 있다든지, 흡연이 성생활에 관련이 있다든지 하는 것은 주간지 지면을 최소한 한두 면을 차지할 만하다. 그러나 이런 기사의 대부분은 그저 흥밋거리로 읽는 것에 족하다. 이런 상관관계에 지나치게 관심을 갖거나 이를 토대로 인과관계를 가정하는 것은 현명하지 못하다. 우연한 상관은 너무나 흔하기 때문이다.

인과관계의 조건 중 하나가 원인은 결과에 앞서 발생한다는 것이다. 그러나 이는 여러 조건 중 하나일 뿐이며 따라서 이 조건을 만족한다고 해도 인과관계가 있다고 단정 지을 수는 없다. 즉, A가 일어난 다음 B가 일어났다고 해서 A가 B의 원인이라고 결론짓는 것은 명백한 오류이며, 이를 전후인과의 오류post hoc fallacy라고 한다. 벽에 나란히 걸려 있는 2개의 시계 A, B가 있다고 하자. 시계 A가 시간을 알리면 이어서 시계 B도 땡땡땡 종을 울린다. 그렇기 때문에 시계 A가 원인으로 작용해 시계 B가 종을 친다고 생각하는 것이 바로 이 오류다. 우리가 흔히 쓰는 표현에 '오비이락烏飛梨落', 즉 "까마귀 날자 배 떨어진다"라는 말이 있다. 까마귀가 날아간 후에 우연히 배가 떨어졌을 뿐이지 까마귀가 원인이 되어(배를 쪼아서) 배가 떨어진 것으로 생각하면 안 된다. 시간적인 발생에 따라 인과를 해석하려는 오류를 경계해야 한다. 이런 경고에도 전후인과의 오류는 종종 일어난다.

"닭 모가지를 비틀어도 새벽은 온다"는 말이 있다. 예전에 민주화를 위해 투쟁하던 많은 사람이 고난을 겪을 때 믿고 의지하며 구호처럼 사용하던 말이다. 닭이 운 다음에 새벽이 오니까 새벽이 오지 않게 하려고 닭의 목을 비튼다면 전후인과의 오류를 범하는 것이다. 민주화는 역사적 순리에 따라 이루어지게 되어 있으므로 민주화 투사를 탄압한다고 민주화를 막을 수 있는 것은 아니다. 그러나 전후인과의 오류가 쉽게 두드러지지 않으면 이런 오류에 설득당하기 쉽다. 한 학자가 흡연을 하는 학생의 대학 성적이 비흡연 학생에 비해 나쁜지를 공들여 조사한 적이 있다.[3] 조사 결과 그렇다는 사실이 드러났다. 이 결과는 많은 사람에게(특히 금연운동가들) 흡연의 단점을 강조하는 데 중요한 근거로 활용되었다. '성적을 올리려면 담배를 끊어라'든가, 혹은 조금 과장해서 '담배는 지능을 저하시킨다'고 주장했다.

이런 주장을 어떻게 받아들여야 할까? 첫째, 이런 상관관계가 별 의미 없는, 우연한 것일 수 있다. 둘째, 상관관계가 우연한 것이 아니라면 인과관계를 추정하는 데 전후인과의 오류를 범하고 있을 수도 있다. 흡연하기 때문에 성적이 나빠졌다는, 그래서 흡연이 성적 불량의 원인이라고 일방적으로 판단하는 것은 문제다. 반대의 결론도 얼마든지 생각해볼 수 있다. 즉, 성적 불량을 고민하면서 담배를 피우기 시작했을 수도 있다. 상호작용의 가능성도 있다. 성적 불량이 흡연으로 이어지고, 흡연은 다시 성적 불량을 부르는 구조다. 그 외에도 제3의 요인들이 작용할 수 있다. 예를 들어 사교적인 사람이나 외향적인 사람은 흡연을 할 확률이 더 높을 것이며, 이런 사람들은 외부 활동에 많이 참여하다 보니 공부를 소홀히 할 수 있다. 이런 경우들을 하나씩 생각해보자.

## 대학을 졸업하면 소득이 높을까?

흡연과 성적 불량에 인과관계가 있다면, 흡연이 성적 불량의 원인이 아니라 성적 불량이 흡연의 원인이라고 인과관계를 반대로 해석할 수 있다. 이런 결론은 금연주의자들의 금연 운동에는 도움이 안 되겠지만 충분히 가능한 해석이다. 이처럼 상관관계가 있다고 할 때 흔히 생각하는 것과 반대 방향으로 인과관계가 작용할 수도 있다는 것을 알아야 한다. 한 스포츠 평론가가 칼럼에서 승률이 낮은 대학의 미식축구팀은 감독을 너무 쉽게 해고한다고 주장했다.[4]

그는 주장을 뒷받침하기 위해 감독을 자주 바꾼 대학이 한 사람이 오래 감독한 대학보다 승률이 낮다는 통계자료를 제시했다. 이 논리가 맞는 것일까? 감독을 바꾸는 것이 잦은 패배의 원인이 될 수는 없다. 원인과 결과가 반대로 자리 잡은 셈이다. 즉, 팀이 지면 그 다음 해 감독을 갈아치울 확률이 높기 때문에 감독의 해고는 연패連敗의 결과라고 보아야 한다.

원인과 결과가 사람들의 생각과 반대 방향으로 작용하지만, 그것이 쉽게 드러나지 않을 때도 있다. 미국의 통계를 보면 대학 졸업 여부와 소득 사이에 상관관계가 높은 것으로 입증되었다.[5] 그렇지 않은 유명인사들의 예외도 적지 않지만, 이 상관은 일반적으로 매우 높고 명백한 것으로 인식된다. 사람들은 이 상관관계를 보고 대학을 나온 사람이 소득이 높은 것은 대학을 나왔기 때문이라고 생각한다. 과연 그럴까? 반대로 소득이 높기 때문에 대학을 나왔다고 해석할 수도 있다. 이를 입증해주는 사실도 있다. 미국에서 대학을 가는 학생에는 두 종류가 있다. 머리가 좋거나 집이 부유한 학생이다. 머리가 좋은 학생은 대학에 가지 않더라도 높은 소득을 올릴 수 있는 능력을 가졌을 것이다. 부유한 집안의 학생은 대학에 가든 그렇지 않든 어차피 고소득층에 포함될 것이다.

승용차가 한 대 있는 가정에서 차를 한 대 더 구입한다고 하자. 상식적으로는 차량당 주행거리가 줄어들 것이라고 생각된다. 그러나 실제로는 그렇지 않다. 미국의 통계를 보면 가정의 차량 보유대수가 늘면 차량당 평균 주행거리도 증가하는 것으로 나타난다.[6] 사람들은 이 상관관계를 '차량 보유대수가 늘어날수록 차를 몰고 싶은 마음이 증가한다'고 해석한다. 하지만 실제로는 그 반대로 해석하는 편이 자연스럽다. 즉, 운전을 많이 하는 가정에서 차량 사용의 필요성이 크고 그래서 차를 한 대 더 구입하는 것이다.

상관관계가 있지만 어느 것이 원인이고 어느 것이 결과인지 명백하지 않을 때가 있다. 원인과 결과가 시간에 따라 뒤바뀌기도 하고 양쪽이 동시에 원인이면서 결과일 수도 있다. 광고와 매출액 사이에는 상관관계가 있다. 흔히 사람들은 광고를 많이 하면 매출액이 증가한다고 생각한다. 그러나 두 변수는 서로 상호작용을 해서 원인도 되고 결과도 된다고 해석하는 것이 현실에 더 가깝다. 즉, 광고가 매출액을 증가시키면 다시 매출액 증가로 인해 광고비를 더 지출할 수 있는 여유가 생기고 광고를 더 많이 한다. 따라서 초기에는 광고가 매출액 증가의 원인일 수 있지만, 나중에는 매출액 증가가 광고 증가의 원인이 되는 것이다.

개인소득과 개인이 보유한 주식의 수 사이에는 상관관계가 있다. 이 상관관계도 원인과 결과가 상호작용을 하는 것으로 해석해야 한다. 즉, 소득이 많을수록 주식을 많이 사고, 주식을 많이 사면 배당 등으로 인해 소득이 늘어날 것이다. 이런 상호작용이 연속적으로 일어나므로 소득이나 주식 보유 수는 원인도 되고 결과도 될 수 있다.

남태평양에 있는 뉴헤브리디스New Hebrides섬 주민들은 몸의 이가 건강의 원인이라고 믿고, 건강하려면 몸에 이를 많이 지녀야 한다고 생각했다.[7] 건강한 사람에게는 이가 있지만 환자에게는 이가 없는 경우가 많다는 과거 수세기에 걸친 경험과 관찰을 토대로 이런 결론을 내린 것이다. 그러나 나중에 판명된 바에 따르면 이 섬에는 이가 득실거려서 대부분의 사람들이 몸에 이를 지니고 있었다. 그러다 이가 옮기는 열병에 걸리면 체온이 올라가서 이가 살기 어려운 조건이 되므로 이가 환자의 몸에서 달아난다.

즉, 건강하면 이가 꼬이고, 이가 열병을 옮기고, 열병이 이를 쫓아내고, 이가 없어지면 열병이 낫고, 건강해지면 다시 이가 꼬이는 순환이 반복되므로 원인과 결과가 뒤죽박죽 엉킨다. 뉴헤브리디스섬의 주민들보다 불충분한 정보를 갖고 잘못된 인과관계를 추정하는 일이 우리 생활에서도 종종 일어난다. 심지어는 전문성이 있는 학술연구에서도 이런 일이 벌어진다. 명확한 상관관계가 존재하더라도 인과관계를 추정하는 것은 이처럼 쉽지 않은 일이다.

## 원인은 다른 곳에 있다

두 변수 사이에 상관관계가 있더라도 원인은 숨겨진 다른 곳에 있는 경우도 있다. 이런 경우에는 상관관계에서 상식과 동떨어진 원인을 추정하기 쉽다. 실제로는 다른 요인이 원인이고 상관성을 보이는 두 변수는 단지 결과로 나타나는 현상일 뿐인 경우다. 대표적인 사례가 한 도시에서 아이스크림 판매량이 늘면 익사 사고율이 높아지는 관계다. 아이스크림을 먹어서 익사자가 증가하는 것은 아니고 그 반대는 더더욱 아니다. 사실은 폭염 때문에 아이스크림 판매와 익사자가 증가하는 것이다.

다른 예를 들어보자. 교회 수가 늘어나면 범죄 발생률이 높아진다. 교회가 범죄 증가의 원인이라는 말인가? 진짜 원인은 인구 증가에 있다. 인구가 늘면 교회가 많아지고 범죄도 증가하는 것이다. 마찬가지로 경찰관 수가 증가하면 범죄가 늘지만 이것 역시 인구가 증가할 때 나타나는 현상이다. 라인 강변에 있는 프랑스 도시 스트라스부르 Strasbourg에서는 황새의 둥지 수와 출생률 사이의 상관관계가 높은 것으로 나타났다.[8] 그렇다고 이 상관관계가 '황새가 어린아이를 물어온다'는 옛 전설을 뒷받침해주는 것은 아니다. 단지 인구가 증가하면 출생률이 상승하고, 주택이 많아지므로 황새가 둥지를 틀 곳도 많아지는 것뿐이다.

앞에서 남자아이들의 지능과 바지 길이 사이에 아주 높은 상관관계가 존재한다는 사례를 언급했다. 이와 비슷하게 아이들 신발의 크기와 지능도 높은 상관을 나타낸다. 하지만 이것 역시 다른 원인이 작용했을 가능성이 높다. 아이가 성장할수록 아이의 신발은 커지고 바지는 길어진다. 이와 비례해서 지능도 높을 가능성이 높다. 차를 마시는 사람들은 폐암에 걸릴 확률이 낮다고 한다. 차의 어떤 성분이 폐암에 걸리는 것을 막아주는 것은 아니다. 단지 차를 마시는 사람들은 담배를 덜 피우기 때문에 폐암의 위험에 덜 노출될 뿐이다.

미국 매사추세츠Massachusetts주의 장로교 목사의 월급과 쿠바 아바나Havana의 럼주rum酒 가격 사이에는 높은 상관관계가 있다. 목사들이 술 무역으로 돈을 벌고 있다고 생각하면 어리석은 일이다. 세월의 흐름에 따라 거의 모든 물가와 월급은 올라가기 마련이다. 공립도서관 수와 마약 사범도 상관관계를 갖지만, 이들 역시 시간의 흐름에 따라 증가한다.

우리나라의 냉장고 보급률과 위암 환자의 수 사이에도 큰 상관관계가 있다. 냉장고에서 보관된 음식을 먹는 것이 위암의 원인이 된다고 생각한다면 역시 어리석은 일이다. 소득이 올라가면서 냉장고 보급이 늘고, 평균수명이 높아지고, 의료 서비스가 확산되면서 당국에 보고

되는 위암 환자의 수가 증가하는 것이다. 역시 시간의 흐름이라는 제3의 요인이 작용한 결과다.

한 의학논문에서 우유를 마시면 암에 걸릴 확률이 높아진다는 놀라운 결과를 발표한 적이 있다.[9] 우유가 많이 생산되고 소비되는 미국 동북부와 중부, 남부의 여러 주, 스위스에서는 암이 놀랄 만큼 자주 발생하는데 우유를 마시지 않는 스리랑카에서는 암이 거의 발생하지 않는다는 것이 이 논문의 근거 자료였다. 또한 우유를 많이 마시는 영국 여자들이 거의 마시지 않는 일본 여자들보다 18배나 많이 암에 걸린다는 사실이 증거에 추가되었다. 그러나 조금만 파헤쳐 보면 이런 결과는 다른 요인으로 설명할 수 있다는 것을 알 수 있다. 암이란 중년 이후에 걸리기 쉬운 병이다. 예를 든 미국 여러 주나 스위스는 평균수명이 길어서 노년층이 많다는 공통점을 갖고 있었다. 조사 당시 영국 여자들의 평균수명도 일본 여자들보다 12년이나 길었다. 평균수명이 길면 당연히 암에 걸리는 사람 수가 많아질 수밖에 없다.

상관관계가 인과관계를 명백히 나타내더라도 그것을 해석할 때는 주의해야 한다. 흡연자가 비흡연자에 비해 폐암에 걸릴 확률이 높다는 것은 사실이다. 즉, 흡연이 폐암을 유발할 가능성이 높다. 그러나 문제는 이런 사실을 너무 단순화해서 성급하게 일반화하는 것이다. 다시 말해 흡연이 폐암 발생의 유일한 원인인 것처럼 해석해서는 안 된다는 것이다. 폐암 환자 중에는 흡연을 전혀 하지 않는 사람이 15퍼센트나 된다는 사실에 비추어볼 때, 폐암의 원인에는 여러 가지 다른 중요한 원인이 있을 수 있다. 미국암협회ACS 대변인이 폐암으로 인한 사망자 수의 감소는 담배 소비의 감소와 관계가 있다고 발표한 적이 있다.[10]

그는 금연이 폐암으로 인한 사망 감소의 유일한 원인인 것처럼 말했다. 그러나 담배 소비 감소 이외에도 다른 중요한 원인들이 폐암으로 인한 사망 감소에 작용했을 수 있다. 공장의 공기 오염물질 배출 규제, 자동차 배기가스 규제, 공기 여과기를 이용한 사무실과 집에서 공기 정화, 건강에 대해 높아진 관심과 정기적인 건강 진단으로 인한 폐암 조기 발견, 폐암 치료 방법의 발달 등도 폐암으로 인한 사망을 줄이는 데 한몫을 담당했을 것이다.

성급한 단순화의 오류 중에 가장 대표적인 것은 '사용 전'과 '사용 후'의 사진을 보여주는 광고다. 신문이나 잡지에 흔히 등장하는 비만 치료에 대한 광고에는 사용 전의 뚱뚱한 모습과 사용 후의 날렵한 모습이 확연하게 차이를 보인다. 두 사진의 인물이 동일한 사람인지 확인하기도 어렵고 대부분 사용 전 사진은 흐리기 일쑤다. 이런 광고는 변화의 유일한 원인이 특정 치료제(치료 방법)라고 주장한다. 사진에 등장한 사람이 이 치료제 외에 살을 빼기 위해 동시에 행한 여러 가지 노력(식사 조절, 운동 등)의 공功은 언급하지 않는다.

이런 왜곡적인 주장은 광고뿐 아니라 정치인의 주장이나 사람들 사이의 대화에도 흔히 나타나므로 그것을 있는 그대로 받아들이지 않도록 주의를 기울여야 한다. 사실 인과관계가 성립하기 위해서는 기본적으로 엄격한 조건을 만족해야 한다. 그러나 이런 조건들이 만족되었다고 하더라도 인과관계의 존재가 입증되었다고는 할 수 없다. 연구자의 경험적인 판단과 다른 데이터에서 축적된 유사한 결과가 이 인과관계를 확인하는 데 추가적으로 중요한 역할을 차지한다.

# CHAPTER 11

# 통계를 어떻게 해석할 것인가?

정치인들은 자기 후보에게
유리한 결과가 나온 여론조사는
훌륭하다고 하고
불리한 여론조사는
비과학적이라고 우긴다.

★ 휴버트 험프리Hubert Humphrey

## 여론조사로 여론을 알 수 없다?

우리는 바야흐로 각종 여론조사의 홍수 속에 묻혀 살고 있다. 대부분의 사람들은 전화조사에 응답한 경험이 한 번쯤 있을 것이다. 사회의 민주화, 국민의 알 권리에 대한 충족, 반복되는 선거 경험을 통해 이제는 '최근 조사에 따르면'이라는 문구에 익숙한 분위기다. 그런데 다양한 여론조사를 항상 올바로 이해하지는 못하는 것 같다. 조사를 하는 사람이나 조사 결과를 받아들이는 사람들 모두 왜곡된 정보를 주고받을 가능성이 높다. 이런 가능성을 풍자한 유머를 보자.

어떤 사람이 수학자에게 2+2는 얼마냐고 물었다. 수학자는 4라고 퉁명스럽게 답했다. 옆에 있던 통계학자에게 다시 물었다. 통계학자는 신뢰 수준 100퍼센트에서 4이며 오차 한계는 0이라고 답했다. 그 옆에 있던 여론 조사자에게 2+2는 얼마냐고 다시 물었다. 질문을 받은 여론 조사자는 심각한 표정을 짓더니 주위를 조심스럽게 둘러보면서 창문을 닫고 커튼을 내린 뒤, 질문한 사람의 귀를 당겨서 긴장된 목소리로 되물었다. "2+2가 몇이 되기를 원하십니까?" 원하는 답을 여론조사를 통해 만들어주겠다는 의미다. 미국 부통령이었던 휴버트 험프리Hubert Humphrey는 "정치인들은 자기 후보에게 유리한 결과가 나온 여론조사는 훌륭하다고 하고 불리한 여론조사는 비과학적이라고 우긴다"고 말했다. 이런 말은 요즘에도 정치하는 사람들에게서 종종 들을 수 있다.

여론조사에 대한 불신을 해소하기 위해서는 조사 결과를 받아들이는 사람들이 우선 조사에 대한 안목을 길러야 한다. 조사에 대한 안목을 높인다는 것은 조사 과정에서 일어날 수 있는 잘못을 인식하고 그런 잘못이 일어났을 때는 그것을 피해가면서 결과를 올바르게 해석하는 것을 말한다. 조사 결과를 대할 때 행간行間을 읽기 위해서는 조사 과정에 대한 약간의 지식이 필요하다.

조사에는 학술조사, 시장조사, 여론조사, 선거 여론조사 등 다양한 종류가 있다. 조사의 내용이나 목적이 달라도 본질적으로 대부분의 조사는 같은 성격을 지닌다. 즉, 전체를 다 조사하는 것이 아니라 전체의 일부인 표본만을 조사해 전체를 예측하는 구조다. 그러나 표본만

조사해 그 결과로 전체를 예측하는 과정에서 여러 가지 오류와 왜곡이 생길 수 있다. 표본조사 과정은 긴 연결고리로 이어진 매듭과 같아서 각각의 연결고리가 모두 튼튼해야 강한 매듭이 될 수 있다. 조사 과정 중 어느 한 단계라도 잘못이 있으면 전체 조사가 신뢰성을 잃는다.

전체가 아닌 일부 표본을 조사하는 방법은 최근에 개발된 기법이 아니다. 아마 인류의 역사만큼이나 오래된 방법일지도 모른다. 아주 오래전 인류가 짐승 가죽을 쌀과 바꾸는 물물교환을 할 때 받게 될 쌀이 오래되거나 변질된 것은 아니지 우선 한 줌 쥐어 냄새도 맡아보고 몇 알 씹어보기도 했을 것이다. 국이나 찌개를 끓이는 어머니는 간이 맞는지 알아보려고 국 한 숟갈을 떠서 맛을 본다. 김치를 담글 때는 절인 배추를 양념에 버무린 뒤 배춧잎 조각을 한 점 떼서 간을 본다. 모두 표본조사다. 표본의 대표성에 대한 생활의 지혜다.

표본의 대표성이란 무엇일까? 이를 알기 위해서는 모집단을 먼저 이해해야 한다. 모집단이란 연구의 대상이 되는 집단이라고 간단히 정의할 수 있다(좀더 정확하게 정의하면 모집단이란 '조사 연구자가 추론하고자 하는 모든 자료의 집합'을 의미한다. 여론조사에서 19세 이상의 모든 성인이 모집단이 아니라 이런 성인들의 견해로 측정된 자료들의 집합이 바로 모집단이다).[1] 각종 조사의 목적은 특정 모집단의 특성(모여 있는 정도나 흩어진 정도, 지지율 등의 비율)에 대한 정보를 얻기 위한 것이라고 할 수 있다. 이 정보를 얻기 위해 모집단을 일일이 전부 조사하는 방법을 전수조사라고 한다. 우리나라 인구와 주택을 조사하기 위해 5년마다 한 번씩 실시하는 인구주택총조사가 대표적이다.

하지만 전수조사는 비용과 시간이 많이 들고 어떨 때는 모집단이 무한히 많아 모두 조사하기가 어렵다. 전구, 타이어, 가전제품 등의 성능을 조사할 때는 제품이 파괴될 수도 있다. 전수조사가 가능하더라도 결과가 정확하지 않을 때도 있다. 우리나라 국보 제32호이자 유네스코 세계문화유산인 팔만대장경의 경판에 대한 전수조사는 이제까지 2번 있었다. 일제 때인 1915년에 셌을 때는 8만 1,348개였는데, 1975년 문화재 관리국에서 다시 조사했을 때는 8만 1,240개였다(문화재청은 2015년 8월 '팔만대장경' 디지털화 사업을 진행하며 경판 수를 조사한 결과 8만 1,352개라고 발표했다).[2]

모든 여론조사는 표본을 뽑아서 조사한 뒤 이를 근거로 모집단의 특성을 추정하는 표본조사를 사용한다. 표본조사가 적절하게 수행되면 전수조사보다 정확할 수도 있다. 실제로 표본조사를 잘 활용해 시간과 비용을 많이 절약한 사례가 있다. 비행기표를 살 때는 한 곳에서 최종 목적지까지 가는 표를 사고 요금을 지불한다. 예를 들어 비행기로 서울에서 미국 마이애미까지 가는 표를 살 때 국적 항공사에 가면 서울에서 미국 애틀랜타까지는 해당 항공의 비행기표를, 애틀랜타에서 마이애미까지는 제휴 항공사의 연결 티켓을 줄 것이다. 승객은 제휴 항공사에 지불해야 하는 금액까지 국적 항공사에 지불한다. 그리고 나중에 국적 항공사가 제휴 항공사에 몫을 정산해준다.

미국에서 항공기는 우리나라 고속버스처럼 사람들이 흔하게 이용하고, 그 수도 많다. 항공 수요가 급증한 1950년대 중반 이후 미국 항공사들은 항공요금을 항공사별로 정확히 나누는 지루한 작업에 골머리를 앓고 있었다. 조사에 걸린 시간만 4개월, 당시로서는 상당히 큰 금액인 12만 달러의 비용도 소요되었다. 그래서 활용하기 시작한 것이 표본조사였다. 전체 티켓의 12퍼센트를 무작위로 뽑아서 항공사별 비율을 결정하고 이에 따라 전체 비행기표에 대한 각 항공사 몫을 나누기 시작했다. 이렇게 진행한 표본조사의 결과와 실제로 전수조사를 한 금액과의 차이는 100만 달러당 700달러 정도로 근소했다. 이후 계속 표본조사를 이용해서 항공요금을 분배하고 있는데, 요즘은 티켓이 많아져서 어떤 경우 전체 티켓의 0.5퍼센트 정도만 표본으로 뽑아 계산한다고 한다.[3]

## 최악의 선거 여론조사

국 간 맞추기와 같은 개인생활에서의 표본조사뿐 아니라 물가지수와 실업률 등 정부기관에서 발표하는 많은 수치도 표본조사의 결과다. 텔레비전이나 신문에서 발표되는 대부분의 조사 결과들도 표본조사를 통한 것이다. 표본조사에서 가장 중요한 것은 좋은 표본을 뽑는 것이다. 좋은 표본이란 간단히 말해서 표본이 모집단의 축소판 닮은꼴, 즉 모집단을 대표할 수 있는 표본이다. 국이나 찌개의 간을 볼 때는 먼저 3~4번 휘휘 젓는다. 새로 담그는 김치의 간을 볼 때도 양념과 배추를 골고루 버무린다. 국 한 숟가락 또는 배추 한 조각이 전체를 대표할 수 있어야 그 맛으로 전체의 간이 맞는지를 추정할 수 있기 때문이다. 표본이 모집단의 축소판 닮은꼴이 되지 못한다면, '장님 코끼리 만지기'가 되고 만다. 코끼리의 일부만 만져보고 코끼리가 어떤 것이라고 판단한다면, 코끼리의 모습을 비슷하게 그려낼 수 없다. 마찬가지로 표본에 대표성이 결여되면 아무리 신뢰성 있는 자료를 얻는다고 해도 모집단의 특성을 추정하는 데는 근본적으로 문제가 있다고 보아야 한다.

대표성을 갖는 표본은 모집단에서 무작위로 뽑은random sampling(무작위 추출이나 무작위 표집) 표본을 말한다. 무작위 추출이란 모집단에 속한 대상들이 표본에 뽑힐 확률이 모두 동일한 것이다. 텔레비전에서 로또복권의 당첨번호를 추첨할 때 투명한 통 속의 번호가 적힌 공을 꺼내는 방법이 무작위 추출의 전형적인 예다. 어느 경우에나 1에서 45까지의 숫자가 뽑힐 확률은 동일하다. 그러나 모집단이 크면 비용이 많이 들고 쉽지도 않다. 특히 모집단이 사람일 때는 단순한 무작위 추출만으로 표본의 대표성을 확보하기 어렵다.

예를 들어 전국의 20세 이상 성인에 대해 여론조사를 한다고 하자. 성인들의 의견은 지역에 따라, 소득에 따라, 나이에 따라 다를 수 있다. 이럴 때는 우연히 한쪽에 치우친 표본이 뽑힐 가능성을 줄이기 위해 모집단을 여러 층strata으로 나눈 뒤 각 층에서 무작위 추출을 한다.

대부분의 여론조사는 '다단계 층화 무작위 추출multi stage stratified random sampling'을 이용한다. 다단계란 모집단을 지역, 성별, 나이 등으로 구분한 뒤 비례에 맞게 무작위 추출을 하는 것이다.

표본 추출이 잘못되어 예측이 틀렸던 사례를 보자. 1936년 미국 대통령 선거는 공화당의 앨프리드 랜던Alfred M. Landon 후보와 민주당의 프랭클린 루스벨트Franklin D. Roosevelt 후보의 대결이었다. 『리터러리다이제스트Literary Digest』는 1,000만 명의 유권자에게 설문지를 배송한 뒤 230만 명에게서 회수한 응답을 분석했다. 그 결과에 따라 이 잡지사는 랜던이 루스벨트를 여유 있게 누르고 당선될 것이라고 예측했다. 그러나 실제 선거 결과는 루스벨트 후보의 압승이었다. 무려 230만 명이나 되는 유권자를 조사했는데도 이런 실수를 한 원인은 무엇일까? 표본이 모집단을 대표하지 못했기 때문이다. 이 잡지사는 잡지의 정기구독자와 전화번호부를 근거로 1,000만 명을 선정해 설문지를 보냈다. 당시 미국 경제 상황을 고려할 때 잡지의 정기구독자나 전화기 보유자는 소득이 높은 계층에 속한다. 그해 선거는 유독 유권자들의 후보 선택과 소득 수준 사이에 관련이 높았다. 즉, 소득이 낮은 계층은 민주당을, 높은 계층은 공화당을 선호했다.

따라서 『리터러리다이제스트』가 뽑은 표본 속에는 루스벨트 후보 지지자가 상대적으로 적었다. 조사 결과가 왜곡될 수밖에 없는 구조였다. 이 실수는 선거 여론조사 역사상 가장 유명한 실수로 기록되었다. 『리터러리다이제스트』는 이후 폐간의 길로 접어들었다. 우리나라에서도 1995년 서울시장 선거에서 비슷한 실수가 있었다. 당시 민자당의 정원식 후보 측에서 한 금융기관이 유권자 수만 명을 조사한 결과를 근거로 승리를 자신했다. 그 금융기관은 수천 명의 보험설계사를 동원해 그들의 고객(보험가입자)들을 조사했는데, 이 표본 역시 대표성이 낮았다. 당선자는 민주당의 조순 후보였다.

무작위 추출의 특징 중 가장 중요한 것은 표본을 뽑을 때 뽑는 사람의 판단이나 편리함이 전혀 고려되지 않는다는 점이다. 이 특징은 표본의 대표성을 유지하기 위한 필수 조건이다. 이를 무시하고 표본을 뽑는 사람의 판단이나 편리함을 반영하는 표본 추출 방법도 있기는 하다. 편의 표본이 대표적이다. 편의 표본은 뽑기에 편리한, 주로 가까이 있는 대상을 표본으로 추출한다. 길거리에서 지나가는 사람 아무나 붙잡고 물어보는 것이 그 예다. 이 방법을 사용했다면 결과를 해석할 때 표본의 비대표성을 고려해서 성급한 일반화를 삼가야 한다. 그런데 편의 표본에 의한 조사들이 무작위 추출에 의한 결과인양 제시되고 설명되는 경우가 흔해 사실을 왜곡하고 조사에 대한 일반인의 신뢰를 떨어뜨리는 일이 많다.

「킨제이보고서」를 예로 들 수 있다. 이는 1950년대 발표된 보고서로, 미국인들이 개방적인 성관계free sex를 즐기며 비정상적인 것도 포함하는 왕성한 성생활을 한다는 내용을 보고해 전 세계를 깜짝 놀라게 했다. 과연 그럴까? 「킨제이보고서」는 남녀 1만 2,000명을 대상으로 한 인터뷰를 근거로 삼았는데, 동성연애자 등 매우 편중된 사람들

만 대상으로 했기 때문에 성이라는 영역에 대한 새로운 접근이라는 가치 이상은 없다고 평가된다.[4]

표본의 크기, 즉 몇 개의 표본을 뽑아야 모집단을 대표할 수 있는지도 매우 중요한 문제다. 표본이 너무 작으면 모집단을 잘못 추정할 수 있고, 반대로 표본이 필요 이상으로 크면 시간과 비용을 낭비할 수 있다. 적당한 표본의 크기는 모집단이 얼마나 다양한지, 조사가 어느 정도의 정확도를 요구하는지에 따라 다르다. 피검사를 예로 들어보자. 피검사를 할 때는 아주 소량의 피만 필요하다. 몸 안 어느 곳의 피라도 그 질이 균등하다고 생각하기 때문이다. 마찬가지로 사람들의 평균 몸무게를 조사한다면, 수십 명으로도 충분할 것이다. 하지만 다양한 의견이 있을 수 있는 여론조사에서는 그보다 많은 사람이 필요하다. 또 좀더 정확한 조사를 위해서는 표본의 수를 늘려야 한다.

## 질문이 여론조사를 왜곡한다

표본으로 선정된 응답자들에게 무엇을 어떻게 질문할 것인지는 매우 중요한 단계다. 이 과정을 통해 원하는 자료를 얻을 수 있기 때문이다. 유명한 여론 조사자인 앨버트 캔트릴Albert Cantril의 말대로 "여론조사의 성패成敗는 질문의 질質과 직결된다". 질문을 만드는 것은 전적으로 조사자에게 맡겨져 있으므로 조사자의 주관적인 의도나 편견이 얼마든지 개입될 수 있다. 질문 방식에 따라 응답이 달라질 수 있음을 보여주는 대표적인 예가 유도성 질문이다. 사람들은 자기의 소신이나 가치판단에 앞서 사회적으로 바람직한 방향으로 대답하려는 경향이 있다. 유도성 질문이란 질문에 미리 도덕적인 가치판단을 깔아서 은연중에 원하는 방향으로 답을 유도하는 질문이다.

"생명을 가진 태아에 대한 살인 행위인 낙태를 찬성합니까? 아니면 반대합니까?", "여성의 자유선택권을 보장하는 낙태를 찬성합니까? 아니면 반대합니까?" 낙태abortion는 미국에서 사회적으로 큰 논란이 되는 이슈다. 이에 대한 여론조사를 할 때 가톨릭이 주를 이루는 낙태반대론자Pro Life들은 처음의 질문을 선호하고, 여성운동가들이 주를 이루는 낙태허용론자Pro Choice들은 나중의 질문을 이용하려고 할 것이다. 도덕적인 판단을 미리 내려놓고 원하는 답을 유도하려는 것이다. 이 사례에서 올바른 질문은 "당신은 낙태를 찬성합니까? 아니면 반대합니까?"라고 간단히 묻는 것이다.

2014년 6 · 4 지방선거에서 여당과 야당은 기초자치단체장의 정당공천 여부를 놓고 실랑이를 벌였다. 각 당의 입장을 지지하는 여론조사 결과를 얻으려면 아마도 다음과 같은 서로 다른 유도성 질문을 사용할 수 있을 것이다. "공천장사 우려가 있는 정당 공천 제도를 찬성하십니까? 아니면 반대하십니까?", "정당정치를 통한 책임정치를 구현할 수 있는 정당 공천 제도를 찬성하십니까? 아니면 반대하십니까?"

도덕적인 가치판단을 언급하지 않더라도 유도성 질문을 할 수 있다. 예를 들어 "서울시가 교통문제 해결을 위해 모든 조치를 다하고 있다고 생각하십니까?", "서울시가 시민문제에 대해서 항상 올바른 결정을 내린다고 생각하십니까?"라는 질문처럼 도달하기 힘든 기준을 제시하면 된다. '모든 조치' 또는 '항상 올바른 결정'과 같은 단어를 들으면 사람들이 긍정적인 답을 하기 어렵다. 또한 '금지'와 같은 권위적인 단어나 '도움'과 같은 긍정적인 낱말을 사용하면 원하는 방향으로 답을 이끌어낼 수 있다. "미국이 우크라이나 사태에 개입해야 한다고 생각하십니까?"와 "미국이 우크라이나 사태를 도와줘야 한다고 생각하십니까?"에 대한 응답은 다를 수밖에 없다.

질문뿐만 아니라 응답 항목을 만들 때도 주관적인 의도가 개입될 수 있다. 과거 김영삼 정부 시절, 몇몇 언론기관에서 발표한 대통령에 대한 지지도가 67퍼센트, 44퍼센트로 다르게 나타나서 이를 놓고 한때 조작 의혹에 휩싸인 적이 있다. 20퍼센트포인트 이상의 차이는 여론조사의 신뢰도에 심각한 의문을 불러일으키기에 충분했다. 원인은 응답 항목에 있었다. 질문은 "김영삼 대통령이 대통령으로서 직무를 잘 수행하고 있다고 보십니까? 아니면 잘못 수행하고 있다고 보십니까?"로 동일했다.

그런데 한 조사의 응답 항목은 '매우 잘하고 있다/비교적 잘하고 있다/그저 그렇다/별로 잘하지 못하는 편이다/매우 잘못하고 있다'는 5점 척도를 사용한 반면 다른 조사에서는 '그저 그렇다'가 빠진 4점 척도를 사용했다. 응답 항목이 줄면 당연히 다른 응답 항목에 대한 응답이 늘어난다. 따라서 20퍼센트포인트 정도의 지지도 차이는 '그저 그렇다'는 중립 항목이 삭제되었기 때문에 나타난 현상으로 추정할 수 있다. 어떤 조사가 맞고 틀리다고 단정 짓기보다는 응답 항목에 따라서도 차이가 날 수 있다는 사실을 이해해야 한다.

그렇다면 중립 항목은 반드시 포함되어야 할까? 지지도나 투표 같은 문항에서는 어차피 지지하느냐, 지지하지 않느냐 결정이 될 테니 중립 항목을 없애고 강제로 어느 한쪽으로 응답하게끔 해야 한다는 의견도 있다. 반면 정치적이나 인간적으로 호불호의 감정이 분명하지 않은 부동층이 존재할 수 있으므로 중립 항목이 반드시 필요하다는 의견도 있다. 따라서 중립 항목의 포함 여부는 조사의 목적에 따라 알맞게 결정되어야 한다. 다만 어떤 응답 항목에 대한 응답 비율을 높이려는(혹은 낮추려는) 조사자의 의도가 개입되어서는 안 될 것이다. 우리나라 선거 여론조사에는 대부분 중립 항목이 포함된다. 아마도 우리나라 국민이 정치에 높은 관심을 갖고 있는데도 선거 여론조사에서는 부동층이 매우 높기 때문일 것이다.

응답 항목의 구성도 적절해야 하지만 내용도 질문 내용과 일치하게끔 해야 한다. 이런 요건마저 지켜지지 않는 경우를 종종 본다. 2014년 6·4 지방선거에서 한 일간지가 정당 지지도를 조사한 질문은 다음과 같았다. "당신은 이번 선거에서 어느 정당을 지지하는가? 새누리당, 새정치민주연합, 정의당, 아직 결정하지 않았다, 인물에 따라 투표." 문제는 정당 지지도에 대한 질문에 '인물에 따라 투표'라는 기준을 응답 항목에 포함시킨 것이다. 이 질문에 대한 응답을 근거로 "정당 지지도를 묻는 질문에 대해 55퍼센트가 정당과 관계없이 인물에 따라 투표하겠다고 대답했다"라는 식의 분석은 적절하지 못하다. 먼저 투표기준, 즉 정당에 따라 찍는다고 대답한 응답자만을 대상으로 어느 정당을 지지하는지 묻는 것이 타당하다.

## 여론조사를 어떻게 해석할 것인가?

설문 조사에 대한 사람들의 응답을 분석할 때 주의를 기울여야 하는 것 중 하나는 사람들이 자연스럽게 거짓말을 한다는 점이다. 특히 질문이 사적인 내용과 관련될 때 더욱 그렇다. 개인소득이 얼마인지, 『플레이보이』 같은 성인잡지를 보는지, 퇴폐 이발소에 출입하는지, 성생활은 어떤지 등에 대한 질문에 속마음을 터놓고 솔직하게 대답한다고 가정하기 어렵다. 이럴 때 응답자들은 자연스럽게 거짓말을 하거나 응답을 거부한다. 예를 들어 "당신은 부인을 때리십니까? ① 예 ② 아니오"라는 질문에 응답자들은 답하기를 거부하거나 아니면 ②를 택할 것이다. 이런 경우에는 일반적인 질문으로 바꾸는 편이 도움이 된다. 자신과 관련된 직접성을 덜어내서 솔직하게 답할 수 있도록 배려하는 것이다. 예를 들면 "당신은 남자들이 부인을 때릴 수 있다고 생각하십니까? ① 예 ② 아니오"라고 질문을 바꾸면 앞의 질문보다는 좀더 솔직한 답변이 나올 수 있다.

이렇게 간접적인 문제로 대체할 수 없을 때는 응답자들의 자연스러운 거짓말을 피할 수 없다. 예를 들어보자. 중국 한 지역에서 과세와 징병을 위해 인구조사를 실시했다. 조사 결과 그 지역 인구는 2,800만 명으로 집계되었다. 몇 년 후, 같은 지역에서 기아 구제를 위한 인구조사를 실시했는데, 인구가 1억 500만 명이라는 결과가 나왔다. 수년 동안 인구가 폭발적으로 증가했을 리 없다. 처음 조사에서는 과세와 징병을 피하기 위해 가족 수를 줄여서 답했을 것이고, 두 번째 조사에서는 기아 구제의 구호 혜택을 많이 받으려고 가족 수를 부풀렸을 가능성이 높다.[5] 이런 거짓 응답이 중국의 시골에서만 일어날까? 아니다. 오늘날에도 세금을 내기 위한 소득신고에서 여전히 같은 현상이 나타난다.

여론조사는 전체(모집단)를 다 조사하는 것이 아니라 일부 표본만 조사한다. 따라서 당연히 오차가 존재하는데 이를 표본 오차라고 한다. 예를 들어 한 여론조사에서 승용차의 10부제에 대한 찬성 비율이 53퍼센트, 오차는 ±5퍼센트포인트라고 발표했다. 이는 표본조사에서 찬성률이 53퍼센트로 나타나지만 표본이 아닌 전체를 모두 조사한다면 찬성률이 53−5퍼센트, 53+5퍼센트, 즉 48퍼센트와 58퍼센트 사이에 있을 것이라는 의미다(구체적으로 오차 한계 사이에 있을 확률은 신뢰 수준으로 표현한다. 이 사례에서 지지도가 53퍼센트, 신뢰 수준 95퍼센트에서 오차의 한계가 ±5퍼센트포인트라면 전체를 다 조사했을 때 지지도는 48퍼센트에서 58퍼센트 사이에 있을 확률이 95퍼센트가 된다는[혹은 표본을 100번 뽑았을 때 각 표본에서 구한 100개의 신뢰구간 가운데 95개가 실제 지지도를 포함하고 있다는] 의미다). 조사 결과를 해석할 때 이 오차의 한계를 무시하면 잘못된 결론에 도달하기 쉽다.

조사 결과의 확대해석도 일반인들이 조사 결과를 대할 때 경계해야 할 사항이다. 호랑이에게 물려가도 정신만 차리면 산다는 말이 있다. 어려운 역경에서도 최선을 다하면 헤쳐나갈 길이 있으니 낙담하지 말고 노력하라는 의미다. 그러나 표본조사 측면에서 보면 명백한 확대해석의 오류다. 호랑이에게 물려갔다가 살아온 사람 중에는 정신을 차려서 살아온 사람(호랑이가 한눈파는 사이에 도망침)과 정신을 차리지 못했지만 살아온 사람(물려갔다가 깨어나 보니 숲 속에 버려져 있음)이 있을 것이다. 그러나 호랑이에게 물려갔을 때 정신을 차렸는데도 불행히 호랑이밥이 된 사람들이 대부분이었을 것이다. 죽은 자는 말이 없는 법이므로 정신을 차렸지만 죽고 말았다고 증언해줄 수는 없다. 우리가 안전하게 내릴 수 있는 결론은 '호랑이에게 물려가도 살아온 사람이 있다' 또는 '살아온 사람 중에는 정신을 차렸던 사람이 상대적으로 많다'라고 해야 한다.

속담이 아닌 실제 사례도 있다. 미국에서 발표된 한 조사 결과다.[6] 이혼과 교회 예배 여부 사이의 관계를 조사한 결과인데, 결과는 이혼 소송 중인 부부의 95퍼센트가 부부 중 한 사람 혹은 모두가 교회에 정기적으로 가지 않는다는 사실이 밝혀졌다는 것이다. 이 결과를 인용한 한 신문기사는 "교회에 다니는 사람들은 결혼생활을 계속 유지한다"고 결론을 내렸다. 이런 결과는 명백한 확대해석이라는 점을 〈표 1〉로 설명할 수 있다.

| 부부 | | |
|---|---|---|
| 이혼소송 중인 부부 | | 결혼생활을 유지하는 부부 |
| 신자 | 비신자 | 신자 여부? |

**표 1**
**이혼과 신앙 사이의 관계**

조사 결과는 〈표 1〉의 왼쪽 부분에만 해당되며, 해석도 그 부분에만 한정되어야 한다. 즉, 이혼소송 중인 부부 중에는 비신자가 많다는 결과가 내려져야 한다. 조사 결과는 〈표 1〉의 오른쪽, 즉 결혼생활을 유지하는 부부 중 신자의 비율이 얼마인지는 말해주고 있지 않다. 따라서 결혼생활을 유지하는 부부 중에서 신자가 많은지(교회에 다니는 사람들이 결혼생활을 계속 유지하는지)는 이 조사 결과로는 전혀 알 수가 없다. 확대해석이면서 동시에 논리적 결함이 숨겨져 있으므로 읽는 사람이 주의하지 않으면 설득당하기 쉽다.

주어진 결과를 자기 쪽에 유리하게 해석하는 예는 주변에 흔하다. 회사의 작년 이익을 놓고 노조에서는 임금인상을 요구하기에 충분한 수준이라고 해석하고, 경영자 측에서는 임금동결이 불가피하다고 주장한다. 작년과 비슷한 수준의 물가 상승률을 두고 여당은 정부의 물가안정 대책이 효과를 거두고 있다고 하고 야당은 효과가 전혀 없다고 해석할 수 있다.

현대는 여론정치의 시대라고 한다. 그래서인지 각종 여론조사 결과가 우리에게 매일 쉴 새 없이 전달된다. 하지만 대부분의 조사가 과정이나 해석에 대한 객관적인 검증 없이 제공되는 것이 문제다. 조사의 신뢰성을 높이는 것은 무엇보다도 조사기관의 책임이다. 2+2가 얼마냐는 물음에 몇이 되기를 원하냐고 되물었다는 비판적인 유머가 이를 대변해준다. 특히 여론조사 결과 발표는 파급 효과와 영향력이 크기 때문에 과정과 해석을 체계적으로 검증해야 한다. 또한 조사 결과의 발표는 대부분 언론을 통해 이루어지므로 언론 역시 자체적으로 객관적인 검증 작업을 거친 뒤 결과를 발표하려는 노력을 해야 한다. 나는 "언론사의 수준은 그 언론사가 발표하는 여론조사의 수준과 같다"고 생각한다.

왜곡된 정보를 주고받는 위험을 줄이기 위해서는 조사를 하는 사람 못지않게 조사 결과를 받아들이는 쪽에서도 조사에 대한 안목을 높여야 한다. 일반인이 조사나 결과 해석에 대한 안목을 높인다면, 조사를 하는 사람들도 질적 수준을 높인 조사를 할 수밖에 없을 것이다. 또한 조사자로 하여금 올바른 절차를 밟아서 조사를 수행하도록 하는 압력으로 작용할 뿐만 아니라 실제 조사 결과를 올바르게 이해할 수 있도록 해줄 것이다.

조사 결과를 대할 때는 우선 누가(조사기관), 어떤 목적으로 조사한 것인지를 반드시 확인해야 한다. 조사 비용을 부담한 후원자가 있다면 후원 동기도 미루어 짐작해야 한다. 그다음은 표본이 적절한지 판단해야 한다. 모집단의 정의, 표집 방법, 응답률, 표본의 크기 등을 기준으로 표본의 대표성이 유지되었는지도 확인한다. 설문에 대해서도 비판적인 시각을 가져야 한다. 질문과 응답 항목을 만드는 데 조사자의 주관적인 의도가 개입되지 않았는지 보아야 한다. 해석 과정에서는 구체적인 해석의 명확한 근거를 확인해보면 좋다. 숫자와 제시된 결론 사이에 논리적인 틈이 없는지도 살펴본다.

미국에서는 여론조사에 대한 사회적 비판이 높아지자 1969년 미국여론조사협회가 여론조사 결과를 발표할 때 ① 조사의 주관자와 후원자, ② 조사 대상 모집단에 대한 정보, ③ 자료 수집의 구체적인 정보, ④ 표본의 크기와 추출 방법, ⑤ 실제 조사에 사용된 설문, ⑥ 조사 시기, ⑦ 표본 오차와 신뢰 수준, ⑧ 오차의 요인들에 대한 정보 등 8개 사항을 함께 발표하도록 했다.

CHAPTER 12

# 통찰은 어떻게 탄생하는가?

오늘날
창의성은
기업의 경쟁력과
직결된다.

★ 앨빈 토플러Alvin Toffler

## 창의성은 분석에서 싹튼다

창의성이나 영감, 직관 등 어느 날 불현듯 발현되는 것처럼 보이는 역량은 모두 분석을 토대로 한다. 수많은 계량적 분석을 반복하고 그 과정에 몰두해서 변수들 사이의 관련성을 능숙하게 판단할 수 있을 정도가 되면 비로소 창의성이라는 꽃이 피어난다. 고도의 분석 작업이 가능해야만 순수한 직관을 가질 수 있다. 따라서 창의성을 키우고 싶다면 분석 역량부터 길러야 한다. 숫자를 두려워하지 말고 끊임없이 질문하며 호기심을 갖고 탐구해야 가능한 일이다.

기원전 3세기경, 한 젊은이가 목욕탕에 갔다. 그가 옷을 벗고 탕 안에 들어가자 물이 흘러넘쳤다. 이를 본 젊은이는 갑자기 흥분해서 "유레카! 유레카!"라고 외치며 목욕탕에서 뛰쳐나와 발가벗은 채 집까지 뛰어갔다. 이를 본 사람들은 그가 미쳤다고 생각했다. 잘 알려진 고대 그리스 철학자 아르키메데스Archimedes의 일화다.

많은 기업이 직원들의 창의력을 향상시키기 위해 다양한 노력을 한다. 미래학자 앨빈 토플러Alvin Toffler가 말한 바 있듯이 "오늘날 창의성은 기업의 경쟁력과 직결된다". 놀이문화를 조성하고, 배낭여행을 보내고, 창의성 프로그램을 개발해 특별한 교육을 진행하는 등 기업들이 하는 노력은 다양하다. 하지만 창의성을 높이는 방법은 의외로 복잡하지 않다. 창의성을 키우려면 분석 역량을 키우면 된다. 분석 역량이 바로 창의성의 바탕이기 때문이다.

일반적으로 창의성은 문제 인식→준비→몰입→잠복→영감→문제 해결의 6단계를 거친다. 문제를 인식하면 문제 해결과 관련된 모든 사전 지식을 검토하는 준비 작업에 돌입한다. 인식한 문제가 평소에 접하지 않은 생소한 것이라면 이 단계에서도 많은 노력이 필요하다. 몰입은 구체적으로 문제를 해결하기 위해 머리를 싸매고 궁리하는 단계로 가장 많은 노력이 집중된다. 천재는 99퍼센트의 노력과 1퍼센트의 영감이라는 토마스 에디슨의 일갈 중에 99퍼센트의 노력이 집중되는 단계가 바로 준비와 몰입이다.

하지만 아무리 애를 쓰고 죽어라 파고들어도 문제가 해결되지 않으면 거의 포기 상태에 이른다. 여기가 잠복 단계다. 문제에서 손을 거의 텐 상태지만 그동안 흘린 99퍼센트의 땀 덕분에 무의식 속에서는 여전히 문제를 곱씹고 있다. 그러다 우연한 기회에 불현듯 영감이 떠오른다. 문제를 단번에 해결할 수 있는 통찰력이 순간적으로 번뜩이는 것이다. 이것이 바로 창의성의 발현이다. 이 같은 창의성 발현의 단계를 아르키메데스의 사례에 적용하면 다음과 같다.

**문제 인식** 시라쿠사Siracusa의 헤론Heron 왕이 금 세공장에게 순금으로 된 왕관을 만들라고 명령했다. 금 세공장은 왕명을 받들어 왕관을 완성했다. 그런데 금 세공장이 순금 중 일부를 빼돌리고 은을 섞어 만들었다는 소문이 떠돌았다. 왕이 왕관의 무게를 달았으나 그가 하사한 순금의 무게와 같았다. 의심을 지울 수 없었던 왕은 당시 수학자이자 물리학자로 명성이 자자한 아르키메데스를 불러 왕관에 흠집을 내지 말고 왕관이 순금으로 된 것인지 알아보도록 명령했다.

**준비** 왕의 명령을 받은 아르키메데스는 순금이나 합금 등의 무게와 부피에 대한 지식을 섭렵했다.

**몰입** 왕관의 무게와 왕이 세공장에게 준 순금의 무게는 같았다. 문제의 핵심은 부피였다. 왕관과 순금의 부피가 같다면 왕관은 순금으로 된 것이다. 은을 섞었다면 은이 금보다 부피가 크므로 왕관의 부피가 더 클 것이다. 왕관을 훼손하지 않고 어떻게 부피를 측정할 수 있을까? 아르키메데스는 침식을 잊고 문제 해결에 골몰한다. 왕과 약속한 날짜가 점점 다가왔다.

**잠복** 아무리 애를 써도 왕관의 부피를 잴 방법이 없자 아르키메데스는 거의 포기 상태에 이르렀다. 도무지 방법이 떠오르지 않았다. 하지만 무의식 속에서 그의 머리는 여전히 움직이고 있었다.

**영감** 지쳐버린 심신을 달래려고 아르키메데스는 목욕탕에 갔다. 옷을 벗고 탕 안에 들어갔을 때 물이 흘러넘치는 것을 본 순간 영감이 떠올랐다. 물체가 물속에 잠기면 부피만큼 물이 흘러넘친다는 것을 알아낸 것이다.

**문제 해결** 물을 가득 채운 두 그릇 속에 왕관과 순금을 각각 넣은 후 흘러나온 물의 양을 비교했더니 왕관을 넣은 그릇의 물이 더 많이 흘러넘쳤다. 왕관은 순금으로 만든 것이 아니었다. 부정이 폭로된 금 세공장은 처벌을 받았다.

이와 같은 창의성의 발현 단계는 계량적 분석의 6단계와 일치한다. 단지 창의성 단계는 추상적으로, 분석의 단계는 구체적으로 표현되었을 뿐이다. 두 단계를 그림으로 나타내면 〈그림 1〉과 같다. 〈그림 1〉에서 볼 수 있듯이 관련 연구 조사와 변수 선정의 일부는 준비 단계에 포함된다. 몰입은 변수 선정, 변수 측정, 자료 분석 단계를 포함한다.

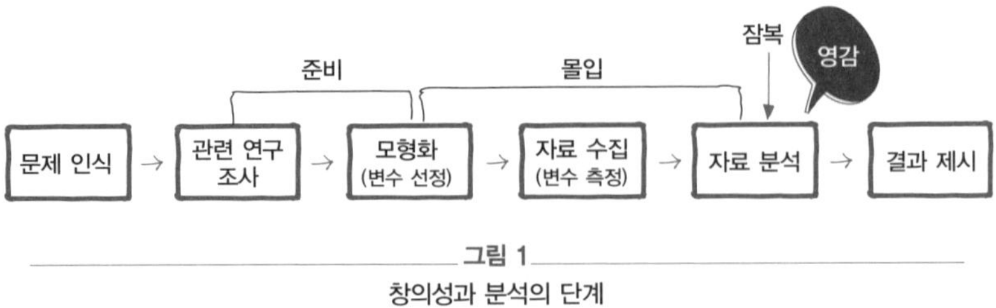


그림 1
창의성과 분석의 단계

잠복은 문제 해결이 난항을 겪을 때 일어난다. 마지막으로 영감이 번뜩이면 문제가 해결된다. 이제 아르키메데스 이야기를 분석의 6단계로 설명해보자.

**문제 인식** 왕관을 훼손하지 않고 순금으로 만들어졌는지 확인한다.

**관련 연구 조사** 순금이나 합금 등의 무게와 부피에 대한 기존 지식들을 섭렵한다.

**변수 선정** 왕이 금 세공장에게 준 순금의 무게, 부피, 왕관의 무게, 부피.

**변수 측정** 왕관의 부피를 어떻게 측정할 것인가? 목욕탕의 물이 흘러넘치는 것에서 영감을 얻어 왕관 부피 측정이 가능해졌다. 영감이 자료 분석 단계가 아닌 측정 단계에서 작용한 것이다.

**자료 분석** 물을 가득 채운 두 그릇 속에 무게가 같은 왕관과 순금을 각각 넣은 후 흘러나온 물의 양을 비교한다. 왕관을 넣은 그릇의 물이 더 많이 흘러넘친다. 왕관이 순금으로 만든 것이 아니라는 사실을 확인한다. 흘러넘친 물 양의 차이를 분석해 왕관에 들어가 있는 순금의 양도 정확히 계산한다.

**결과 제시** 왕관이 순금이 아니라는 사실과 금이 얼마만큼 들어 있는지 보고한다.

## 케플러의 법칙은 어떻게 탄생했는가?

나는 창의성을 보이지 않는 것을 보는 것이라고 정의한다. 그렇다면 보이지 않는 것을 볼 수 있게 하는 수단이 무엇일까? 바로 분석이다. 데이터 분석을 통해서 우리가 볼 수 없는 패턴을 찾아낼 수 있기 때문이다. 예를 들어보자. 태양계에서 행성들은 어떤 패턴으로 움직일까? 고대부터 많은 천문학자가 이 비밀을 풀고자 했지만 모두 실패했다. 하지만 창의성을 발휘해서 데이터 분석으로 이 비밀을 푼 사람이 있다.

그는 가난한 집안에서 태어나 불우한 환경에서 자랐다. 그는 태양과 행성이 함께 움직이는 비밀을 풀어내고 싶었지만, 눈이 나빠 관측조차 할 수 없었다. 그런데 수십 년 동안 행성의 위치를 정확히 기록한 방대한 자료가 그의 손에 들어오는 행운을 만난다. 그 자료와 자신의 수학적 재능을 발휘해 수십 년간 노력한 끝에 그는 마침내 하늘의 비밀을 풀어낸다. 그가 바로 위대한 천문학자 요하네스 케플러Johannes Kepler다. 보이지 않는 하늘의 비밀을 데이터 분석으로 풀어낸 그의 창의성 발현을 분석의 6단계로 설명해보자.

**문제 인식** 1571년 독일에서 태어난 요하네스 케플러는 가난하고 불우한 환경에서 성장했으며 천연두에 걸려 시력이 약화되었다. 13세가 되던 해에 케플러는 신학교에 진학했다. 당시 신학교는 가난한 젊은이가 교육을 받을 수 있는 유일한 탈출구였다. 17세에 케플러는 튀빙겐대학에 입학해 수학과 천문학을 배웠다. 대학 졸업 후에는 오스트리아 그라츠에 있는 신학교에 천문학 교사로 부임했다. 신앙심이 깊었던 케플러는 태양과 6개 행성 간에는 신이 창조한 기하학적 구조가 있다고 확신했다. 질서가 없는 우주는 신의 현명함에 위배되기 때문이었다. 그는 우주가 어떤 기하학적 패턴에 따라 움직이는지를 알아내려고 결심했다. 하지만 이를 위해서는 행성의 위치를 정확하게 관측한 자료가 필요했다.

**관련 연구 조사** 태양과 행성의 궤도를 설명하려는 많은 이론이 있었지만, 이 이론들은 행성의 실제 관측 위치와 큰 오차를 나타내고 있었다. 행성의 운동을 오차 없이 설명해주는 새로운 이론이 필요했지만, 이는 정확한 자료와 엄청난 계산과 창의적인 아이디어가 있어야 했기에 천문학자들은 거의 포기한 상태였다.

**변수 선정** 장기간에 걸친 행성들의 위치를 추적한다.

**자료 수집** 튀코 브라헤Tycho Brahe는 행성의 위치에 관해 맨눈으로 한 관찰로는 역사상 가장 정확한 기록을 남긴 사람이다. 그는 덴마크의 귀족가문에서 태어났는데, 13세 때 우연히 일식日蝕을 목격하면서 바로 우주의 신비에 매료되었다. 브라헤의 상상력을 사로잡았던 것은 일식 그 자체가 아니라 달의 움직임을 관측한 기록을 이용하여 일식을 예측할 수 있다는 사실이었다. 그날부터 브라헤는 천문학에 깊숙이 빠져들었다. 그는 천문 관측 장비를 구입했으며 밤늦게까지 별을 관측했다. 브라헤가 16세였던 1563년 여름, 토성과 목성의 합合이 일어났다. 합이란 두 행성이 너무 가깝게 접근하여 서로 합체된 것처럼 보이는 보기 드문 천문 현상이다. 브라헤는 자신이 만든 관측기를 이용해 두 행성의 위치를 상세히 측정했다. 이 과정에서 브라헤는 행성 위치표, 즉 이미 알려진 행성의 위치에 대한 과거 기록이 너무 부정확하다는 사실을 깨달았다. 천문학자의 수만큼 자료가 있었고, 그 자료들은 서로 달랐다. 브라헤는 이를 천문학자의 수치라고 생각해 자신이 직접 이 문제를 해결하기로 결심하고, 엄밀한 관측을 통해서 행성의 위치를 정확히 측정하는 일에 평생을 바치게 되었다.

20대 후반의 나이에 이미 브라헤는 초신성超新星 관측과 혜성에 대한 연구로 유럽에서 장래가 촉망되는 젊은 천문학자로 명성이 높았다. 브라헤의 관찰이 그 누구보다도 정확하다고 이미 널리 알려져 있던 탓에 대부분 사람들은 초신성이나 혜성에 대해 그가 내린 해석을 일종의 결론으로 받아들였다. 이런 그에게 덴마크 프리드리히 왕은 새로운 기회를 제공했다.

"1575년경(브라헤 나이 29세), 프리드리히 왕이 덴마크 남부에 있는 아름다운 섬을 브라헤에게 주겠다고 제의했다. 프리드리히 왕은 브라헤의 재능을 꿰뚫어보았고 이처럼 재능이 있는 사람은 덴마크 내에 머물러야 한다고 생각했던 것이다. 브라헤는 이 제안을 받아들였고 그는 섬에 근대적인 천문대인 우라니엔보르그Uranienborg를 짓는다. 우라니엔보르그는 '하늘을 관장하는 여신의 집'이란 의미다. 그로부터 20년 동안 그는 이 천문대에서 행성 위치에 관한 모든 중요한 관측을 행하게 되었다. 그의 관측 기록은 매우 정확했다. 브라헤가 관측한 1년의 길이는 불과 1초의 오차밖에 없었다."[1]

행성의 움직임을 관측하는 데는 오랜 기간에 걸친 수고로움이 필요했다. 브라헤는 이 섬에서 20년이 넘는 기간에 행성의 움직임을 면밀히 관측해 기록했다.

"그 후 20년 이상 그 섬에서 이루어진 대부분의 브라헤의 작업은 별로 특별히 설명할 것이 없었다. 왜냐하면 그의 작업은 밤마다 고정된 별들을 기준으로 삼아 행성들의 위치를 측정하고 그 결과를 분석하는, 지루하지만 중요한 과업이었기 때문이다. 그 작업의 중요성을 말하자면, 별자리들을 통과하는 태양의 움직임을 정확히 추적하기 위해서 관찰하는 데 4년이 걸렸고, 화성과 목성을 관찰하는 데는 각각 12년, 토성의 궤도를 확정하는 데는 30년이 걸렸다."[2]

브라헤는 행성의 위치에 대한 정확한 기록을 위해 열정적으로 관측하고 엄청난 자료를 축적했다. 하지만 계산과 분석에 약했던 그는 자신의 자료를 우주의 비밀을 푸는 데 활용하지는 못했다. 운 좋게도 케플러가 28세가 되었을 때 당시 53세인 브라헤의 조수가 되었다. 하지만 브라헤와 케플러의 관계는 민망할 정도로 편치 않았다. 두 사람은 출생 배경, 성장 환경, 성격이 너무 달랐으며, 브라헤는 계산을 싫어했지만 케플러는 수학에 천재적인 재능이 있었다. 더욱이 브라헤는 지구중심설을 믿고 있었고, 케플러는 태양중심설을 세우려고 했다. 또한 브라헤는 젊고 유망한 케플러가 자신의 명성을 위협할까봐 견제하고 있었다.

이런 이유 때문에 브라헤는 행성에 관한 관측 자료도 케플러가 꼭 필요한 양만큼만 조금씩 볼 수 있도록 했다. 브라헤는 케플러에게 화성의 궤도를 분석하는 임무를 맡겼다. 화성의 궤도가 특히 복잡했기 때문에 케플러가 거기에 오래 매달려 있으리라 생각했던 것이다. 하지만 이런 브라헤의 조치가 나중에 케플러에게는 커다란 행운이 되었다. 화성의 궤도가 여러 행성의 궤도 중에서 가장 타원형이기 때문이었다. 더욱이 두 사람이 만난 지 불과 1년 만에 브라헤가 갑자기 병사했다. 그의 상속인들이 물려받을 재산에만 신경을 쓰는 사이에 케플러는 브라헤의 관측 자료를 손에 넣는 행운을 얻었다(케플러는 후에 관측 자료를 "빼앗았다usurped" 라고 솔직히 표현했다).

**자료 분석** 케플러는 브라헤의 자료를 이용해 행성 운동을 분석하기 시작했다. 분석의 핵심은 태양과 행성의 상호 움직임 속에 내재된 규칙적인 패턴을 찾아내는 것이었다. 그러기 위해서는 우선 하나의 패턴을 가정하고 그 패턴으로 계산한 위치와 브라헤가 관측한 행성의 실제 위치가 맞는지를 검토하는 고된 과정을 반복해야 했다. 화성 궤도의 계산에만도 케플러는 무려 8년 동안 70번이나 다시 계산을 되풀이했다. 이런 작업은 전자계산기나 컴퓨터가 없던 당시로서는 상상조차 하기 힘들 정도로 엄청났을 것이다.

계산 초기에 케플러도 원운동을 생각했다. 당시 과학자들은 원이 가장 완벽한 도형이기 때문에 당연히 행성이 원을 그리며 운동한다고 생각했다. 하지만 원운동으로 행성의 움직임을 설명할 수 없자 브라헤의 기록을 굳게 믿었던 케플러는 마침내 획기적으로 발상을 전환했다. 즉, 원을 과감히 버리고 행성은 원이 아닌 다른 형태로 운동한다는 생각을 하게 된 것이었다. 원에서 계란형으로 바꿨다가 그것도 맞지 않자 그는 최후의 수단으로 가운데가 불룩 튀어나온 타원을 생각해냈다. 그는 타원 궤도를 이용해서 모든 것을 원점에서 다시 계산하기 시작했고, 마침내 20여 년에 걸친 수 없는 분석 끝에 마침내 우주의 비밀을 푸는 '케플러의 법칙'을 완성했다. 케플러의 제1법칙(타원 궤도의 법칙)은 "각 행성은 태양을 한 초점으로 하는 타원 궤도를 따라 움직인다". 케플러의 제2법칙(면적속도 일정의 법칙)은 "동일한 시간 간격 동안 태양과 행성을 이은 가상의 선이 쓸고 가는 면적이 같도록 행성의 움직이는 속력이 변한다". 케플러의 제3법칙(조화의 법칙)은 "타원 궤도의 평균 반지름의 세제곱은 행성이 태양을 한 바퀴 도는 데 걸린 시간의 제곱에 비례한다".

**결과 제시** 연구 결과는 그의 위대한 저작인 『새로운 천문학』(1609), 『코페르니쿠스 천문학 개요』(전3권, 1618, 1620, 1621), 『세계의 조화』(1619)로 출판되었다. 케플러의 법칙은 행성 운동에 대한 최초의 과학적인 이론이었지만, 당시의 천문학자들에게는 별다른 영향을 주지 못했다. 사람들은 타원형 궤도라는 개념을 못마땅해했고, 일부는 지구가 우주의 중심이 아니라는 사실을 외면하려고 했다. 거의 70여 년 뒤에 아이작 뉴턴Isaac Newton이 케플러의 법칙에서 단서를 얻어 중력이론을 발견하고, 왜 행성들이 타원형 궤도를 이루고 있는지를 설명한 후에서야 비로소 역사가들도 천체의 운행을 풀어낸 케플러의 불후의 공헌을 인정하기 시작했다. 뉴턴은 케플러의 법칙이 성립하는 이유를 그의 역학에 관한 법칙과 만유인력에 대한 이론으로 설명했는데, 케플러의 3가지 법칙 모두 매우 간단한 수학만을 이용해 뉴턴의 법칙에서 유도할 수 있었다고 한다.

## 직관의 탄생

영감이란 순간적으로 번뜩여서 문제를 단번에 해결하게 하는 통찰력으로 창의성에서는 영감의 중요성이 많이 부각된다. 일정 시점에서 영감이 발휘되어야만 창의성이 완성되는 것이다. 하지만 분석 단계에서는 영감에 대한 구체적인 언급조차 하지 않는다. 왜일까? 분석에서는 영감이 몰두와 고심 속에서 자연스럽게 나타나는 것으로 인식하기 때문일 것이다. 케플러가 원을 과감히 버리고 행성은 원이 아닌 타원 형태로 운동한다는 획기적인 발상의 전환을 했던 것은 분석에 몰두한 자연스런 결과였다.

분석 단계에서 영감은 따로 발휘되어야 하는 어떤 능력이 아니라 99퍼센트의 땀을 흘렸을 때 찾아오는 보상이다. 여기서 99퍼센트의 땀이란 계량적 분석의 핵심인 '선정된 변수를 측정해 변수 간의 관련성을 파악'하려고 열심히 몰두하는 과정이다. 이렇게 치열한 과정 속에서 몰입하고 몰두하고 안 풀리더라도 포기하지 않고 매달려 있으면 어느 날 우연히 영감이 떠오른다. 세계적인 무용가 트와일라 타프 Twyla Tharp가 "노력 없는 창의성은 없다"고 말했고, 뉴턴이 중력에 빠져 수년간 고생한 끝에 사과나무 아래서 사과가 떨어지는 것을 보고 영감을 얻은 것처럼 말이다.

직관도 마찬가지다. 직관의 사전적인 의미는 "판단, 추리 등의 사유 작용을 거치지 않고 대상을 직접적으로 파악하는 작용"(『엣센스 국어사전』)이다. 아무 근거도 없고 이유도 없지만 그럴 것이라는 확신이 드는 것이 직관이다. 하지만 나는 직관 역시 자기 전문 분야에서 오랫동안 수많은 계량적 분석을 반복했을 때 갖게 되는 능력이라고 생각한다. 변수를 측정해서 분석해보지도 않고도 변수 간의 관계를 즉각적으로 판단할 정도가 되면 직관이 저절로 생기는 것이 아닐까? 독일 철학자 헤겔은 "고도로 분석적인 사유를 하는 사람만이 순수하고 진정한 직관을 소유할 수 있다"고 말했다. 여기서 '고도로 분석적인 사유'는 수많은 계량적 분석의 경험을 일컫는 다른 표현이다.

창의성의 바탕이 분석이라는 사실은 창의성을 어떻게 개발할 것인지에 대한 방향을 제시한다. 일반적으로 창의성은 '새로우면서 유용한 아이디어를 산출할 수 있는 능력'으로 정의되지만, 계량적 분석 측면에서는 '문제 해결과 관련된 변수를 선정해 이를 측정한 뒤 변수들 사이의 새로운 관련성을 파악하는 능력'으로 정의할 수 있다. 다시 말해 눈에 보이지 않는 변수들 사이의 관계를 분석을 통해 찾아내는 것이 창의성이다. 따라서 창의적으로 업무를 하는 것은 연습하고, 훈련하고, 가르치고, 배울 수 있다. 개인적으로는 계량적 분석 역량을 키우려는 노력을 통해서, 기업에서는 계량적 분석 역량을 향상시키는 프로그램을 운영하거나 계량적 분석이 일상화된 조직 문화를 조성해서 달성할 수 있다.

## 분석 역량을 어떻게 키울 것인가?

분석 역량은 어느 한순간에 하나의 행동으로 키워지지 않는다. 즉, 평소에 갖고 있는 분석적 태도가 분석적 습관을 형성하고 이 습관은 분석 능력이 뛰어난 전문가로 만들어준다. 이 과정에서 분석적 지식과 기법은 각 단계와 상호작용을 하면서 연마되고 향상된다.

숫자를 두려워하지 마라. 많은 사람이 숫자를 대하면 자신 없어 한다. 초등학교에 입학하기 전부터 고등학교를 졸업할 때까지 가장 많은 시간을 들여 공부한 과목이 바로 수학일 텐데도 그렇다. 수학은 융통성이 없다. 다시 말하면 정확히 맞지 않으면 틀린다. 따라서 많은 사람에게 불편한 과목이다. 하지만 유능한 분석가가 되는 데 수학은 결코 중요한 요소가 아니다. 심지어 수학은 초등학교 6학년 수준이면 충분하다는 주장도 있다. "수학적 지식과 분석적 사고는 완전히 다른 것이다.……수학적 지식과 분석적 사고 간의 차이를 강조하는 이유는 분석적 사고를 잘하는 사람이 되기 위해서는 초등학교 6학년 수준 이상의 수학은 거의 필요하지 않기 때문이다."[3]

분석가에게 가장 중요한 것은 수학적 지식보다는 분석적 사고와 태도를 통해서 숫자에 근거를 두고 유용한 정보를 추출할 수 있는 능력이다. 물론 이 과정에서 수학적 기량이 어느 정도 필요하기는 하지만 대부분의 경우 우리가 고등학교 때까지 배운 수학적 지식으로도 충분하다. 분석 전문가가 되기 위해 필요한 수학적 지식의 많은 부분을 이미 알고 있다는 자신감을 가져야 한다. 행여 모르는 부분이 나오면 그때마다 추가로 하나씩 익히면 된다.

모르는 것은 바로 검색해서 찾아보아라. 글로벌 경제의 성숙기에 접어든 요즘은 각종 경제·경영 용어와 숫자가 방송과 신문, 심지어는 사람들 간의 일상적인 대화에서도 흔히 등장한다. 그런 용어와 숫자 중에 잘 모르는 것이 많은데도 많은 사람이 별 고민 없이 넘어간다. 분석 전문가를 지향하는 사람이라면 모르는 용어나 숫자가 나왔을 때 절대 그냥 넘어가면 안 된다. 숫자에 대한 두려움을 극복할 수 있을 뿐만 아니라 아주 좋은 공부 기회가 되기 때문이다. 구글 등 검색엔진을 이용하면 한두 번의 클릭만으로도 모르는 용어나 숫자에 대한 상세한 설명을 바로 얻을 수 있다. 이런 태도로 용어나 숫자를 대하면 짧은 기간 내 자신도 놀랄 정도로 기본적인 용어나 숫자에 능통해진다. 검색한 내용은 분야별로 노트를 만들어 정리해두면 좋다.

호기심을 확장하라. 호기심은 어느 분야에서나 배움의 보증서지만,

분석 능력을 키우는데도 호기심을 최대한 발휘하는 것이 좋다. 예를 들어 물가지수를 검색해서 찾았다면, 거기서 그치지 말고 그와 관련된 생활물가지수 등을 함께 찾아 동시에 이해하는 것이 효율적이다. 숫자를 접할 때는 늘 호기심을 발휘해서 그 숫자가 추가로 어떤 의미를 갖는지 생각해보는 것이 필요하다. 예를 들어 우사인 볼트Usain Bolt의 100미터 달리기 세계 신기록이 9초 58이라는 것을 알았다면, 이 기록이 시속으로는 얼마나 될지 호기심을 발휘한다. 그러면 다음과 같이 시속 약 40킬로미터라는 결과를 쉽게 얻을 수 있다.

$$9\text{초 } 58 \fallingdotseq 10\text{초} = \frac{1}{6}\text{분} = \frac{1}{360}\text{시간}$$

$$100\text{m} = 0.1\text{km}$$

$$\text{따라서 시속} = \frac{0.1\text{km}}{\frac{1}{360}\text{시간}} = 36\text{km}/\text{시간}$$

육상에서 가장 장거리를 뛰는 마라톤(42.195킬로미터)은 세계 신기록이 2시간 4분 23초다. 이것을 시속으로 환산하면 약 20킬로미터다. 이런 계산을 해보면 100미터 달리기의 빠르기와 마라톤의 속도를 더 잘 이해할 수 있다. 인간의 최고 속도인 약 시속 40킬로미터를 생각할 때 치타(시속 110킬로미터)나 말(시속 80킬로미터)이 얼마나 빠른지 알 수 있다. 또한 시속 40킬로미터는 초속 10미터 정도이므로 태풍 때문에 초속 50미터의 강풍이 분다고 하면 이는 시속 200킬로미터 정도로 계산되므로 그 강도를 이해하는 데 도움이 된다. 이런 호기심을 발휘하는 이유는 간단하다. 용어의 개념과 숫자의 의미를 더 확실히 이해하고 숫자와 친해지기 위해서다.

## 분석 역량을 어떻게 습관화할 것인가?

태도가 중요하지만 습관화하는 것은 더 중요하다. 새로운 행동을 생각하는 것보다는 새로운 생각으로 행동하는 것이 더 어려운 법이다. 다음에 제시하는 분석적 습관을 몸에 배게 한다면 분석가로서 필요한 기본 자질을 함양할 수 있을 것이다.

숫자를 요구하라. 분석적 사고를 갖춘 사람은 (그리고 그런 사람들을 키우고 싶은 조직은) 누군가 아이디어, 직감, 이론, 인과적 관찰을 제시할 때 항상 숫자를 요구해야 한다. "당신의 가설을 지지하는 데이터를 갖고 있는가?"라는 질문을 달고 다녀라. 숫자는 경험이나 주관적인 판단보다 많은 것을 더 정확하게 말해주기 때문에 항상 숫자를 보여 달라고 요구해야 한다. 숫자 속에는 상대방이 무엇에 대해 어떤 과정을 거쳐 어떻게 생각하느냐가 함축되어 있으므로 상대방의 주장을 객관적으로 판단할 수 있다. 수량화한 데이터 없이 결론으로 바로 가려는 충동을 억제해야 한다. 숫자를 요구하는 습관에 더해 자신의 주장도 언제나 근거가 되는 숫자와 함께 제시하는 습관을 키워야 한다. 주장하는 바를 확정하기 전에 확고한 데이터를 찾으려는 욕심을 가져야 한다. 그렇게 해야 주의 깊은 계량적 분석으로 아이디어를 강화할 수 있고 다른 사람을 설득할 수 있다.

숫자를 의심하라. 많은 사람이 숫자를 대하면 숫자가 주는 과학적인 이미지와 권위에 주눅 들어 그냥 받아들인다. 하지만 숫자는 일단 의심해야 한다. 의심을 통해서만이 확신을 얻을 수 있다. 새롭게 만난 사람을 대하듯이 숫자에 대해 좀더 알기 전까지는 숫자를 믿지 마라.

인과적 주장에 유의하라. 분석적 추론에서 가장 의심해야 할 것 중 하나는 인과관계를 인정하는 어려움이다. 실험을 할 때 실험집단과 통제집단을 만들어 무작위로 사람들을 배치하고 두 집단의 결과에 차이가 있다면 대개는 실험 조건을 원인으로 여기기 쉽다. 그러나 단순히 두 요인 사이에 통계적 관계가 있더라도 그것이 인과관계일 가능성은 낮다. 상관관계correlation는 인과관계causality가 아니다. 두 요인 간의 인과관계를 확인하는 유용한 기법은 사람들이 두 집단 중 하나에 무작위로 배정되었는지 확인하는 것이다. 무작위로 배정하는 것이 불가능했거나, 비용이 너무 많이 들었거나, 윤리적으로 의심스러웠다면 그 인과적 추정은 입증되지 않은 것이다.

예를 들어 "10년 연구 결과 과음이 암의 원인이다"라는 기사를 읽었다면, 실험 대상자가 집단에 무작위로 배정되어 10년 동안 과음을 하거나, 혹은 완전 금주를 했는지 의문을 가져야 한다. 그렇게 했을 가능성은 없어 보인다. 따라서 연구자가 10년 이상 관찰한 모집단에서 과음(아마 스스로 보고한)과 암의 상관관계를 발견했다는 것으로 보아야 한다. 그 연구자는 상관관계가 다른 변수들에 설명될 수 있다고 신중히 경고했을 것이다(예를 들면 과음자는 담배도 심하게 피우는 사람이었을 수 있다).

질문하라. 사람들이 질문하는 이유는 명확히 알기 위해서다. 마찬가지로 숫자를 의심해서 의문이 생기면 주저하지 말고 질문하는 습관을 가져야 한다. 많은 사람이 숫자에 대해 질문했다가 자칫 바보처럼 보일까봐 두려워한다. 하지만 질문을 해보면 그런 질문을 하는 것만으로도 사람들이 존경하는 시선으로 바라볼 것이다. 더욱이 어떤 숫자들은 반드시 추가적으로 질문을 해야만 명확하게 이해할 수 있다. 예를 들어 퍼센트는 비율에서 기준량을 100으로 보았을 때 비교하는 양을 나타낸 수로 2개 혹은 그 이상 숫자의 상대적 크기를 명확하게 비교해준다. 하지만 퍼센트를 대할 때는 퍼센트가 계산된 실제 숫자를 알아야만 올바른 판단을 할 수 있다. 67퍼센트 사람들이 찬성했다고 했을 때 3명 중 2명이 찬성한 경우와 1,000명 중 670명이 찬성한 경우는 그 질적인 면에서 크게 차이가 난다. 또한 누군가 평균을 이야기한다면 분포나 표준편차를 항상 함께 물어보아야 한다. 평균을 해석할 때는 자료들이 어느 정도로 흩어져 있는지가 중요하기 때문이다.

어떤 병에 걸린 환자에게 의사가 이 병에 걸린 사람은 평균 5년밖에 못 산다고 말했다면, 충분한 정보를 제공하지 않았다고 보아야 한다.

평균 생존 기간만 알고 생존 기간의 분포를 모른다면 환자는 그에 맞는 투병 계획을 세울 수 없다. 평균 생존 기간이 5년이라도 4년 반에서 5년 반 사이에 분포하는 경우(대개 5년 내외에 사망)와 1년에서 20년 사이에 분포하는 경우(일찍 사망할 수도 있고 꽤 오래 생존하기도 함)는 완전히 다르다고 볼 수 있다. 단지 평균만으로는 합리적인 의사결정을 내릴 수 없으며 평균 주위의 흩어진 정도까지 함께 보아야 한다는 의미다.

# CHAPTER 13

# 우리는
# 빅데이터를 어떻게
# 활용했는가?

살아남는 종은
가장 강한 것도 아니고
가장 똑똑한 것도 아니라
변화에 가장 잘 적응하는 종이다.

★ 찰스 다윈Charles Darwin

## 연애에서 결혼까지 문자메시지가 어떻게 변화하는가?

빅데이터는 그 이름에서 보이듯 엄청난 데이터 크기로 주목받지만, 가장 어려운 측면 또한 그 데이터를 구조화하기에는 부족한 점이 많다는 데 있다. 빅데이터 대부분이 표에 쉽게 정리할 수 없는 문서, 즉 게시물, 동영상, 사진, 음악 등 비정형 데이터이기 때문이다. 그중에도 매일 수억 건이 오가는 카카오톡 등의 문자메시지와 페이스북, 트위터 같은 SNS 게시글은 개인의 생각을 고스란히 담고 있기에 사람의 마음을 읽거나 여론 흐름을 파악하는 데 매우 중요하다.

빅데이터 분석의 여러 영역 가운데 소셜미디어 분석이 크게 주목받는 것도 그 때문이다. 최근 한 데이터 분석 전문가가 자신이 남편과 주고받은 문자메시지를 분석한 뒤 결혼 전후 내용이 어떻게 변했는지를 비교해 큰 화제를 모았는데, 이 사례는 소셜 빅데이터 분석이 갖는 장점과 극복해야 할 과제를 잘 나타내고 있다.

미국 인터넷 자동차 판매 포털사이트 카스닷컴www.cars.com에서 데이터 분석가로 일하는 앨리스 자오Alice Zhao는 2008년 10월 남자 친구(현재 남편)와 첫 데이트를 시작했다. 그의 남자 친구는 두 사람이 사귄 지 1주년을 기념해 그동안 둘이서 주고받은 모든 문자메시지를 정리해 워드Word 파일로 선물했다. 데이트를 시작한 지 6년 만에 결혼에 골인한 자오는 기념으로 남편에게 분석 전문가로서 더 흥미로운 선물을 하기로 했다. 자오는 신혼부부가 된 이후 최근 1년간 주고받은 문자메시지 내용을 6년 전 처음 연애하던 1년 동안의 문자메시지와 비교해 '연애에서 결혼까지 문자메시지가 어떻게 변화하는가'라는 제목의 글을 자신의 인터넷 블로그adashofdata.com에 올렸다. 두 사람 관계가 연인에서 부부로 발전함에 따라 문자메시지를 통한 소통이 어떻게 변했는지를 보여주는 이 글은 누리꾼들의 폭발적인 관심을 이끌며, 게재한 후 첫 주 만에 65만 여 건의 조회수를 기록했다.

자오는 먼저 문자메시지에 나타난 특정 단어와 그 빈도 차이를 분석했다. 그는 연애할 때 상대를 부르는 애칭으로 "헤이Hey, 무슨 일이야?"를 많이 썼지만 결혼 후에는 그 말을 거의 쓰지 않는 대신 남편이 보낸 문자메시지 대부분에 동의한다는 뜻의 "그래OK, 좋은데"를 많이 썼다. 또한 서로 이름을 부르거나 사랑한다는 내용을 보내는 경우가 크게 줄었다. '집'이나 '식사' 같은 단어는 빈도가 비슷했지만, 사용 맥락에서는 크게 차이가 났다. 예를 들어 연애할 때는 "집에 안전하게 가고 잘 자"였는데, 결혼 후엔 "집에서 봐"로 바뀐 것이다. 마찬가지로 "헤이, 월요일 저녁에 식사할 수 있어?"가 "오늘 저녁식사는 뭐야?"로 변했다.

문자메시지를 주고받은 시간을 보면 연애 시절에는 주로 오후 3시부터 새벽 3시 사이였지만, 결혼 후에는 "일 끝나면 데리러 와줄래?" 같은 내용으로 모두 낮 시간이었으며 밤에는 전혀 없었다. 자오는 둘 사이 관계가 발전하고 함께 보내는 시간이 많아질수록 서로 충돌하는 사항은 대화로 풀기 때문에 문자메시지가 더욱 예측 가능하게 되었다고 결론을 내렸다. 또한 문자메시지로 "사랑해"라고 더는 이야기하지 않는 것은 이제는 돌아누워 품 안으로 파고들며 귀에다 속삭일 수 있기 때문이라고 했다.

물론 자오의 문자메시지 분석은 빅데이터 시대의 데이터 마이닝 data mining 시각에서 볼 때 지극히 적은 데이터를 대상으로 한 사적 연구에 지나지 않는다. 하지만 그의 연구는 소셜미디어 분석의 목적, 즉 분석을 통해 텍스트에 내재한 일관적인 패턴을 파악하는 목적을 잘 달성했다. 이 연구는 두 사람 간 문자메시지를 통한 소통이 로맨틱함에서 어떻게 현실적으로 변했는지를 잘 나타낸다. 하지만 이 사례와 달리 대부분 소셜미디어 분석은 '사실fact'은 상대적으로 쉽게 파악할 수 있지만, 그 사실이 일어난 원인을 규명하는 데 큰 어려움을 겪는다.

자오의 데이터를 두 사람의 관계 변화를 모르는 제3자가 분석한다면, 특정 단어 빈도가 어떻게 변했는지는 파악할 수 있어도 왜 그런 변화가 일어났는지에 대한 추정은 다를 수 있는 것이다. 예를 들어 집과 식사에 대한 언급은 달라지지 않았지만, 애칭과 사랑한다는 내용이 크게 줄었고 문자메시지도 주로 낮에만 보내기 때문에 이제 두 사람 사이가 015B의 노래 〈아주 오래된 연인들〉의 가사처럼 습관과 의무감만 남은 연인이 되었다고 추정할 개연성이 높다. 하지만 이는 실제와 정반대 추론일 뿐이다.

## 윌 스미스의 할리우드 성공 방정식

빅데이터 시대에 많은 기업과 공공기관이 빅데이터 도입을 검토하고 있다. 빅데이터 도입에서 가장 중요한 것은 무엇일까? 그것은 빅데이터 도입의 목적, 즉 왜(어떤 문제를 해결하기 위해) 빅데이터를 도입하는지 명확히 하는 것이다. 빅데이터를 도입한다는 것은 현실에서 일어나는 비즈니스 문제를 대부분 데이터 분석을 통해 해결하기 위해서다. 다시 말해 문제와 관련한 데이터를 수집한 뒤 이를 분석해 데이터 속에 숨은 인사이트를 찾아내서 문제 해결에 활용하는 것이다.

구체적으로는 문제와 관련한 데이터를 체계적으로 수집하고 통계 모델로 분석해 어떤 일이, 왜 벌어지고 있는지에 대한 통찰력을 끄집어낸 뒤 이를 경영 전략 수립과 의사결정에 적극적으로 활용하는 것을 말한다. 이는 과거 경험이나 감이 아니라 바로 데이터, 즉 사실에 근거해 의사결정을 하고 경영을 하는 것이다. 내가 '빅데이터 시대 기업의 대응'이나 '빅데이터 시대, 분석 능력을 키워라'라는 제목으로 특강을 할 때마다 흔히 받는 질문이 있다. 그것은 '데이터 분석을 통해 인사이트를 추출한 뒤 이를 문제 해결을 위한 의사결정에 활용한다'는 의미를 좀더 잘 이해할 수 있도록 쉬운 사례를 들어달라는 것이다. 그때마다 내가 제시하는 사례가 미국 영화배우 윌 스미스Will Smith에 관한 이야기다.

윌 스미스는 래퍼로 시작해 TV 탤런트를 거쳐 지금은 영화계를 주름잡는 최고의 흥행 스타로 활약하고 있다. 2009년 경제전문지 『포브스』는 전 세계 영화전문가를 대상으로 1,400여 명의 할리우드 배우의 흥행성star currency을 조사했다. 투자 매력도, 박스오피스 성공 가능성, 매스컴 화제성 등의 다양한 속성을 평가한 결과, 만점(10점)을 받은 유일한 배우가 윌 스미스였다. 조니 뎁Johnny Depp, 리어나도 디캐프리오Leonardo Dicaprio, 앤젤리나 졸리Angelina Jolie, 브래드 피트Brad Pitt가 9.89점으로 공동 2위를 차지했으며, 톰 행크스Tom Hanks, 조지 클루니George Clooney, 덴절 워싱턴Denzel Washington, 맷 데이먼Matt Damon, 잭 니컬슨Jack Nicholson 등이 20위권 내에 올랐다.

사실 윌 스미스는 영화에 본격적으로 데뷔할 때부터 엄청난 성공은 거두었다. 어떻게 그는 영화에 데뷔하자마자 성공가도를 달릴 수 있었을까? 영화전문가들은 여러 이유를 대겠지만 분석전문가의 시각으로 보면 윌 스미스가 영화를 분석적으로 접근한 것이 결정적 이유라고 생각한다. 그가 데이터를 분석적으로 접근한 과정은 어렵지 않다. 단지 영화 분야에서 이렇게 접근한 사람이 없었을 뿐이다. 1980년 중반 '더 프레시 프린스The Fresh Prince'란 이름의 래퍼로 데뷔한 윌 스미스는 1990년 미국 NBC에서 자신의 이름을 딴 시트콤 〈더 프레시 프린스 오브 벨에어The Fresh Prince of Bel-Air〉에 출연해 큰 성공을 거두었다. 1996년에 본격적으로 영화에 진출하고자 마음먹은 윌 스미스가 제일 처음 한 것은 흥행에 성공한 영화의 데이터를 분석해 성공 패턴을 찾으려는 것이었다.

윌 스미스는 최근 10년 동안 박스오피스에서 최고 흥행을 거둔 영화 10편을 고른 다음 그 영화 내용을 분석했다. 분석이란 데이터 속에 숨은 일관적인 패턴을 찾는 것이다. 그가 찾아낸 흥행 성공의 패턴은 10편 모두 특수효과를 썼고, 그중 9편에는 외계 생명체가 등장했으며, 그중 8편에는 러브스토리가 있다는 것이었다. 이런 분석을 바탕으로 그가 고른 영화는 〈인디펜던스 데이〉였고 그다음이 〈맨 인 블랙〉이었다. 두 영화 모두 외계인이 등장하고 최고 수준의 특수효과로 꽉 찬 영화다. 이 두 영화는 전 세계적으로 약 13억 명의 관객을 끌어모았다.

이런 폭발적인 성공은 그 후에도 계속 이어져 미국 내에서는 연속으로 8편이 1억 달러 이상 수익을 냈고, 국제적으로는 영화 11편이 연속직으로 1억 5,000만 달러 이상 수익을 내면서 윌 스미스는 기네스북에도 올랐다. 지금까지 그가 출연한 영화 21편 중 1억 명 이상 관객을 모은 영화가 17편, 5억 명 이상이 관람한 영화는 5편이며 총 관객수는 66억 명에 달한다. 영화전문가들은 윌 스미스가 액션, 코미디, 드라마 등 장르에 관계없이 순전히 그의 이름 하나로 많은 관객을 끌어들일 수 있는 최고 흥행 배우라는 데 인식을 같이한다.

## 수학의 힘으로 패턴을 발견한 멘델

윌 스미스보다는 데이터 수집이나 인사이트 추출을 위한 분석에 많은 노력이 필요했던 사례를 들어보자. 지금부터 약 160년 전인 1856년쯤, 오스트리아의 한적한 시골 수도원에서 한 수사修士가 완두콩을 재배하기 시작했다. 8년 동안이나 225회에 이르는 복잡한 교배실험으로 1만 2,980개의 잡종을 얻은 그는 엄청나게 복잡한 데이터를 분석하는 작업에 몰두했다. 끈질긴 분석 끝에 마침내 그는 유전형질의 숨겨진 패턴을 찾아냈다. 하지만 아쉽게도 당시 그의 완두콩 실험은 아무런 주목도 받지 못했고, 수십 년이 지난 후 비로소 19세기의 가장 위대한 과학적 성과로 인정받았다. 그가 바로 유전학의 아버지라 불리는 그레고어 요한 멘델Gregor Johann Mendel이다.

가난한 집안에서 태어난 멘델은 더 나은 교육을 받기 위해 수도원에 들어갔다. 나중에 빈Wien의 한 대학에 진학한 그는 특히 식물학에 매료되었다. 당시 농부들은 식물을 선택적으로 교배해 형질을 개량하는 방법을 수백 년간 활용하고 있었다. 하지만 식물을 잘 교배하면 왜 그런 개량이 가능한지 아무도 설명하지 못했다. 멘델은 식물의 자손이 부모 세대의 형질을 그대로 지니지만 어떤 경우에는 부모 세대에게 없는 형질이 나타난다는 점에 주목했다. 그는 여러 세대에 걸쳐 색깔, 길이, 모양 등의 형질이 전달되는 방식에 어떤 규칙성이 있을 것이라고 생각했다. 세대 간에 형질이 전해지는 방식을 알아내려면 장기간에 걸친 식물 재배가 필요했고, 멘델은 수도원에서 이를 직접 하기로 결심했다.

그 무렵 유전(비록 이 용어는 아직 등장하기 전이었지만)을 설명하는 여러 가설이 있었으며, 찰스 다윈의 자연선택이론도 막 세상에 알려지고 있었다. 일반적으로 받아들여지는 가설은 세대 간에 걸쳐 유전되는 형질이 서로 섞인다는 것이었고, 다윈도 부모 형질이 자손에게 반씩 섞인다고 믿었다. 장 바티스트 라마르크JeanBaptiste Lamarck의 이론, 즉 사용하지 않는 형질은 잃게 되고, 사용하는 형질은 발달되며, 획득된 형질은 유전된다는 이론 역시 여전히 사실로 받아들여지고 있었다.

하지만 멘델은 철저하고 꼼꼼하게 계획된 실험을 통해 유전의 규칙적인 패턴을 찾아내려고 했다. 비슷한 시기 이런 실험을 수행한 학자가 여러 명 있었지만, 수많은 데이터 속에서 형질의 유전에 관한 일반적인 패턴을 발견하지는 못했다. 멘델은 수집한 데이터를 통해서만 후손에게 형질이 전해지는 일관적인 법칙을 탐구할 수 있다는 것을 알았다.

멘델은 교배실험 대상으로 완두콩을 선택했다. 완두콩은 싸고 재배하기 쉬우며 한 세대가 짧고 암수 한몸이라 자화수분自花受粉(식물 한 개체에 피어 있는 한 꽃에서 수분이 이루어지는 일)을 통제할 수 있다는 장점을 지녔다. 완두콩의 수백 가지 형질 가운데 멘델은 대립형질이 뚜렷해 중간적인 형질이 나오기 어려운 7개 형질, 즉 꽃의 위치(줄기, 줄기 끝), 꽃의 색깔(주황, 흰색), 줄기의 길이(짧거나 긺), 씨의 모양(둥글거나 주름), 씨의 색깔(황색, 녹색), 콩깍지 모양(부풀거나 쭈글쭈글), 콩깍지 색깔(황색, 녹색) 등을 선택했다. 다음 세대에서 중간적인 형질이 나타나지 않는 조건은 매우 중요했다. 당시 일반적으로 받아들여지던 이론은 다음 세대에서는 형질이 서로 섞인다는 것이었기 때문이다.

1856년부터 1863년 사이에 멘델은 인내심을 갖고 꼼꼼하게 실험을 진행했다. 서로 다른 완두콩을 이종교배하기 위해 한 종류의 완두콩에 조심스럽게 다가가 수술에 있는 꽃가루를 맨손으로 제거한 다음, 다른 종류의 완두콩 꽃가루와 수분시켰다. 그런 다음 새로운 완두콩 세대에서 교배된 결과로 나타난 형질을 꼼꼼히 기록했다. 그는 8년에 걸쳐 225회에 이르는 완두콩 교배실험으로 7개 형질이 여러 세대에 걸쳐 교배된 1만 2,980개 잡종을 얻었다. 멘델은 그 데이터 속에서 각 형질이 전달되는 어떤 규칙성을 찾기 위해 그것을 분석하는 엄청난 작업을 진행했다.

멘델이 공부를 가장 많이 한 분야도 수학이며, 그런 배경을 바탕으로 그는 완두콩 실험 결과에 수학적 정확성을 적용해 일관적인 패턴을 찾아내는 데 주력했다. 엄청난 데이터 속에서 멘델이 기적적으로 찾아낸 규칙성은 흔히 '멘델의 법칙'이라 부르는 3가지 법칙, 즉 우열의 법칙(대립형질 사이에는 우성·열성의 관계가 있으며 이질적인 조합에서는 우성 형질만 발현된다), 분리의 법칙(우성이 발현된 잡종을 다시 교배하면 형질의 분리가 일어나 3대 1의 비율로 열성이 나타난다), 독립의 법칙(형질들끼리는 서로에게 영향을 끼치지 않고 독립적으로 발현된다)이다.

멘델은 실험 결과를 두 부분으로 나눠 1866년 무명의 지방학회지인 『브륀자연과학연구회보』에 「식물 잡종에 관한 실험들Experiments in Plant Hybridization」이라는 제목으로 논문을 발표했다. 그는 논문의 별쇄본 40부를 주문해 유럽 과학계의 주요 인사들에게 보냈지만 아무런 주목을 받지 못했다. 심지어 멘델이 다윈에게 보낸 논문 봉투는 다윈이 사망한 후 그의 자료를 정리할 때 발견되었는데, 개봉조차 안 한 상태였다고 한다. 멘델의 논문은 그로부터 34년 후에야 주목받는다. 멘델과 거의 같은 발상으로 유전의 패턴을 규명하는 실험을 계획했던 유럽 학자들이 우연히 무명의 지방학회지에 실렸던 멘델의 논문을 알게 되었고, 유전의 법칙성을 이미 밝힌 멘델의 역사적인 업적을 확인한 것이다.

물론 기업에서 하는 빅데이터 분석은 이 사례와는 비교가 안 될 정도로 자료의 수집, 처리, 분석이 더욱 복잡하다. 하지만 분석 목적은 여전히 같다. 즉, 데이터 속에 숨어 있는 인사이트를 찾아내 문제 해결에 활용함으로써 기업 가치를 증대시키는 것이다. 흔히 빅데이터는 3V, 즉 엄청난 크기Volume, 다양한 형태Variety, 빠른 데이터 유입 속도Velocity 등 3가지를 특징으로 정의된다. 하지만 빅데이터에서 중요한 것은 '빅'도 아니고 '데이터'도 아니다. 빅데이터의 진정한 효용은 또 다른 V, 즉 빠른 속도로 유입되는, 엄청나게 큰 규모의, 다양한 형태의 데이터 속에서 인사이트를 추출해 기업 가치Value를 증대시키는 데 있다.

## 최초로 의무기록표를 만든 나이팅게일

2011년 1월 소말리아 해적들이 삼호주얼리호를 납치했을 때 우리 해군 청해부대는 '아덴만 여명작전'을 벌여 해적을 소탕하고 배를 구출해냈다. 하지만 그 과정에서 석해균 선장은 저항하는 해적들이 쏜 6발의 총탄을 맞고 사경을 헤맸다. 그때 아주대학교병원의 이국종 교수는 석해균 선장을 구하러 오만까지 날아갔고 괴사성근막염으로 온몸이 썩어가던 선장을 기적적으로 살려냈다. 당시 이국종 교수 옆에서 치료를 도운 간호사도 있었는데, 아쉽게도 그 간호사는 언론의 스포트라이트를 받지 못했다. 이처럼 간호사는 직접적으로 치료를 담당하는 의사가 아니기 때문에 거의 주목을 받지 못한다. 그러나 나이팅게일은 달랐다. 의사가 아님에도 세계적으로 가장 유명한 인물이 되었다. 나이팅게일은 어떻게 현대 간호학의 기초를 다진 '백의의 천사'가 되었을까?

나이팅게일은 1854년 크림전쟁Crimean War의 참상에 자극받아 자신이 직접 모집한 38명의 자원봉사자와 함께 터키에 있는 영국군 야전병원으로 갔다. 그곳에 도착한 나이팅게일은 병원의 끔찍한 상황에 놀랐다. 환자들이 전장에서 입은 부상 때문이 아니라 야전병원에서 다른 질병에 감염되어 죽고 있었다. 나이팅게일이 도착한 1854년 겨울에는 병원에 입원한 환자의 사망률이 43퍼센트에 달했다. 그는 이런 상황을 '범죄'라고 분노하며 이를 개선하고자 발 벗고 나섰다.

당시는 질병의 원인인 세균이 발견되기 전이었고 또한 간호학은 아직 걸음마조차 하기 전이었기 때문에 나이팅게일이 참고할 만한 자료가 전무했다. 그는 질병이 병원의 더러운 위생시설, 각종 악취, 지저분한 환경 때문에 발생하는 것으로 판단해 병실을 깨끗이 청소하고 뜨거운 물이 나오는 세탁실을 만들었다. 또한 이 문제를 해결하는 데 통계를 이용할 수 있다고 생각해 체계적으로 자료를 기록하기 시작했다. 당시 병원 관리는 형편없는 상태로 입원, 치료, 질병, 사망 원인 등이 제대로 기록되지 않았고 심지어 사망자 수조차 정확히 기록되지 않았다.

나이팅게일은 체계적인 병원 관리를 위해 세계 최초로 의무기록표를 만들어 입원 환자 진단(부상 내용), 치료 내용, 추가 질병 감염 여부, 치료 결과(퇴원 혹은 사망 원인) 등을 매일매일 꼼꼼히 기록하고 이를 월별로 종합해 사망자 수와 사망 원인을 정리했다. 또 지속적으로 병원 위생 상태를 개선한 결과 병원에서 2차 감염으로 사망하는 수가 확실히 감소했다. 여기서 그치지 않고 나이팅게일은 이런 사실을 어떻게 하면 효과적으로 사람들에게 알릴 수 있을지를 고민했다.

영국 여성들은 학교에서 교육받는 것이 금지되어 있어 나이팅게일의 아버지는 딸을 직접 가르쳤다. 수학을 좋아했던 나이팅게일은 숫자와 정보를 일목요연하게 정리하는 일에 관심을 가졌다. 하지만 숫자로만 된 표는 눈길을 끌지 못해 사람들이 표 속에 들어 있는 중요한 정보를 놓치기 쉽다는 점을 염려했다. 나이팅게일은 자신이 분석한 결과를 누구나 쉽게 이해할 수 있도록 독특한 파이pie 형태의 그림을 고안해냈다. 이는 비위생적인 환경 때문에 발생한 불필요한 죽음을 한눈에 보여주는 것이었다. 지금은 이런 그래프가 별것 아니지만 160여 년 전에는 이처럼 데이터를 시각화하는 것이 신선하고도 놀라운 방법이었다.

나이팅게일은 이 그래프에서 질병 원인별 사망률이 매월 어떻게 변화하는지를 여러 색깔을 써서 나타냈다. 붉은색은 전장에서 입은 상처로 죽은 경우이고 푸른색은 병원 감염, 즉 예방이 가능했던 질병으로 인해 죽은 경우였다. 이 그래프만 봐도 누구나 병원에서의 감염은

막으려면 위생 개혁이 중요하다는 사실을 알게 되었다.

나이팅게일은 동부지역 육군의 사망과 관련한 그래프를 편지와 함께 계속 영국으로 보냈고, 영국 신문은 이 그래프가 명백하게 보여주는 충격적인 사실에 놀라 이를 대대적으로 보도했다. 사람들은 부상한 군인들이 병원에서 치료받기는커녕 오히려 그곳에서 병을 얻어 사망하고 있다는 사실에 경악했다. 사람들의 비난이 빗발치자 정부는 서둘러 특별조사단을 파견했고, 병원의 위생 개혁을 서두르는 등 대책 마련에 나섰다.

나이팅게일이 도착한 지 6개월 만에 부상병들의 사망률이 급격히 감소하기 시작했다. 2년 만에 전쟁이 끝나 귀국했을 때 나이팅게일은 이미 유명 인사가 되어 있었다. 그는 이러한 명성을 바탕으로 세계 최초로 간호대학을 설립해 현대 간호학의 기초를 세웠다. 나이팅게일이 독창적인 그래프를 제시하지 않고 편지만 보냈다면 어떻게 되었을까? 신문에 기사로 보도되지 않았거나 보도되었더라도 그렇게 큰 반향을 불러일으키지는 못했을 것이다. 숫자가 나타내는 정보를 시각화해 쉽게 이해할 수 있도록 전달하면 그 효과는 확실히 달라진다.

# CHAPTER 14

## 기업은
## 빅데이터를 어떻게
## 활용했는가?

미지의 바다에서
어려움을 겪는 기업이 되느냐,
아니면 세계적으로
성공적인 기업이 되느냐는
데이터와 정보의 활용 여부에
달려 있다.

★ 제프 베저스Jeff Bezos

## 하림의 닭 무게 측정과 예측

진화론 창시자인 찰스 다윈Charles Darwin은 "살아남는 종은 가장 강한 것도 아니고 가장 똑똑한 것도 아니라 변화에 가장 잘 적응하는 종" 이라고 말했다. 마찬가지로 변화에 적응하지 못하는 기업은 치열한 경쟁에서 낙오될 수밖에 없다. 지금 우리는 모바일 디바이스, 사물인터넷 센서, 소셜미디어가 데이터 폭증을 주도하는 빅데이터 시대를 살아가고 있다. 기업이 빅데이터 시대에 적응하려면 첫째는 데이터 분석적인 경영을 한다는 마인드로 무장해야 한다. 데이터 분석적 경영이란 비즈니스 문제를 데이터 분석에 근거해 해결하는 것을 의미한다.

데이터 분석적 경영의 중요성에 대해 아마존의 창립자이자 최고경영자CEO인 제프 베저스Jeff Bezos는 "미지의 바다에서 어려움을 겪는 기업이 되느냐, 아니면 세계적으로 성공적인 기업이 되느냐는 데이터와 정보의 활용 여부에 달려 있다. 이 세상의 미래 주인은 계량적 분석에 뛰어난 기업들, 즉 사물들이 관련되어 있다는 것을 알 뿐 아니라 왜, 그리고 어떻게 관련되어 있는지를 아는 기업들"이라고 설파했다.

둘째는 기업이 빅데이터 시대에 경쟁우위를 높이려면 디지타이징 비즈니스digitizing business로 자신의 사업을 혁신해야 한다. 디지타이징 비즈니스란 빅데이터 시대의 5대 핵심 기술인 소셜미디어, 모바일 디바이스, 사물인터넷, 빅데이터, 클라우드 서비스를 자신의 비즈니스에 과감하게 도입해 비즈니스를 혁신하는 것을 말한다. 빅데이터와 전혀 관계없을 것 같은 닭 사육농장에서 사물인터넷을 적용한 '디지타이징 비즈니스'로 혁신을 달성한 기업이 있다.

국내 최대 닭고기 전문 기업인 하림은 530여 개 직영 · 계약 농장에서 연간 2억 마리의 닭을 키워낸다. 농장에 들어온 병아리들을 30일 정도 사육한 뒤 한꺼번에 트럭에 실어 출하한다. 하지만 2000년대 이후부터 수요처들이 까다로워져 세세한 무게 조건을 달기 시작했다. 예를 들어 학교 급식업체에서는 1.7킬로그램 이상, 프랜차이즈 업체에서는 1.5~1.6킬로그램, 2마리를 한 세트로 파는 업체에서는 1.1~1.2킬로그램의 조건을 요구했다. 이 무게 기준에 미달하거나 초과하는 경우에는 닭을 해체한 후 부위별로 판매해야 하기 때문에 제값을 받지 못했다. 따라서 사육 중인 닭의 정확한 무게 예측이 매우 중요해졌다. 닭 무게가 기준에 미달하거나 초과해 마리당 200원의 가격 손실을 본다고 할 때, 연간 출하량의 10퍼센트인 2,000만 마리가 규격에 맞지 않는다면 연간 손실은 40억 원에 이른다.

지금까지는 닭 무게 측정과 예측이 비효율적이고 부정확했다. 사람이 일주일마다 전체 닭의 1퍼센트 정도를 샘플로 잡아 일일이 무게를 측정한 뒤 평균 무게를 추정하고, 출하에 임박해서는 매일 저울에 달아보며 무게를 예측했다. 더욱이 무게 측정을 위해 사람들이 자주 농장에 들락거리다 보니 닭들이 스트레스를 받았다. 하림은 정확한 무게 예측을 바탕으로 최적의 출하 시기를 결정하기 위해 시범농장에 사물인터넷을 도입했다.

'501 양계농장'은 하림의 직영농장으로 전북 김제시 백산면에 있는데, 총 5개 동棟에서 연간 100만 마리를 키워낸다. 이 농장에는 닭들의 움직임을 추적하는 적외선 CCTV, 닭이 폴짝 뛸 때마다 10분의 1초 간격으로 무게를 재는 센서, 온도와 습도 · 벤젠 · 톨루엔 · 분진을 각각 측정하는 센서와 이러한 데이터를 실시간으로 전송하는 무선통신 장비가 설치되었다. 이렇게 해서 중앙분석센터에는 매일 86만 4,000개의 데이터가 축적되었고 이를 분석해 닭들의 체중 증가 추이, 10그램 단위의 무게 분포와 평균 무게를 정확히 예측할 수 있게 되었다.

센서를 이용한 측정, 데이터 무선 송신, 데이터 분석을 통한 예측 등 사물인터넷의 기본적인 틀을 농장에 적용함으로써 언제 몇 킬로그램의 닭을 몇 마리나 출하할 수 있는지 정확하게 예측할 수 있는 '스마트 농장'을 구현한 것이다. 더욱이 농장의 온도와 습도를 비롯해 벤젠 · 톨루엔 · 분진 같은 환경요인와 닭 체중의 증가 추이를 함께 분석함으로써 닭 폐사를 방지하고 닭들을 건강하고 빠르게 키울 수 있는 사육 환경의 최적화 매뉴얼도 만들 수 있었다. 하림이 501 양계농장에 설치한 시스템을 다른 농장으로 확산하려는 계획은 당연히 예상되는 수순이다.

물론 자신의 비즈니스에 빅데이터 시대의 5대 핵심 기술을 과감하게 도입해서 비즈니스를 혁신한다고 해도 기업의 경쟁력 강화가 바로 달성되지 않을 수도 있다. 하지만 서서히 전사적 측면에서 빅데이터를 분석하고 그에 기반을 둔 의사결정 범위를 넓혀간다면, 빅데이터를 도입하지 않은 기업보다 큰 경쟁력을 갖출 수 있는 것은 자명하다. 더욱이 이런 혁신 과정을 통해 축적한 경험과 데이터, 하드웨어와 분석 솔루션은 기업에 새로운 서비스나 제품을 판매할 기회도 제공한다.

예를 들어 하림은 농장에서 축적한 데이터와 경험을 바탕으로 닭 농장의 최적 사육 환경에 대한 컨설팅 서비스를 제공할 수도 있다. 심지어 컨설팅은 물론 전용 센서와 무선통신 패키지, 분석 솔루션을 합친 플랫폼을 개발해 전 세계에 판매할 수도 있을 것이다. 다시 말해 데이터를 잘 활용하는 기업에는 새로운 사업 기회가 덤으로 주어진다.

## 유유제약의 리포지셔닝 전략

인터넷 포털사이트 네이버나 다음 검색창에 '멍 빨리 없애는 법', '멍 없애는 연고' 등을 입력하면 연관되어 단골로 등장하는 일반 의약품이 있다. 바로 유유제약의 '베노플러스겔'이다. 몇 년 전만 해도 유유제약은 베노플러스겔을 '진통소염제'로 판매하고, 영업 사원들도 이 제품을 '멘소래담'과 유사한 제품이라고 광고했다. 그나마 차별적인 강점으로 내세운 게 "피부 자극이 적으니 민감한 아기 피부에도 사용할 수 있다"는 정도였다. 그런데 몇 년 전 멍 치료제라는 새로운 시장을 개척한 후 베노플러스겔의 인지도와 매출은 크게 상승했다. 타깃 고객층을 아이에서 성인 여성으로 바꾸고 단순 의약품을 넘어 미용에도 도움이 되는 뷰티 상품으로 리포지셔닝한 덕택이다. 베노플러스겔의 리포지셔닝 전략은 소셜미디어 분석에서 탄생했는데 그 과정이 흥미롭다.

베노플러스겔은 유유제약이 1988년부터 생산한 '바르는 진통소염제'지만, 이 카테고리에는 이미 '물파스'뿐 아니라 '멘소래담', '안티프라민' 등 소비자들에게 깊이 각인된 브랜드들이 있었다. 따라서 베노플러스겔을 아는 사람도 거의 없었고, 매출액도 지난 10년 넘게 변화가 없었다. 유유제약은 침체를 돌파하기 위해 소셜미디어 분석에 주목했다. 유유제약은 소셜미디어 분석을 통해 소비자의 마음을 읽는다면, 새로운 시장 기회를 포착할 수 있으리라 예측했다.

유유제약은 2012년 초부터 방대한 데이터 분석에 나섰다. 트위터와 페이스북, 인터넷 블로그 등을 통해 26억 건의 소셜 데이터를 분석한 결과, 부기나 타박상에는 물파스뿐 아니라 멘소래담, 안티프라민 같은 제품과 정형외과 치료에 대한 연관 검색어가 많았다. 또한 벌레 물린 데는 '버물리'처럼 확실히 각인된 브랜드가 있었지만, 멍에 대해서는 소비자들에게 인식된 특별한 연고가 없다는 사실을 발견했다. 사람들은 대부분 멍을 없애기 위해 달걀이나 쇠고기를 이용할 생각만 하고 있었다. 물론 멍 빼는 연고에 대한 질문도 있었지만, 그에 대한 답변으로 구체적인 브랜드가 언급된 경우는 거의 없었다. 그저 '약국에 가서 멍 빼는 약 달라고 말하면 됩니다' 식의 답변만 있을 뿐이었다.

더욱이 블로그를 대상으로 3억 4,000만 건을 분석한 결과, '멍-여성' 키워드 조합이 '멍-아이' 키워드 조합보다 6배 정도 많았다. 이는 여성을 대상으로 한 잠재 시장이 아이를 대상으로 한 시장의 크기보다 압도적으로 크다는 것을 의미했다. 또한 사람들이 멍들었을 때 가장 많이 하는 행위는 '가리기'로 나타났다. 멍을 가리는 행위에 대해 심층 분석해보니 미니스커트나 민소매 옷을 입을 때 무릎이나 팔, 다리 등에 생긴 멍을 숨기려고 메이크업으로 가리는 경우가 많았다. 그에 따라 계절적으로는 노출이 많은 여름철에 멍에 대한 검색이 집중적으로 몰릴 것이라고 예상했는데, 의외로 겨울방학 철에도 여름과 비슷한 수준으로 멍에 대한 검색이 급증하는 현상을 발견했다. 원인은 다름 아닌 성형 특수 때문이었다. 고3 수험생이나 대학생이 겨울방학 기간을 이용해 성형을 많이 하다 보니 얼굴에 남은 멍과 부기를 제거할 방법에 대한 검색을 많이 한 것이다.

분석 결과를 요약하면 먼저 멍에 대해서는 일반 의약품 시장을 지배하는 선점 브랜드가 없고, 멍에 대한 수요는 아이보다 여성이 훨씬 많다는 것이다. 또한 베노플러스겔이 지향해야 할 목표 시장은 일반 의약품뿐 아니라 미용, 더 나아가 성형외과도 연관시켜 포지셔닝할 수 있음을 시사했다. 이 같은 분석 결과를 바탕으로 유유제약은 2012년 여름부터 기존 마케팅과는 전혀 다른 접근을 시도했다. 먼저 베노플러스겔의 타깃 고객층을 기존 아이에서 성인 여성으로 바꾸면서 포스터부터 새로 제작했다. 과거엔 '못난이 인형'을 광고 모델로 내세우고 '아이들 피부에는 부드럽게 감싸주는 베노플러스겔을 발라주세요'라는 문구를 달았다. 반면 일러스트 형식으로 새롭게 바꾼 광고에서는 치마를 입은 여성이 멍든 무릎을 보면서 '이런 멍 같은 경우엔 베노플러스'라는 메시지를 전달하게 했다.

특히 겨울철 성형 수요를 의식해 겨울용 광고 포스터도 따로 제작했다. 성형 후 얼굴에 붕대를 감은 여성이 쇠고기나 달걀 대신 베노플러스겔을 선택하는 장면을 연출, 수술 후 멍과 부기를 빨리 빼고 싶어 하는 여성의 고민을 정면으로 다루었다. 더욱이 새로 제작한 광고를 성인 여성이 많이 보는 패션·뷰티 잡지에 집중적으로 게재했는데, 패션지에 광고를 낸 건 73년 유유제약 역사상 처음 있는 일이었다. 이 밖에 지하철 열차 내부에도 장기 광고를 게재하고, 제품 디자인도 새롭게 바꾸었다. 의약품 분위기가 풍기는 일상적인 연고 디자인에서 립글로스처럼 매끄러운 튜브 형태의 용기로 바꾼 것이다. 제품 포장지에 '부은 데, 멍든 데, 타박상, 벌레 물린 데' 순서로 표기되어 있던 용도 설명도 '멍, 부기, 타박상, 벌레 물린 데'식으로 순서를 바꿔 멍이라는 단어가 맨 앞에 오도록 다시 디자인했다.

당연히 멘소래담과 유사한 제품이라는 판매 전략에도 변화를 주었다. '베노플러스겔은 멍 빼는 데 특효'라는 점을 내세우며 약사들과 적극적으로 커뮤니케이션했다. 심지어 이전에는 신경 쓰지도 않던 성형외과 의사들에게까지 찾아가 제품에 대해 알렸다. 오프라인뿐 아니라 온라인에서 입소문을 내기 위한 마케팅에도 힘썼다. 의약품 관련 후기를 쓰는 블로거들은 물론이고 화장품이나 미용 관련 제품 리뷰를 많이 하는 파워블로거들에게도 베노플러스겔의 존재를 적극적으로 알렸다. 베노플러스겔의 리포지셔닝 전략은 일반 약국은 물론 성형외과나 정형외과에서도 문의해올 정도로 큰 성공을 거두었다. 또한 인터넷 포털사이트에서 베노플러스겔의 검색 건수가 5배 넘게 늘어난 반면 '멍 빨리 없애는 법'이라는 검색어는 33퍼센트 줄어들었다. 그에 따라 매출액도 1년 만에 50퍼센트 늘어났다.

세계적으로 가장 창의적인 기업들이 빅데이터 분석에 기반을 두고 경쟁 우위를 구가한다는 사실은 다음의 2가지를 시사한다. 첫째, 빅데이터 시대에 기업 창의성의 원천은 새로운 원유原油라고 일컬어지는 데이터 분석에 있다는 것이다. 둘째, 개인의 창의성도 분석 능력을 키우려는 노력을 통해 기를 수 있다는 것이다. 즉, 기업들은 직원들을 대상으로 분석 능력을 향상시키는 프로그램을 운영하거나 분석이 일상화된 조직 문화를 조성함으로써 창의성을 높일 수 있다.

## 넷플릭스의 영화 추천 엔진, 시네매치

인터넷 쇼핑의 빠른 성장은 상품과 서비스 바다에서 소비자가 자신이 원하는 제품을 효과적으로 찾기 어려워지는 문제를 야기했고, 이런 정보의 과부하를 해소하기 위해 기업들은 다양한 추천 시스템을 개발·활용한다. 예를 들어 인터넷 사이트 검색을 통해 자신의 취향과 선호에 맞는 여행지를 결정하고 이동수단과 묵을 곳을 정해 예약하려면 상당한 정보 탐색의 시간이 필요하다. 하지만 개인 맞춤형 여행 추천 시스템은 개인의 취향과 과거의 여행기록 등을 토대로 고객이 가장 흥미를 가질 만한 장소를 추천해주기 때문에 정보 탐색의 부담을 크게 줄여준다.

많은 아이템 중 고객이 관심을 가질 최선의 아이템을 추천하는 개인 맞춤형 추천 기법은 도서, 영화, 음악, 쇼핑, TV 프로그램, 인터넷 콘텐츠, 신문이나 잡지 기사뿐 아니라 온라인 데이터까지 광범위하게 활용된다. 개인 맞춤형 추천 기법은 어떤 정보(제품 특성, 고객 취향, 구매기록 등)를 사용해 개인이 가장 좋아할 만한 아이템을 추천하느냐에 따라 몇 가지로 나뉜다.

가장 성공적이고 많이 사용하는 협업 필터링collaborative filtering 기법은 구매, 시청, 청취 등 고객의 유사한 행위나 평가 정보를 맞춤형 마케팅에 활용한다. 많은 온라인 추천 시스템의 기반이 되는 이 기법의 대표적인 사례는 미국 최대 인터넷 주문형 비디오 웹사이트 넷플릭스Netflix가 개발한 영화 추천 엔진 '시네매치Cinematch'다.

1997년 컴퓨터광이자 영화광인 리드 헤이스팅스Reed Hastings는 미국에서 제일 큰 비디오 대여 체인인 '블록버스터Blockbuster'에서 영화 〈아폴로 13〉 DVD를 빌렸는데, 반납을 깜박했다가 연체료 40달러를 물게 되었다. 속이 상한 그는 '늦게 반납하더라도 연체료를 내지 않고 DVD를 빌려 볼 수 없을까' 하고 고민하다가 새로운 사업 아이디어를 생각해냈다. 그는 넷플릭스라는 회사를 차려 헬스클럽처럼 DVD 대여를 매달 정액제로 이용할 수 있고, 온라인으로 영화 DVD를 주문해 무료 우편서비스로 받아 본 뒤 다시 무료 우편서비스로 반납하는 사업을 구상했다.

그러나 대부분 이 아이디어를 비웃으며 사업이 곧 망할 것으로 예상했다. 당시에는 이미 블록버스터란 오프라인 공룡이 미국 구석구석에 9,000여 개 대여점을 두고 매년 30억 달러 이상 수입을 올리며 시장을 장악하고 있었기 때문이다. 더욱이 미국 우편서비스는 '달팽이 우편'이란 별명이 붙을 정도로 느린 것으로 인식되어 있었다. 하지만 모두의 예상과 달리 넷플릭스는 1999년 500만 달러 매출에서 7년 후인 2006년에는 10억 달러, 2013년에는 44억 달러로 초스피드 성장을 했다. 현재 넷플릭스는 전 세계 회원 수 5,000만 명을 넘어설 정도로 가장 성공적인 기업으로 우뚝 섰고, 오프라인 공룡이던 블록버스터는 파산하고 말았다.

넷플릭스의 성공 비결은 개인 맞춤형 영화 추천을 잘 활용했다는 점이다. 먼저 넷플릭스는 많은 사람이 어떤 영화 DVD를 빌릴지 결정하는 데 큰 어려움을 겪는다는 사실에 주목해 영화 추천 엔진 시네매치를 개발했다. 이 알고리즘은 장르별로 분류한 영화 10만 개에 대한 2,000만 건의 고객 영화 평점을 활용한다. 또한 각 회원의 웹사이트 내에서 클릭 패턴이나 검색어 입력 등 행동 패턴, 실제 콘텐츠 대여 이력, 시청 영화에 부여한 평점 등을 분석해 고객 취향에 맞춰 영화를 추천하고 DVD 재고 상황을 최적화한다. 회원 80퍼센트가 시네매치가 추천한 영화를 대여할 정도로 신뢰를 표시하고 있고, 영화 감상 후 만족도도 90퍼센트로 높다.

많은 정보 중 시네매치가 높은 가중치를 두는 건 고객 영화 평점이다. 영화 〈해운대〉와 〈괴물〉의 평점을 높게 매긴 고객이 〈7번방의 선물〉도 점수를 높게 주었다면, 〈해운대〉와 〈괴물〉을 재미있게 본 다른 고객에게 〈7번방의 선물〉을 추천하는 식이다. 사용자 기반user-based 협업 필터링이라고 부르는 이 방식을 쓰려면 그전에 고객의 선호나 행위에 대한 많은 데이터 수집이 필요하다. 하지만 새로 나온 제품에는 고객 선호에 대한 충분한 데이터가 부족해 추천에 어려움을 겪는다.

온라인 서점으로 시작한 아마존도 처음에는 사용자 기반 협업 필터링 기법을 사용했지만, 영화와 책의 영역 차이와 특히 매일 엄청나게 발간되는 신간 서적 특성상 추천의 정확도가 낮았다. 그래서 독자적으로 아이템 기반item-based 협업 필터링이란 새로운 기법을 개발해 특허까지 등록했다. 이 방식은 고객 선호나 행위는 고려하지 않고 구매한 아이템에서만 유사성을 찾는다.

아마존은 이용자가 아이템을 검색할 때마다 '이 상품을 산 사람은 이런 상품도 샀습니다'라는 제목으로 추천 아이템 목록을 제시한다. 고객의 효율적인 구매에 큰 도움을 주는 이 새로운 기법은 아마존이 도약하는 발판이 되었고, 아마존은 31개 제품 카테고리를 커버하는 세계 최대 인터넷 쇼핑몰로 거듭났다.

빅데이터 시대에 성공하고 싶은 기업이라면 고객을 '서울 강남 거주 20대 여성'과 같이 하나의 집단으로 분류하고 일방적으로 마케팅 메시지를 전달해서는 안 된다. 날마다 연속적으로 유입되는 엄청난 데이터 속에는 고객이 어디서 어떤 브랜드를, 얼마의 가격으로, 어떻게 구매하는지 등 타깃에 대한 수많은 정보가 숨어 있다. 이 정보를 실시간으로 분석해 집단이 아닌 개개인에게 맞춤형 제품과 서비스를 적시에 더 정교하게 추천할 수 있어야 치열한 경쟁에서 크게 앞서갈 수 있다.

## 스펙 버린 구글의 채용 혁명

데이터 분석은 경쟁시장에서 고객을 더 잘 이해해서 경쟁우위를 차지하기 위한 수단이지만, 기업 내부적으로도 다양한 문제를 해결하는 도구가 된다. 예를 들어 기업에 맞는 인재 채용을 위해서도 데이터를 분석적으로 접근할 수 있다. 어느 조직에서나 우수한 인재 채용의 중요성을 새삼 강조할 필요는 없다. 『좋은 기업을 넘어 위대한 기업으로Good to Great』의 저자 짐 콜린스Jim Collins 교수는 '먼저 사람, 그다음이 해야 할 사업First who, then what'이라는 말로 인적자원의 중요성을 강조했다. 그렇기에 많은 기업은 적합한 인재를 채용하고자 매년 많은 시간과 비용을 투자해 공채시험을 진행한다.

매년 200여만 명의 지원 서류를 받는 구글은 이런 번거롭고 복잡한 시험 없이 수학적 알고리즘만으로 조용히(?) 직원을 선발하고 있다. 구글은 현재 70여 개국에 지사를 두고 있고 미국에서 일하는 직원이 2007년에는 1만여 명이었지만 현재는 5만 5,000여 명에 달한다. 구글은 세계 최고 수준 연봉과 자유롭고 수평적인 조직 문화 등으로 '신의 직장'이라 불린다. 특히 놀이터 같은 일터, 안락한 사무실, 유기농 식단으로 구성된 양질의 세끼 공짜 식사, 업무시간의 20퍼센트를 개인적으로 자유롭게 쓸 수 있는 '20퍼센트 룰', 3개월간 월급 전액을 주는 유급 출산휴가 등 직원 복지는 상상을 초월한다. 구글은 미국 경제전문지 『포천』이 선정한 '일하기 좋은 100대 기업'에 6년 연속 1위에 선정되었고, 전 세계 대학생이 뽑은 '가장 일하고 싶은 직장'에서도 1위를 차지했다.

구글의 채용 원칙은 처음부터 최고 인재를 뽑는 것이다. 평범한 사람을 뽑아 교육과 훈련 시간을 들여 인재로 키우는 것보다 훨씬 효율적이기 때문이다. 하지만 매년 구글에 입사하고자 이력서를 내는 사람은 200만 명이 넘고 이 중 실제 구글에 들어가는 사람은 4,000명 정도에 불과하다. 그렇다면 구글은 이 많은 지원자 가운데 어떻게 구글에 맞는 인재를 채용할까? 구글은 공채시험 없이 수학적 알고리즘으로 해결한다.

구글은 온라인으로만 지원을 받는다. 예전에는 구글도 소위 스펙이라는 요소를 중요시했다. 예를 들어 구글은 지원 서류가 접수되면 먼저 평균 학점이 3.7 이하 지원자는 아예 제외했다(광고나 마케팅 분야는 3.0 이하). 서류 전형을 통과해 면접 통보를 받은 지원자는 이후 2개월 동안 6~7회 반복 면접을 거친다. 구글의 면접은 까다롭기로 정평이 났다. 예를 들면 스쿨버스를 꽉 채우는 데 골프공이 몇 개 들어가는지 혹은 맨홀 뚜껑은 왜 동그란지 등과 같이 별로 중요하지 않으면서 풀기는 까다로운 문제를 묻는다. 심지어 칠판에 아주 어려운 문제를 써놓고 풀라고 한 적도 있다.

하지만 구글은 학점과 면접이 지원자 능력을 평가하는 데 신뢰할 만한 요소가 아니라는 것을 깨달았다. 기존 방식으로는 훌륭한 인재를 알아보지 못할 확률이 높았을 뿐 아니라 급증하는 채용 수요에 맞춰 적기에 인재를 채용하는 데도 어려움이 많았다. 구글은 수많은 지원지 가운데 구글에 맞는 인재를 찾기 위한 효율적이고 자동적인 방식이 필요했다. 그래서 빅데이터 분석의 최고 기업이자 모든 문제를 데이터 분석적으로 풀려고 하는 자사의 조직 문화에 입각해 직원 채용을 위한 수학적 알고리즘을 개발했다.

구글은 먼저 지원자들의 경험과 인성의 어떤 요소가 그들의 미래 잠재력을 예측하는 데 유용한지를 알아내고자 했다. 그래서 구글에서 최소한 5개월 이상 근무한 모든 직원에게 300개 질문을 던졌다. 이 문항들에 대한 모든 직원의 응답은 그들 각각의 인사고과 평정과 비교되었다. 구글의 인사고과 평정은 25개 영역으로 구분되어 있는데, 상사 평가와 동료 평가 등 전통적인 척도 외에도 조직시민행동organizational citizenship같이 독특한 영역도 있다. 조직시민행동은 예를 들어 구글 지원자를 면접하는 것과 같이 직무기술상으로는 자신의 업무가 아니지만 구글이 더 나은 직장이 되는 데 기여하는 행동을 말한다.

이런 과정을 거쳐 만들어진 200만 개 데이터를 분석한 결과 구글이 예상한 대로 학점은 직원들의 성과와 크게 관련이 없었다. 물론 모든 채용 영역에 걸쳐 최고 인재를 찾는 데 영향을 끼치는 단 하나의 요소는 존재하지 않았다. 하지만 구글은 엔지니어링, 세일즈, 재무, 인사 등 여러 영역에서 인재들을 채용하는 데 도움이 되는 모델을 찾아냈다. 그 결과 현재 지원자가 온라인에서 구글 지원용 설문지에 응답하면 그 지원자가 구글의 조직 문화에 맞는 인재인지를 예측하는 점수가 0점에서 100점 사이로 계산되어 나온다. 구글은 이 점수를 바탕으로 면접 대상자를 쉽고 빠르게 선별하는 것이다. 기업이 경쟁에서 낙오되지 않으려면 항상 새로운 변화를 예의 주시하고 민첩하게 적응해야 한다.

이 사례는 빅데이터 시대의 가장 중요한 핵심을 시사하는데, 그것은 바로 "빅데이터 시대에 경쟁의 승부는 누가 더 많은 데이터를 갖고 있고, 누가 그것을 다른 사람들보다 잘 활용하는지에 달렸다"는 것이다. 이제 직원들이 자신들의 경험이나 감에 의존해서 의사결정을 하는 기업들은 살아남을 수 없다. 이러한 사실을 직시해 조직 문화와 직원들의 마인드를 분석 지향적으로 이끌며 데이터 분석을 위한 인프라에 지속적으로 투자하려는 리더의 의지가 절실하게 필요한 시점이다.

## 카지노업계에서 대박을 터뜨리다

화려한 카지노업계에서 데이터 분석으로 승부가 갈린 사례를 보자. 1990년대 초 미국 라스베이거스 카지노들은 고객 유치를 위해 치열한 경쟁을 벌이고 있었다. 경쟁의 초점은 호사스러운 호텔 시설과 매력적인 쇼에 투자해 고객을 끌어들이는 것이었다. 업계 강자 시저스Caesar's는 이미 수조 원을 들여 화려한 쇼 무대 등 시설에 투자하고 있었다. 하지만 투자 자금이 부족했던 해러스Harrah's는 시설투자 대신 고객 데이터에 눈을 돌렸다. 지역별로 산재된 자사의 카지노 시스템을 통합해 전국적으로 고객에 대한 데이터베이스를 구축했다.

그러나 숙박과 카지노 이용에 대한 보상을 제공하는 해러스의 회원 프로그램은 고객을 지속적으로 유치하는 데 별 효과가 없었다. 회원의 65퍼센트가 다른 카지노에서 도박을 할 정도로 충성도가 매우 낮았으며, 해러스는 경쟁에서 뒤처지기 시작했다. 위기감을 느낀 해러스는 1998년에 미국 하버드대학 경영대학에서 서비스경영을 가르치던 게리 러브먼Gary Loveman 교수를 영입했다. 카지노업계에서는 이론과 실제가 다른데 과연 학자 출신 러브먼이 반전을 일으킬 수 있을지 회의적이었다. 그러나 그의 분석 지향 리더십으로 해러스는 승승장구했고, 업계 라이벌 시저스까지 인수했다. 러브먼이 카지노업계에서 성공할 수 있었던 요인은 무엇일까?

첫째, 해러스에 대한 회원들의 충성도를 높여 해러스를 자주 찾게 하는 데 초점을 맞추었다. 충성도를 높이려면 고객의 여행과 숙박, 카지노 내의 지출 등 모든 행동에 대한 데이터가 필요했다. 러브먼은 기존 회원제도를 강화한 토털 리워드Total Reward라는 회원카드를 통해 회원들의 신상정보는 물론 그들이 호텔에 머무는 동안 행하는 모든 행동을 추적했다. 고객은 해러스에서 모든 결제를 이 카드로 해야 하는데, 레스토랑 이용은 물론 슬롯머신도 이 카드를 기계에 꽂아야 할 수 있고, 다른 도박을 위한 칩도 이 카드로 구매했다. 이를 통해 어떤 고객이 어떤 상점에서 얼마를 지출했으며 어떤 도박을 얼마만큼 이용했고 얼마를 잃거나 땄는지를 추적했다. 2,800만 회원에 대한 데이터는 당시로서는 엄청난 양인 1테라바이트TB에 가까웠다.

둘째, 데이터 웨어하우스와 분석 소프트웨어 등 분석 인프라에 투자하고 전문 분석 인력을 고용해 축적된 데이터를 분석하는 데 심혈을 기울였다. 분석 결과는 카지노의 전통적인 인식과는 달랐다. 카지노 수익의 82퍼센트는 고객 26퍼센트에게서 발생하는데, 수익에 기여도가 높은 고객은 많은 돈을 자주 베팅하는 하이 롤러high roller가 아니라 적은 돈으로 도박하는 로 롤러low roller였다. 그들은 소득이 낮은 중년 이상 고객들로 하루에 50달러 정도의 적은 돈으로 도박하지만, 1년에 30회 정도 카지노를 방문했다. 충성도 상승과 소비 촉진을 위해서는 이들이 어떤 보상을 좋아하는지 알아야 했는데, 기프트숍 할인보다 호텔 숙박비 할인을 선호했다. 또한 많은 고객이 카지노 인근에 사는 사람들이었는데, 이들은 호텔에 숙박하지 않기에 카지노 칩으로 보상받는 걸 좋아했다.

셋째, 분석 결과를 회원들의 충성도를 높이기 위한 마케팅 정책에 적극적으로 활용했다. 구체적으로 회원들을 인구 통계변수와 지출 이력을 바탕으로 80개의 이질적인 집단으로 구분한 뒤, 각 집단의 특성에 적합한 차별적 마케팅을 시행했다. 예를 들면 슬롯머신을 주로 이용하는 회원들에게는 그들이 선호하는 슬롯머신을 파악해 배치를 바꾸거나, 방이 꽉 차는 휴가철에도 예약을 늦게 하는 하이 롤러의 특성을 고려해 미리 방을 빼두는 식이다. 또한 도박을 할 때도 필요에 따라

개개인에게 실시간으로 대응했다. 가령 개개인이 잃고 따는 금액을 실시간 추적하다가 어떤 개인이 인내 한계점pain threshold, 즉 잃은 총 금액이 도박을 중지하게 만드는 액수에 가까워지면 직원이 접근해 공짜 식사나 쇼 티켓을 무료로 제공함으로써 기분을 누그러뜨리고 계속 호텔에 머물도록 유도하는 식이다. 그리고 직원에 대한 인센티브나 성과급도 그들이 창출한 매출이 아니라 그들이 봉사한 고객의 만족도를 기반으로 산정했다. 이는 서비스에 만족한 고객이 다음 해에 더 많이 지출한다는 데이터 분석 결과 때문이었다.

넷째, 가장 중요한 요인은 러브먼이 해러스에 분석 지향적인 조직문화를 성공적으로 구축한 것이다. 예를 들어 러브먼은 직원들에게 "그냥 그렇게 생각하는 것이냐, 아니면 데이터 분석을 통해 알아낸 것이냐"라는 질문을 자주 던진다. 계획이나 전략에 관한 아이디어를 내놓은 직원은 누구나 이를 뒷받침하는 데이터 분석에 입각한 증거를 제시해야만 하는 것이다. 심지어 러브먼은 "우리 회사에서 해고되는 사유는 3가지다. 절도, 성희롱, 근거가 되는 데이터 없이 주장하는 것"이라고 말한 것으로도 유명하다.

게리 러브먼을 영입한 이후 고객이 해러스 카지노에서 지출하는 돈은 약 40퍼센트 증가했으며 영업이익도 평균 27퍼센트 늘었다. 특히 2003년부터 2006년 사이 해러스의 주식 가격이 14달러에서 85달러로 약 6배나 폭증했다. 또한 2005년에는 업계 라이벌 시저스를 인수한 뒤 인지도를 고려해 기업명을 시저스 엔터테인먼트로 바꾸었다.

현재 시저스는 미국 13개 주에서 26개 카지노를 운영하고 있고, 세계적으로는 7개국에서 51개 카지노를 운영 중인 세계 최대의 카지노 그룹이다.

구글, 애플, 아마존, 이베이, 넷플릭스, 캐피탈원Capital one, 시저스 엔터테인먼트 등 글로벌 유명 기업이 갖는 공통점은 무엇일까? 바로 빅데이터 분석으로 최고 경쟁력을 구가하는 기업이라는 사실이다. 성공 배후에는 언제나 분석 지향적인 조직 문화를 구축하고 강요한 리더가 있었다. 이 리더들의 공통된 신념은 "우리는 신을 믿는다. 하지만 (신이 아닌) 모든 다른 사람은 (근거가 되는) 데이터를 가져와라In God we trust, all others bring data"는 유명한 문구다.

# 주

## CHAPTER 1

1 David Silver, et. al., 「Mastering the game of Go with deep neural networks and tree search」, 『Nature』, Vol.529(2016), pp.484~489.

2 Ibid., p.487.

3 C. J. Maddison, et. al., 『Move Evaluation in Go using deep convolutional neural networks』(3rd International Conference Learning Representations), 2015.

4 I. Sutskever & V. Nair, 『Mimicking Go experts with convolutional neral networks』(In International Conference on Artificial Neural Networks), 2008, pp.101~110.

5 G. Hinton, S. Osindero & W. Teh, 「A Fast Learning Algorithm for Deep Belief Nets」, 『Neural Computations』, Vol.18, No.7(2006), pp.1527~1554.

6 A. Krizhevski, I. Sutskever & G. Hinton, 『ImageNet classification with deep convolutional neural networks』(In Advances in Neural Information Pro-cessing Systems), 2012, pp.1097~1105.

## CHAPTER 2

1 김진호, 『우리가 정말 알아야 할 통계 상식 백 가지』(현암사, 2002); 토머스 대븐포트 · 김진호, 김진호 옮김, 『말로만 말고 숫자를 대봐』(엠지엠티북스, 2013).

2 에밀리 로사의 연구에 관한 내용은 Douglas W. Hubbard, 『How To Measure Anything』

(Hoboken, NJ: Wiley, 2010), pp.13~17; Linda Rosa, Emily Rosa, and Larry Sarner, 「A Close Look at Therapeutic Touch」, 『Journal of American Medical Association』 279, no.13(April, 1998), pp.1005~1010을 참조했다.

## CHAPTER 3

1 김진호, 『우리가 정말 알아야 할 통계 상식 백 가지』(현암사, 2002); 토머스 대븐포트 · 김진호, 김진호 옮김, 『말로만 말고 숫자를 대봐』(엠지엠티북스, 2013).
2 윤석철, 『과학과 기술의 경영학』(경문사, 1994), 287쪽.
3 John Allen Paulos, 『Beyond Numeracy』(New York: Vantage Books, 1992), p.190.
4 〈TV 전파왕국〉, 『SBS』, 1995년 9월 27일.
5 John Allen Paulos, 『Innumeracy』(New Jersey: Vantage books, 1990), p.72.
6 Ibid., p.95.

## CHAPTER 4

1 이 사례는 나일성 외, 『한국 과학기술 인물 12인』(해나무, 2005), 133~160쪽을 참조하고 보완했다.
2 John Allen Paulos, 『Beyond Numeracy』(Vintage Books, 1992), pp.54~55.
3 John M. Gottman, James D. Murray, Catherine Swanson, Rebecca Tyson, Kristin R. Swanson, 『The Mathematics of Marriage: Dynamic Nonlinear Models』(Bradford Books, 2003).

## CHAPTER 5

1 김진호, 『우리가 정말 알아야 할 통계 상식 백 가지』(현암사, 1996); 김진호, 『괴짜 통계학』(한국경제신문, 2008).
2 황지우, 「버라이어티 쇼, 1984」 중 일부.
3 김찬호, 『사회를 본다 사람이 보인다』(고려원미디어, 1994), 82쪽.
4 김양호 · 조동춘, 『화술과 인간관계 4』(시몬출판사, 1992), 229쪽.
5 매카시즘에 관한 내용은 『위키백과』의 설명을 참조했다(https://ko.wikipedia.org/wiki/%EB%A7%A4%EC%B9%B4%EC%8B%9C%EC%A6%98).
6 Russel Langley, 『Practical Statistics: simply explained』(Dover, 1970), p.13.
7 Stephen K. Campbell, 『Flaws and Fallacies in Statistical Thinking』(New Jersey: Prentice Hall Inc., 1974), p.22.
8 John Mauro, 『Statistical Deception at Work』(New Jersey: LEA, Inc., 1992), p.46.
9 「만물상」, 『조선일보』, 1994년 10월 20일, 1면.

10 「Sex & Beauty」, 『일간스포츠』, 1995년 7월 13일, 21면.
11 Stephen K. Campbell, Ibid., p.4.
12 이영희, 「달아 높이곰 돋아사」, 『중앙일보』, 1995년 9월 24일.
13 이영희, 「달아 높이곰 돋아사」, 『중앙일보』, 1995년 9월 15일.
14 「만물상」, 『조선일보』, 1994년 10월 20일, 1면.
15 Stephen K. Campbell, Ibid., p.108.

### CHAPTER 6

1 토머스 대븐포트 · 김진호, 김진호 옮김, 『말로만 말고 숫자를 대봐』(엠지엠티북스, 2013), 221~223쪽.
2 김진호, 『우리가 정말 알아야 할 통계 상식 백 가지』(현암사, 1996); 김진호, 『괴짜 통계학』(한국경제신문, 2008).
3 최지현, 「새누리당 후보에 유리한 'KBS 여론조사 그래프' 논란…뒤늦게 사과」, 『민중의소리』, 2014년 5월 30일.

### CHAPTER 7

1 김진호, 『우리가 정말 알아야 할 통계 상식 백 가지』(현암사, 1996); 김진호, 『괴짜 통계학』(한국경제신문, 2008).
2 정현석, 『즐거운 회계 산책』(김영사, 1992), 118쪽.
3 Stephen K. Campbell, 『Flaws and Fallacies in Statistical Thinking』(New Jersey: Prentice Hall Inc., 1974), p.184에서 재인용.
4 Stephen K. Campbell, Ibid., p.8.
5 Darrell Huff, 『How to Lie with Statistics』(New York: W.W. Norton & Company Inc., 1954), p.113.
6 Darrell Huff, Ibid., p.128.
7 전여옥, 『일본은 없다』(지식공작소, 1994), 193쪽.
8 Russel Langley, 『Practical Statistics: simply explained』(Dover, 1970), p.146에서 재인용.
9 Stephen K. Campbell, Ibid., p.21.

### CHAPTER 8

1 박병률, 「연말정산 파동은 '평균의 함정'」, 『주간경향』, 2015년 2월 3일.
2 김진호, 『우리가 정말 알아야 할 통계 상식 백 가지』(현암사, 1996); 김진호, 『괴짜 통계학』(한국경제신문, 2008).
3 이무역, 『레테의 연가』(둥지, 1991), 71쪽.

4 강병기, 『삶의 문화와 도시계획』(나남, 1993).
5 김지하, 『대설(大說)』(솔, 1994), 9쪽.

## CHAPTER 9

1 정도언, 『프로이트의 의자』(웅진지식하우스, 2009), 151쪽.
2 김진호, 『우리가 정말 알아야 할 통계 상식 백 가지』(현암사, 1996); 김진호, 『괴짜 통계학』(한국경제신문, 2008).
3 Darrell Huff, 『How to Lie with Statistics』(New York: W.W. Norton & Company Inc., 1954), p.83.
4 Stephen K. Campbell, 『Flaws and Fallacies in Statistical Thinking』(New Jersey: Prentice Hall Inc., 1974), p.100.
5 김찬호, 『사회를 본다 사람이 보인다』(고려원미디어, 1994), 86쪽에서 재인용.
6 Stephen K. Campbell, Ibid., p.4.
7 Stephen K. Campbell, Ibid., p.98.
8 신부용, 『교통이냐 고통이냐』(현암사, 1993), 54쪽.
9 Darrell Huff, Ibid., p.102.
10 천성수, 「혼인 상태별 수명 관련 지표의 차이에 관한 연구」, 『대한보건연구』, 제25권 제1호(대한보건협회, 1999), 83~99쪽.
11 Richard Thaler, 「Mental Accounting and Consumer Choice」, 『Marketing Science』, Vol.4, No.3(Summer 1985), pp.199~214.
12 https://en.wikipedia.org/wiki/Equity_theory

## CHAPTER 10

1 김진호, 『우리가 정말 알아야 할 통계 상식 백 가지』(현암사, 1996); 김진호, 『괴짜 통계학』(한국경제신문, 2008).
2 Thomas D. Cook and Donald T. Campbell, 『Quasi-Experimentation』(Boston: Houghton Mifflin Co., 1979), p.18.
3 Darrell Huff, 『How to Lie with Statistics』(New York: W.W. Norton & Company Inc., 1954), p.87.
4 Robert Hooke, 『How to Tell the Liars from the Statisticians』(Marcel Dekken Inc., 1983), p.132.
5 Darrell Huff, Ibid., p.93.
6 Stephen K. Campbell, 『Flaws and Fallacies in Statistical Thinking』(New Jersey: Prentice Hall Inc., 1974), p.170.
7 Darrell Huff, Ibid., p.98.

8 Stephen K. Campbell, Ibid., p.173.
9 Darrell Huff, Ibid., p.95.
10 John Mauro, 『Statistical Deception at Work』(New Jersey: LEA, Inc., 1992), p.75.

## CHAPTER 11

1 임종희 · 정동희, 『시장조사론』(한국방송통신대학교출판부, 1992), 109쪽.
2 김진호, 『우리가 정말 알아야 할 통계 상식 백 가지』(현암사, 1996), 104쪽.
3 John Mauro, 『Statistical Deception at Work』(New Jersey: LEA, Inc., 1992), p.81.
4 W. Wallis, 「The Statistics of Kinsey Report」, 『Journal of American Statistical association』, Vol.44(1949), p.466.
5 Russel Langley, 『Practical Statistics: simply explained』(Dover, 1970), p.4.
6 Stephen K. Campbell, 『Flaws and Fallacies in Statistical Thinking』(New Jersey: Prentice Hall Inc., 1974), p.184.

## CHAPTER 12

1 조상호, 『42명의 천문학자가 들려주는 별 이야기』(크리에디트, 2008), 30쪽.
2 John Gribbin, 『Science: A History 1543~2001』(Penguin, 2002), p.45.
3 Derrick Niederman & David Boyum, 『What the Numbers Say』(Broadway Books, 2003), p.233.

**빅데이터**가 **만드는**

제4차 산업혁명



초판 1쇄 2016년 12월 20일 펴냄
초판 9쇄 2021년 11월 12일 펴냄

지은이 | 김진호
펴낸이 | 이태준

기획 · 편집 | 박상문, 고여림
디자인 | 최진영
관리 | 최수향
인쇄 · 제본 | 제일프린테크

펴낸곳 | 북카라반
출판등록 | 제17-332호 2002년 10월 18일

주소 | (04037) 서울시 마포구 양화로7길 6-16 서교제일빌딩 3층
전화 | 02-325-6364
팩스 | 02-474-1413
www.inmul.co.kr | cntbooks@gmail.com

ISBN 979-11-6005-011-0 03320
값 15,000원

북카라반은 도서출판 문화유람의 브랜드입니다.


이 도서의 국립중앙도서관 출판예정도서목록(CIP)은 서지정보유통지원시스템 홈페이지 (http://seoji.nl.go.kr)와 국가자료공동목록시스템(http://www.nl.go.kr/kolisnet)에서 이용하실 수 있습니다. (CIP제어번호: CIP2016030690)